Muttersprache 7

Herausgegeben von Viola Oehme

Erarbeitet von
Brita Kaiser-Deutrich, Viola Oehme, Elke Oll, Gerda Pietzsch, Bianca Ploog, Cordula Rieger, Birgit Schmidt, Adelbert Schübel, Wiebke Schwelgengräber, Bernd Skibitzki, Marianne Thiele, Viola Tomaszek, Ines Weghenkel

Cornelsen
VOLK UND WISSEN

Zu diesem Buch gibt es ein passendes **Arbeitsheft** (ISBN 978-3-06-061775-3).

Herausgeberin, Autoren und Redaktion danken Anke Bartz (Mecklenburg-Vorpommern), Thomas Brand (Berlin), Kristina Bullert (Sachsen-Anhalt), Simone Fischer (Sachsen), Hannelore Flämig (Brandenburg), Petra Schonert (Thüringen), Silvia Teutloff (Sachsen-Anhalt) und Bernd Skibitzki (Sachsen) für wertvolle Anregungen und praktische Hinweise bei der Entwicklung des Manuskripts.

Redaktion: Gabriella Wenzel
Bildrecherche: Angelika Wagener
Illustration: Susann Hesselbarth, Leipzig
Umschlaggestaltung: werkstatt für gebrauchsgrafik, Berlin
Typografisches Konzept, Satz und Layout:
Farnschläder & Mahlstedt, Hamburg

www.cornelsen.de

Dieses Werk berücksichtigt die Regeln der reformierten Rechtschreibung und Zeichensetzung. Bei den mit [R] gekennzeichneten Texten haben die Rechteinhaber einer Anpassung widersprochen.

1. Auflage, 1. Druck 2010

Alle Drucke dieser Auflage sind inhaltlich unverändert und können im Unterricht nebeneinander verwendet werden.

Druck: Mohn Media Mohndruck, Gütersloh

ISBN 978-3-06-061725-8

Inhalt gedruckt auf säurefreiem Papier
aus nachhaltiger Forstwirtschaft.

Inhalt

Mit Texten und Medien umgehen

Über Sprache nachdenken

Was weißt du noch aus Klasse 6?

1 Lies den folgenden Text.

Computersicherheit: Warum Phishing tatsächlich etwas mit Angeln zu tun hat

1 Ein ganz normaler Tag im E-Mail-Postfach: Es erwarten dich Nachrichten von Freunden und andere Mails, deren Absender du nicht kennst. Die Betreffzeilen dieser Mails sind oft mit englischen Wörtern gefüllt und versprechen Reichtum und günstige Angebote. Solche unerwünschten Werbe-E-Mails nennt man »Spam«. Sie sind lästig, verstopfen die Datenwege des Internets und machen es langsamer.

2 Die Spam-Mails erreichen euch aus der ganzen Welt. Aber woher weiß der Typ in Amerika eure E-Mail-Adresse? Kann sein, dass ihr sie ihm selber verraten habt, als ihr mal bei Gewinnspielen oder ähnlichen Aktionen teilgenommen habt, bei denen ihr eure Adresse angeben musstet. Die »Spammer« durchsuchen das Internet auch mit speziellen Programmen oder probieren Namenskombinationen, um nach E-Mail-Adressen zu fahnden, obwohl es verboten ist, ohne schriftliches O.K. von euch Werbung an euch zu senden.

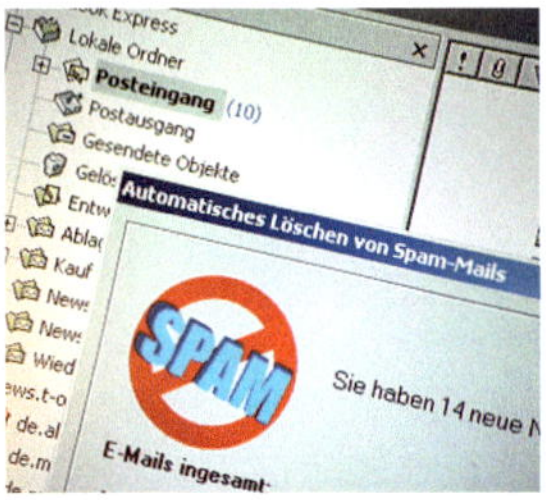

3 So schützt ihr euch: Gebt eure E-Mail-Adresse im Internet möglichst nie an. Ihr könnt euch eine Zweitadresse zulegen. Die kann man dann bei Bestellungen, Foren, Messenger angeben. Die andere ist für den persönlichen Mailverkehr bestimmt. Antwortet nie auf Spam-Mails!

4 Neben den Werbe-E-Mails können euch noch tückischere Mails in den Posteingang flattern. Es gibt Personen, die wollen sich eure Passwörter schnappen. »Phishing« (sprich: fisching) heißt diese Art von Datenklau. Unter einem Vorwand fragen sie die geheimen Daten ab. Sie versenden E-Mails, die anscheinend von den Seiten stammen, von denen sie die Kennwörter haben wollen. In der Mail ist ein Link enthalten, der auf eine täuschend echte Kopie der bekannten Website führt, und klickt man darauf, zappelt man schon fast am Haken. Auf der Internetseite, auf der man landet, wird man aufgefordert, seine Daten einzugeben und zack – schon hat der Bösewicht sie und kann sie selber benutzen.

5 So geht ihr nicht in die Falle: Geht nie direkt von Links in solchen E-Mails auf Seiten, die euch auffordern, eure Daten einzugeben. Und gebt nie persönliche Daten im Internet preis, wenn ihr nicht wisst, wozu das gut ist.

2 Bestimme, welche der Aussagen laut Text richtig oder falsch sind.

1 Phishing-E-Mails löschen geheime Kennwörter.
2 Phishing-E-Mails täuschen sichere Internetseiten vor.
3 Spam-E-Mails kommen aus der ganzen Welt.
4 Spam-E-Mails erkennt man an langen Wörtern in den Betreffzeilen.
5 Spam-E-Mails sind unerwünschte elektronische Post.

3 Ordne die folgenden Überschriften den Textabschnitten zu. Schreibe die Nummer des Abschnitts und den dazugehörigen Buchstaben auf.

A So funktioniert E-Mail-Phishing
B So könnt ihr dem Datenklau vorbeugen
C So kommen die »Spammer« an eure Adresse
D So könnt ihr euch gegen Spam-E-Mails schützen
E So erkennt ihr Spam-E-Mails

4 Wozu fordert dich der Text auf? Wähle die richtige Antwort aus.

Ich soll ...
1 häufiger in das Internet, weil ich dort viele Informationen erhalte.
2 mehr darüber nachdenken, was ich warum im Internet tue.
3 meine E-Mails möglichst löschen, weil sie gefährlich sein können.
4 E-Mails und Internet selten nutzen, weil sie gefährlich sein können.

5 Ordne die folgenden Wörter nach Konjunktionen und Präpositionen.

bei – oder – mit – aber – doch – vor – aus – für

6 Ergänze die Sätze mit den angebenen Pronomen.

1 ____ kannst ____ E-Mail-Postfach durch ein Programm schützen, ____ Spams filtert. (Personal-, Possessiv-, Relativpronomen)
2 ____ prüfen E-Mail-Adressen und warnen vor ____, sobald ein unsicherer Absender vermutet wird. (Demonstrativ-, Personalpronomen)

7 Bestimme in den Sätzen der Aufgabe 6 die Haupt- und Nebensätze und begründe deine Entscheidung.

Alltagsgespräche führen

Auskünfte einholen und geben

Auskünfte geben

1 Im Alltag kommt es oft vor, dass man nach einem Weg gefragt wird.

a Wiederhole, worauf man bei einer Wegbeschreibung achten muss.

b Beschreibe den kürzesten Weg vom Markt zum Schloss.

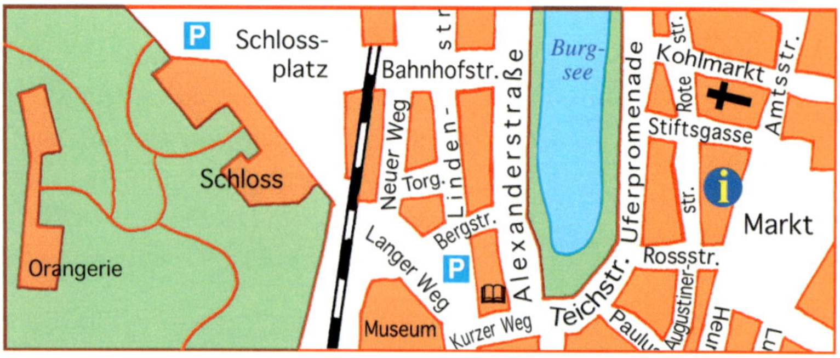

Auskünfte einholen

2 Manchmal benötigt man selbst eine Auskunft.

a Trage zusammen, was man tun kann, um z. B. den richtigen Weg zum Bahnhof zu finden oder Auskünfte über das Kinoprogramm einzuholen.

> **!**
>
> **Auskünfte** kann man auf unterschiedliche Art und Weise **einholen.** Man kann sich z. B. mithilfe eines Stadtplans oder im Internet informieren. Manchmal ist es aber am einfachsten, jemanden anzusprechen oder anzurufen.
> Bei allen **Anfragen** und **Bitten** sollte man klar und deutlich formulieren, höflich sein und sich für die Auskünfte bedanken.
> Geeignete sprachliche Mittel sind z. B.:
> *Guten Tag, könnten Sie mir bitte sagen, …?*
> *Entschuldigen Sie bitte, können Sie mir sagen, …?*
> *Vielen Dank für Ihre Auskunft, auf Wiedersehen / auf Wiederhören.*

b Sammelt weitere Ausdrucksmöglichkeiten, wie man sich an jemanden wenden kann, um eine Auskunft einzuholen.

Auskünfte telefonisch einholen

3 Für den Sommer gibt es günstige Schülerferientickets. Eric möchte Genaueres wissen, die Internetseite ist aber noch nicht abrufbar. Deshalb ruft er beim Kundenservice des örtlichen Verkehrsunternehmens an.

a Vervollständigt das Telefongespräch. Nutzt die sprachlichen Mittel zum Einholen von Auskünften.

Frau S. Guten Tag, mein Name ist Schulze. Wie kann ich Ihnen helfen?

Eric Guten Tag, ich heiße Eric Zander. Ich möchte gern wissen, wie teuer das Schülerferienticket ist.

Frau S. Das Ticket kostet 27 Euro und gilt in Verbindung mit einem Schülerausweis während der gesamten Sommerferien für alle Busse, Straßenbahnen, S-Bahnen und Regionalbahnen in unserem Bundesland.

Eric ____?

Frau S. Ja, ein Fahrrad darfst du mitnehmen.

Eric ____?

Frau S. Ja, das kann ich. Du erhältst ermäßigten Eintritt in einige Erlebnisbäder, ins Ozeaneum Stralsund und in das Nationalpark-Zentrum Königsstuhl.

Eric ____?

Frau S. In allen Verkaufsstellen, wo es Fahrkarten für den öffentlichen Nahverkehr gibt.

Eric Vielen Dank für Ihre Auskunft.

Frau S. Bitte sehr. Auf Wiederhören.

Eric Auf Wiederhören.

b Tragt zusammen, mit welchen sprachlichen Mitteln Frau Schulze auf die Fragen des Schülers reagiert.

! Vor einem **Telefonat** sollte man Zettel und Stift bereitlegen, um sich während des Gesprächs Notizen machen zu können (z.B. Telefonnummern, Namen, Adressen, Preise).
Man stellt sich am Telefon mit dem Namen vor und trägt sein Anliegen höflich, kurz und verständlich vor. Anschließend bedankt man sich für die Auskünfte und verabschiedet sich am Ende des Gesprächs. Hat man etwas nicht genau verstanden, fragt man höflich nach.

c Übt weitere Telefongespräche. Ihr könnt euch z. B. erkundigen,
- ob ihr in eurer Bibliothek kostenlos ins Internet dürft,
- wann ein öffentliches Training eures Lieblingsklubs stattfindet,
- ob ihr mit eurer Klasse im Kino einen Gruppenrabatt bekommt.

4 Die 7. Klasse möchte gern in der neuen Stadtsporthalle Volleyball spielen. Ralf will beim Hallenwart anfragen, ob das möglich ist.

a Ralf macht sich Notizen. Prüfe, ob er etwas vergessen hat.

Nutzer: Klasse 7, 12 Mädchen, 13 Jungen
Termin: Montag, 13. September, 14:00 bis 17:00 Uhr, Volleyball
Kosten: Kostenlos oder Benutzungsgebühr? Wie teuer?
Betreuer: Sportlehrer mitnehmen?

b Spielt das Gespräch zwischen dem Hallenwart und Ralf.

c Die Klasse soll einen Sportlehrer mitbringen. Ralf erkundigt sich im Sekretariat, wie er diesen erreichen kann. Spielt das Gespräch.

d Spielt jetzt das Gespräch zwischen Ralf und dem Sportlehrer.

Absagen formulieren

5 Leider erhält die Klasse einige Absagen.

a Überlege, wie diese Personen ihre Absage formulieren könnten.

1 Der Sportlehrer muss der Klasse absagen, weil er krank ist.
2 Lucy kann nicht mitspielen, weil sie ihre Schwester abholen muss.
3 Der Hallenwart kann die Klasse nicht kostenlos in die Halle lassen.

! Wenn man eine Verabredung oder Vereinbarung nicht einhalten bzw. einer Bitte nicht entsprechen kann, sollte man sich höflich entschuldigen und absagen. **Absagen** kann man z. B. so ausdrücken:
Dieser Termin ist leider nicht möglich, … *Ich bedaure, aber …*
Bedauerlicherweise ist/kann … *Es tut mir / uns leid, dass …*

b Überlegt euch weitere Situationen, in denen es notwendig sein kann, etwas abzusagen. Spielt diese Gespräche.

Einen Vorschlag unterbreiten

TIPP
Schlage im Wörterbuch nach, was IHK bedeutet.

1 Die Schülerinnen und Schüler der Klasse 7 wollen an einem Wettbewerb der IHK zum Thema »Umweltfreundliches Verkehrsmittel der Zukunft« teilnehmen.

a Lest das folgende Gespräch mit verteilten Rollen.

Markus Die Sache ist doch sonnenklar! Es geht um umweltfreundliche Verkehrsmittel. Damit sind natürlich Autos gemeint. Wir sollten uns also Gedanken machen, wie Autos Sprit sparen können, wie der CO_2-Ausstoß geringer wird und so weiter.

Tim Klasse Idee, Professor. Meinst du nicht, dass sich darüber die Ingenieure der Autohersteller längst den Kopf zerbrochen haben? Und garantiert erfolgreicher, als wir das könnten? Außer den Autos gibt es übrigens auch noch ein paar andere Verkehrsmittel, mit denen du zu deiner Connie kommen kannst.

Anja Nun bleib mal sachlich, Tim. Lass Connie aus dem Spiel, die gehört jetzt nicht zum Thema. Den Leuten von der IHK ist klar, dass wir keine Experten sind. Aber kreativ sein können wir trotzdem und für so viel Geld lohnt sich ein bisschen Gehirnjogging allemal.

Paul Anja hat Recht. Und das Thema »Auto« ist doch gar nicht schlecht. Wir wissen alle, dass Tim gut zeichnen kann. Tim, wie wäre es, wenn du dir ein Team zusammenstellst, das eine Zeichnung für ein Auto der Zukunft entwirft?

Tim Na gut, das könnte ich machen. Mit welchen Schwerpunkten?

Paul Ich schlage vor, wir machen das so: Erstens planen wir die Karosserie aus leichten und umweltfreundlichen Werkstoffen, zweitens überlegen wir uns, womit die Karre angetrieben werden soll, und last, but not least, braucht unser Auto ein cooles Design.

Anja Und einen werbewirksamen Namen!

Markus Stimmt, der darf natürlich nicht fehlen. Was haltet ihr davon, wenn wir zu jedem Schwerpunkt eine Arbeitsgruppe bilden?

b Die Schüler gehen in ihrem Gespräch aufeinander ein. Sucht Vorschläge und Wendungen für Zustimmung und Ablehnung heraus.

c Übertrage die folgende Tabelle in dein Heft und sammle für jede Spalte geeignete Wendungen.

Vorschlag	Zustimmung	Ablehnung
Ich schlage vor, dass	Ja, das sehe ich auch so. ...	Damit bin ich nicht einverstanden. ...

!

Vorschläge sollten gut durchdacht werden und sich an ein konkretes Thema halten. Man kann sie mit bestimmten Wendungen einleiten, z.B.:
Ich schlage vor, dass ...
Mein Vorschlag wäre ...
Dazu fällt mir ein, dass ...
Wir sollten auch daran denken, dass ...
Habt ihr in Betracht gezogen, ob ...?
Man kann sich zu den Vorschlägen **zustimmend** oder **ablehnend** äußern. Bei einem **Kompromiss** gehen alle ein wenig von ihrem Standpunkt ab, um eine Einigung in wesentlichen Punkten erzielen zu können.

2

a Gefällt euch die Idee, mit der sich die Klasse am IHK-Wettbewerb beteiligen will? Begründet eure Meinung.

b Sammelt eigene Vorschläge zum Thema »Umweltfreundlichkeit«.

TIPP
Informiert euch darüber im Internet oder in der Tagespresse.

c Untersucht eure Vorschläge unter folgenden Gesichtspunkten:
- Stellen sich einige Themen als besonders wichtig heraus?
- Gibt es dafür bereits nationale oder internationale Lösungsansätze?

Präsentiert die Ergebnisse eurer Recherche in der Klasse.

Meinungen austauschen – Diskutieren

Meinungen bilden und begründen

1 Pia und Janek sprechen in der Projektwerkstatt »Kunst« über ihre Erlebnisse in den Sommerferien. Dabei kommt es zu Meinungsverschiedenheiten.

a Lies das Gespräch.

Pia Ich habe in den Sommerferien mit Ton gearbeitet und diese Skulptur angefertigt. Wie gefällt sie dir?

Janek Wenn ich ehrlich sein soll, eigentlich nicht besonders. Für mich muss Kunst lustig sein. Aber deine Figur sieht irgendwie k.o. aus. Ich hätte sie »Müder Mensch« genannt oder »Ab ins Bett«.

Pia Gut geraten, Janek. Ich wollte wirklich Müdigkeit ausdrücken. In den Ferien sind wir viel gewandert. Meine Tonfigur zeigt, wie ich mich abends gefühlt habe – ich war völlig erledigt und wollte nur noch schlafen.

Janek Verstehe. Hier auf meinem Foto siehst du, was ich in den Ferien gemacht habe. Du darfst meiner Figur einen Namen geben, Pia. Ich gebe dir einen Tipp – sie kommt in einer Berglandschaft vor.

Pia Was hast du denn in den Ferien gemacht?

Janek Ich habe viel gelesen, besonders über die Inuit in Labrador.

Pia Hm, schwierig, sieht aus wie ein abstrakter Mensch. Ich erkenne Kopf, Arme und Beine. Hat das Loch im Bauch was zu bedeuten? Hunger vielleicht? Ich weiß – ich nenne deine Figur »Hungriger Steinriese«.

Janek *(lacht)* Steinriese ist okay, Pia. Aber hungrig ist er nicht. Die Figur heißt Inukshuk, das bedeutet so viel wie »Mensch aus Stein, der den Weg weist«. Inukshuks dienen der Orientierung in der Tundra. Sie stehen auf schwierigen Trails[1] in Sichtweite voneinander entfernt. Sieht man durch das Loch im Bauch, blickt man genau auf den nächsten Inukshuk und findet so sicher seinen Weg, sogar im Nebel. Ich fand die Idee toll, deshalb wollte ich auch so einen Inukshuk bauen.

Pia Na ja, dein Steinmensch sieht ja nicht schlecht aus. Mich stört bloß ein bisschen, dass er nicht deine eigene Idee ist, Janek. Du hast ja bei den Inuit abgeguckt. Als Kunstwerk darfst du deinen Inukshuk eigentlich nicht bezeichnen, höchstens als Nachbau.

Janek *(erstaunt)* Das ist doch Quatsch. Natürlich ist jeder Inukshuk ein eigenes Kunstwerk, denn jeder sieht anders aus! Außerdem ist er als Wegweiser auch noch sehr nützlich!

Pia Ich verstehe Kunst anders. Meine Tonfigur ist zwar nicht nützlich, aber dafür habe ich sie mir ganz alleine ausgedacht. Warum hast du dir nicht auch ein eigenes Motiv überlegt? Ist dir nichts anderes eingefallen, als eine Idee zu klauen?

[1] Wanderpfade

Probleme erkennen

b Worin besteht die grundlegende Meinungsverschiedenheit zwischen Pia und Janek? Formuliere das Problem als Frage.

Meinungen und Begründungen erkennen

c Suche die Meinungen und Begründungen heraus, die Pia und Janek geäußert haben.

!

Mit einer **Meinung** drückt man seinen persönlichen Standpunkt zu einem Sachverhalt aus. Man nutzt dazu Wendungen, wie z. B.:

Meiner Meinung nach …	*Ich finde die Idee faszinierend, dass …*
Ich glaube …	*Ich verstehe das so, dass …*
Ich denke, dass …	*Ich verstehe das anders.*
Mein Vorschlag ist …	

Um seine Meinung zu **begründen,** kann man die Wörter *deshalb, darum, aus diesem Grund, deswegen, weil* als Einleitung benutzen.

d Janek sagt: »Kunstwerke müssen schön und lustig sein.« Stimmst du ihm zu? Begründe deine Meinung.

Ich stimme Janek (nicht) zu, weil …

2

a Pia führt ein Tagebuch. An diesem Abend trägt sie Folgendes ein.

Heute habe ich mich mit Janek beinahe gestritten. Er meinte, er mag Kunst nur, wenn sie lustig ist. Ich weiß, so denken viele aus meiner Klasse! Aber muss Kunst denn immer lustig sein? Ich finde das nicht, weil ich der Meinung bin, dass Kunst … .
Janek hat seine Steinfigur nach dem Vorbild der Figuren der Inuit gebaut. Er sagt, das ist trotzdem Kunst, weil jede Figur … und außerdem sind sie auch noch …
Das ist doch Quatsch! Meine Tonfigur ist zwar nicht nützlich, aber dafür … !
Aber ist sie deshalb besser als Janeks? Und wer legt überhaupt fest, was Kunst ist und was nicht? Ziemlich schwierige Fragen! Ich hätte mich lieber nicht mit Janek darüber unterhalten sollen. Vermutlich habe ich ihn heute gekränkt, obwohl ich das gar nicht wollte.

Meinungen und Begründungen formulieren

b Leider ist Pia Tee auf die Tagebuchseite getropft.
Ergänze die Begründungen, die unleserlich geworden sind.

c Pia denkt, dass sie Janek gekränkt hat. Stimmst du ihr zu?
Begründe deine Meinung.

3 Welche Meinung hast du zu der Frage, über die Pia und Janek sprechen?

a Überlege als Erstes, ob du einem von ihnen zustimmen kannst.

b Formuliere deine eigene Meinung und suche nach Begründungen.

c Beurteilt, ob eure Meinungen und Begründungen überzeugend sind.
Formuliert gegebenenfalls beide neu.

Eine Diskussion vorbereiten und durchführen

!

Die **Diskussion** ist eine Gesprächsform, in der es um einen problematischen, strittigen Sachverhalt geht. Die Diskussionsteilnehmer setzen sich mit diesem Sachverhalt auseinander, tragen ihre Meinungen vor und begründen sie.
Ziel der Diskussion ist es, **sich zu einigen.** Wenn kein Standpunkt überzeugend genug ist, dann sucht man einen Kompromiss.

1 Alex und Lina haben an der wöchentlichen Zusammenkunft der Schülersprecher teilgenommen.

a Lies die Notizen, die sich Alex gemacht hat.

- Ist es sinnvoll, Hauswirtschaft als ein Pflichtfach für Jungen und Mädchen zu haben?
- Sollten in der Frühstückspause am Schulkiosk nur Milchgetränke angeboten werden?
- Sollte es in der Schule ein warmes Mittagessen geben?

Meinungen und Begründungen formulieren

b Stellt Vermutungen an, welche Meinungen und Begründungen in der Diskussion geäußert wurden. Ergänzt die Notizen von Alex.

c Lies nun, was sich Lina notiert hat.

- für die Kleinen Spielgeräte auf dem Schulhof, sogar Spielsachen zum Ausleihen für die Hofpause
- für die Großen nur Bänke → Einige kommen auf dumme Ideen!
- einstimmige Ablehnung eines generellen Handyverbots, aber: Handys im Unterricht ausschalten!

Fragen formulieren

d Leite aus Linas Notizen die Fragen ab, um die es in der Diskussion der Schülersprecher noch ging. Schreibe die Fragen auf.

e Überlege, ob du die Fragen so formuliert hast, dass sie zu einer Diskussion anregen. Kann man zu den Fragen verschiedene Meinungen haben?

Einen Diskussionsbeitrag leisten

2 Robert hat eine Diskussion zum Thema »Internetsicherheit« gehört. »Einige Beiträge waren echte Killerphrasen«, meint er.

a Lies die folgenden Äußerungen aus der Diskussion und erkläre, was Killerphrasen sind.

1 Das ganze Gerede um die Sicherheit ist purer Quatsch.
2 Jeder surft doch sowieso, wie er will und solange er will.
3 Meine Eltern interessiert nicht, welche Seiten ich mir im Web ansehe.
4 Das geht nicht.
5 Darauf hab ich keinen Bock.
6 Das Installieren einer Firewall ist mir viel zu teuer.
7 Du immer mit deinem Computerchinesisch!
8 Davon hast du doch eh keine Ahnung.

b Überlegt, wie man auf diese Phrasen reagieren kann, damit die Diskussion weitergeht. Probiert verschiedene Antwortvarianten aus.

! Die **Diskussionsteilnehmer** sollten in ihren Diskussionsbeiträgen stets sachlich bleiben und die Diskussion voranbringen. Dazu gehört, dass man auf Äußerungen der Vorredner eingeht und die Diskussion nicht durch so genannte Killerphrasen hemmt.
Geeignete Wendungen sind z. B.:

- *Ich habe Ole so verstanden, dass ...*
- *Also, Ben denkt, dass ...*
- *Ich glaube das aber nicht, und zwar aus folgendem Grund: ...*
- *Ich finde es gut, dass du die Sache angesprochen hast, weil ...*
- *Dazu möchte ich noch ergänzen, dass ...*

Größere Diskussionen sollten durch einen **Diskussionsleiter** eröffnet und gelenkt werden. Er achtet auf die Einhaltung der Diskussionsregeln und legt die Reihenfolge der Redner fest. Am Ende fasst er die Ergebnisse zusammen.

Eine Diskussion leiten

3 Ordnet den Aufgaben eines Diskussionsleiters (Zahl) die passenden Äußerungen (Buchstabe) zu.

Der Diskussionsleiter	
1 kann einen Protokollführer bestimmen	**A** *Ich freue mich, dass so viele ... Unser Thema ist ... Wir sprechen heute über ...*
2 begrüßt die Teilnehmer und eröffnet die Diskussion	**B** *Zuerst spricht Lea, danach hat Ronny das Wort.*
3 erteilt den Rednern das Wort, achtet auf die Einhaltung der Diskussionsregeln	**C** *Wir haben nun alle Meinungen gehört. Wir stimmen jetzt ab. Wer ist dafür, dass ...? Wer ist dagegen, dass ...? Gibt es Stimmenthaltungen?*
4 fasst wichtige Beiträge zusammen	**D** *Ben schreibt heute das Wichtigste mit.*
5 leitet Abstimmungen ein und führt sie durch	**E** *Paul und Sina halten es für besonders wichtig, dass ...*

Eine Diskussion vorbereiten und durchführen

4 Führt in der Klasse eine Diskussion zum Thema »Internetsicherheit« durch.

a Formuliert die Frage, über die diskutiert werden soll.

→ S. 73 Informationen sammeln

b Schreibt die Teilfragen auf, die zu klären sind.

Welche Gefahren bestehen im Internet?
Welche Seiten ...?
Was nützen ...?

c Formuliere deine Meinungen zu diesen Fragen, notiere auch deine Begründungen.

TIPP
Bestimmt auch einen Protokollanten.

d Wählt einen Diskussionsleiter und führt die Diskussion durch. Einigt euch möglichst auf eine gemeinsame Meinung oder sucht einen Kompromiss.

Eine Diskussion auswerten

e Tauscht euch darüber aus, wie eure Diskussion verlaufen ist und was man verbessern könnte.

So könnt ihr eine Diskussion auswerten

1. Wurden die inhaltlichen Fragen geklärt?
   - Zu welchem Ergebnis seid ihr gekommen?
   - Habt ihr euch auf einen Standpunkt geeinigt oder kam es zu einem Kompromiss?
   - Welche Begründungen haben euch besonders überzeugt?
2. Haben sich alle Teilnehmer an die Diskussionsregeln gehalten?
   - Waren alle Beiträge kurz und treffend?
   - Sind alle Teilnehmer höflich miteinander umgegangen?
   - Wurde auf die Meinung des Vorredners Bezug genommen?
   - Haben sich alle an die Anweisungen des Diskussionsleiters gehalten?
3. Wie hat der Diskussionsleiter seine Aufgabe bewältigt?
   - Hat er das zu diskutierende Thema bzw. die Frage klar benannt?
   - Hat er alle Wortmeldungen in der richtigen Reihenfolge berücksichtigt?
   - Hat er auf kurze und sachliche Beiträge geachtet?
   - Hat er das Ergebnis gut zusammengefasst?

Eine Diskussion vorbereiten, durchführen und auswerten

5 Bereitet eine Klassendiskussion zu einem Problem vor.

a Wählt eines der folgenden Themen für die Diskussion aus.

1 Computer im Kinderzimmer

2 Umweltschutz

3 Gewalt an Schulen

b Formuliert eine Frage, die zum Diskutieren anregt. Überlegt, welche Teilfragen zu klären sind.

c Bildet euch eine Meinung zu der Frage und sucht nach Begründungen.

d Bestimmt einen Diskussionsleiter und führt die Diskussion durch.

e Tauscht euch darüber aus, wie eure Diskussion verlaufen ist und was man verbessern könnte.

Eine Diskussion vorbereiten, durchführen und auswerten

6

a Sucht euch eine der fünf Fragen aus, über die die Schülersprecher (S. 16, Aufgabe 1) beraten haben.

1. *Ist es sinnvoll, Hauswirtschaft als ein Pflichtfach für Jungen und Mädchen zu haben?*
2. *Sollten in der Frühstückspause am Schulkiosk nur Milchgetränke angeboten werden?*
3. *Sollte es in der Schule ein warmes Mittagessen geben?*
4. *Wäre es gut, für die Großen auch Angebote für die Hofpause zu schaffen?*
5. *Sollten Handys in der Schule generell verboten werden?*

b Diskutiert diese Frage in der Gruppe. Geht dabei vor wie in Aufgabe 4.

7 Diskutiert über die Frage, über die Pia und Janek (S. 13, Aufgabe 1 a) gesprochen haben. Geht dabei vor wie in Aufgabe 4.

8 Über welche strittigen Fragen sprecht ihr gerade an eurer Schule? Wählt eine der Fragen aus und diskutiert sie in der Klasse.

Was habe ich gelernt?

9 Fasse zusammen, was du über das Diskutieren gelernt hast. Fertige ein Merkblatt an.

Wichtige Gesprächsregeln:

1. …

2. …

…

Vorbereitung einer Diskussion

1. …

2. …

…

Eine Fishbowl-Diskussion durchführen

! **Fishbowl** (engl. *fishbowl* – Goldfischglas) ist eine Methode, bei der eine kleinere Gruppe diskutiert und die anderen die Diskussion beobachten.

1 Wählt aus dem Kapitel *Meinungen austauschen – Diskutieren* (S. 13–20) eine Frage aus und organisiert eine Fishbowl-Diskussion.

So könnt ihr eine Fishbowl-Diskussion durchführen

1. Im Innenkreis sitzen etwa fünf Diskutierende und eine Diskussionsleiterin / ein Diskussionsleiter. Außerdem steht ein leerer Stuhl dort, auf den sich jeder aus dem Außenkreis setzen darf, der zeitweise mitdiskutieren möchte.
2. Die Beobachter sitzen im Außenkreis und wählen einen Diskussionsteilnehmer aus, den sie beobachten wollen.
3. Die Diskussion sollte nicht länger als 10 Minuten dauern. Die Beobachter hören genau zu und füllen ihren Beobachtungsbogen aus.
4. Danach werden dem Beobachteten Tipps gegeben.

Beobachtungsbogen

	++	+	–	––	
Einschätzung des Diskussionsbeitrags					
1. bleibt beim Thema					schweift vom Thema ab
2. fördert die Diskussion					hemmt die Diskussion
3. begründet seine Meinung					sagt seine Meinung nur
4. kann überzeugen					kann nicht überzeugen
5. spricht frei					liest Notizen komplett ab
Einschätzung des Gesprächsverhaltens					
1. beteiligt sich rege					beteiligt sich kaum
2. hört aufmerksam zu					hört nicht zu
3. geht auf andere ein					geht nicht auf andere ein
4. blickt Mitschüler an					blickt Mitschüler nicht an
5. lässt andere ausreden					fällt anderen ins Wort

Argumentieren

1 Toms Klasse plant eine längere Radtour. Tom möchte seine Eltern davon überzeugen, dass er vorher ein neues Fahrrad braucht.

a Vergleiche folgende Äußerungen, die Tom nutzen könnte.

1 Ich möchte, dass ihr mir ein neues Fahrrad kauft.
2 Ich brauche ein neues Fahrrad, weil das alte sehr klein ist.
3 Meine Klasse plant vor den Sommerferien eine längere Radtour. Dafür brauche ich ein neues Fahrrad, denn mein altes Rad ist inzwischen zu klein. Wenn ich damit fahre, ist das sehr unbequem.

b Bewertet, welche Äußerung die Eltern am ehesten überzeugen würde.

! Das **Argumentieren** ist eine Diskussionsstrategie. Wer argumentiert, führt eine Aussage bzw. Behauptung an, die durch **Argumente (Begründung + Beispiel)** gestützt wird, z. B.:

Ich brauche ein neues Fahrrad,	BEHAUPTUNG
weil das alte inzwischen zu klein ist.	BEGRÜNDUNG
Wenn ich damit fahre, ist das sehr unbequem.	BEISPIEL

Man kann Behauptung und Begründung durch Wörter, wie *weil, denn, infolgedessen, deshalb, darum, demzufolge,* miteinander verbinden.

2 Übertrage die folgende Tabelle in dein Heft. Untersuche die Äußerungen und ordne sie in die richtigen Spalten ein. Achte auch darauf, welche Äußerungen inhaltlich zusammengehören.

- Mit 13 Jahren braucht man ein Handy.
- Meine Eltern sind froh, dass ich ein Handy habe.
- ..., denn dadurch wissen sie immer, wo ich bin.
- Die sage ich auch nicht meinem Bruder.
- An meinen Rechner kommt keiner ran.
- Ich sage ihnen Bescheid, wenn ich mich mit Freunden treffe.
- ..., denn meine Passwörter kennt niemand.
- Dann kann man sich schnell verabreden.
- ..., weil man viel mit den Freunden unterwegs ist.

Behauptung	Begründung	Beispiel

3 Ordne den folgenden Behauptungen Begründungen und Beispiele zu.

Ohne ein Antivirenprogramm würde ich niemals ins Internet gehen, ...

Eine Fahrradtour ist langweilig, ...

Alle sollten am Spendenlauf der Schule teilnehmen, ...

Begründungen und Beispiele

..., denn ich hätte viel zu viel Angst, dass mir Viren den Rechner blockieren.

Da erleben wir doch nichts!

..., denn das gespendete Geld wird für die Neugestaltung des Schulhofs verwendet.

Bei meinem Freund hat ein Virus den Rechner zum Abstürzen gebracht.

Und den Hof benutzen doch schließlich alle.

..., weil wir den ganzen Tag nur Fahrrad fahren.

4 Suche selbst Begründungen und Beispiele für die folgenden Behauptungen.

1 Freunde sind wichtig.
2 Ferien sind immer zu kurz.
3 Es ist egal, was für Wetter draußen ist.

1. Freunde sind wichtig, weil ...

5 Stellt selbst eine Behauptung auf. Begründet sie und nennt passende Beispiele.

Ich behaupte, dass ...

Schriftlich Stellung nehmen

1

a Lies den Artikel aus der Zeitschrift »Junger Naturschützer«.

Wir haben von einem unserer Leser erfahren, dass im Landkreis Ludwigslust ein Wolf gesehen wurde. Um nähere Informationen darüber zu erhalten, sprachen wir mit dem zuständigen Jäger, Horst Becker.

Einer unserer Leser informierte mich heute darüber, dass Wölfe in der Nähe gesehen worden sind. Können Sie diese Beobachtungen bestätigen?

Leider nicht, es kann sich auch um wildernde Hunde gehandelt haben. Trotzdem ist es nicht unmöglich. Ich werde die Meldung auf jeden Fall überprüfen.

Werden Sie den grauen Räuber abschießen, falls Sie ihn sehen?

Nein, denn die Wölfe stehen bei uns seit 1990 unter strengem Naturschutz. Der letzte Wolf wurde übrigens 1904 in der Lausitz erschossen. Wie es der Zufall will, kamen genau dort im Jahr 2001 erstmals wieder wilde Wolfswelpen zur Welt. Ich glaube nicht, dass sie für die Wanderer gefährlich sind.

Wie viele wilde Wölfe leben denn inzwischen wieder in Deutschland?

Heute leben in Sachsen, Brandenburg und Niedersachsen ungefähr 35 Tiere. In Mecklenburg befinden sich die Wölfe derzeit nur auf der Durchreise.

Was raten Sie denn nun unserem Leser? Soll er seinem Kater den Freilauf verbieten, bis der Wolf weitergewandert ist?

Nein, der Kater kann wie gewohnt seine Mäuse jagen. Auch für uns besteht keine Gefahr. Sie können ihren Lesern mitteilen, dass in den letzten 50 Jahren kein gesunder Wolf einen Menschen angegriffen hat.

Das werde ich gern tun. Ich bedanke mich für das Gespräch.

Ein Problem erkennen

b Formuliere die Frage, um die es in dem Artikel geht.

c Gib den Standpunkt des Jägers in einem Satz wieder.

d Stelle fest, wo der Jäger seine eigene Meinung wiedergibt und wo er Informationen über Wölfe vermittelt.

2 Timo hat den Artikel gelesen und möchte wissen, wie gefährlich Wölfe für den Menschen wirklich sind. Er sammelt weitere Informationen.

Informationen sammeln

a Lies, welche Informationen er gefunden hat.

- **Lebensraum:** Heide, Wälder, Sumpfgebiete (entfernt von Siedlungen)
- **Bestand in Europa:** 15 000 bis 18 000 Tiere (außer Russland)
- **Gewohnheiten:** Rudeltier, sehr sozial, verteidigt Revier
- **Nahrung:** v. a. schwache und kranke Tiere, Rehe, Wildschweine, Hirsche, Elche, auch kleinere Säugetiere, Reptilien, Früchte
- **Fortpflanzung:** nur ein Elternpaar pro Rudel (Alpha-Tiere), Paarungszeit September bis April, 62 Tage Tragezeit, 4–7 Welpen
- **Größe und Gewicht:** 50 bis 100 cm Schulterhöhe, 28 bis 38 kg
- **Alter:** 8 bis 13 Jahre (in freier Wildbahn)

Informationen bewerten

b Bewerte, welche Informationen für das Thema wichtig sind. Notiere sie als Stichpunkte in deinem Heft.

c Suche weitere Informationen in Nachschlagewerken oder im Internet.

3

Einen Leserbrief untersuchen

a Lies Timos Brief an die Zeitschrift.

Liebe Naturfreunde,

der Artikel über Wölfe vom 11. April hat mich neugierig gemacht. Ich habe mich also auch informiert, wie gefährlich der Wolf wirklich ist.
Ich denke, wir müssen uns keine Sorgen machen. Der Wolf ist zwar ein wildes, gefährliches Raubtier. Er reißt auch ab und zu Nutztiere, wie Schafe oder Ziegen, aber nur, wenn er sie bequem erwischen kann! Zäune und Hunde schrecken ihn ab. Außerdem jagt der Wolf nur schwache und kranke Tiere. Davon gibt es in unseren Wäldern genug und er wird satt. Uns Menschen geht er meist aus dem Weg. Laut eurem Artikel wurden seit 50 Jahren keine Angriffe auf Menschen mehr registriert. Wir können also gut mit dem Wolf auskommen, wenn wir ihm seinen Lebensraum lassen und ihn von Haus- und Nutztieren fernhalten. Timo, 13 Jahre, Neubrandenburg

b Nenne die Meinung, die Timo vertritt.

c Suche heraus, welche Begründungen Timo anführt.

d Untersuche die Argumente (Begründungen und Beispiele), die angeführt werden.

TIPP
Prüfe, ob sie überzeugend sind.

e Hat Timo dich überzeugt? Begründe deine Meinung.

Einen Leserbrief planen und entwerfen

4 Schreibe selbst einen Leserbrief zum Thema »Wie gefährlich sind Wölfe?« an die Redaktion der Zeitschrift »Junger Naturschützer«.

a Überlege zuerst, für wen und warum Leserbriefe geschrieben werden und wie man sie gestalten sollte.

!

Ein Leserbrief enthält eine **schriftliche Stellungnahme** zu einem Artikel in einer Zeitung oder Zeitschrift. Ein Leserbrief besteht aus:
- **Einleitung:** Hier wird gesagt, auf welchen Artikel man sich bezieht.
- **Hauptteil:** Man formuliert kurz die eigene Meinung und nennt Begründungen dafür. Dabei bezieht man sich auch auf den Artikel.
- **Schluss:** Der eigene Standpunkt wird kurz zusammengefasst.

Um die Begründungen miteinander zu verbinden, nutzt man Wendungen, wie z. B.:
zum einen ..., zum anderen ...
zudem, außerdem, darüber hinaus, des Weiteren, trotzdem
Für/Gegen ... spricht außerdem die Tatsache, dass ...
Eine große Rolle spielt für mich ...
Ich möchte noch hinzufügen, dass ...
Abschließend/Zusammenfassend möchte ich sagen, dass ...

TIPP
Nutze die Ergebnisse der Aufgaben 2 und 3. Sammle ggf. weitere Informationen.

b Überlege, welche Meinung du vertreten willst. Formuliere sie kurz.

c Sammle die Begründungen, die du anführen möchtest, und ordne sie nach ihrer Überzeugungskraft. Stelle die überzeugendste Begründung an den Schluss.

Den Entwurf überarbeiten
→ S. 67

d Schreibe einen Entwurf deines Leserbriefs.

e Überarbeite deinen Entwurf und schreibe die Endfassung.

TIPP
Denke dir eine Zeitschrift aus und erfinde eine Adresse.

5 Schreibe einen Leserbrief an die Redaktion.

a Lies folgenden Zeitungsartikel.

Banane statt Burger?
Was haltet ihr davon, Fast Food aus der Schule und dem Schwimmbad zu verbannen? Ist das zu kleinlich, weil es sowieso schon so viele Verbote für Kinder gibt? Oder findet ihr, dass zu viele Kinder sich ungesund ernähren und eine solche Maßnahme ihnen helfen könnte, sich bewusster zu ernähren? Oder würde ein Verbot vielleicht erst recht dazu reizen, es zu überschreiten ...? Wir sind wie immer gespannt auf eure Meinungen!

b Formuliere zuerst das Problem als Frage.

c Bilde dir eine Meinung zu dieser Frage und suche nach Begründungen.

d Ordne die Begründungen nach ihrer Überzeugungskraft.

→ S. 61 Offizielle Briefe schreiben

e Entwirf deinen Leserbrief, überarbeite ihn und schreibe die Endfassung. Beachte dabei, was du über das Schreiben offizieller Briefe gelernt hast.

So kannst du einen Leserbrief schreiben
1. Denke über die Schreibaufgabe nach (Für wen und warum werden Leserbriefe geschrieben?).
2. Formuliere das Problem, das in einem Artikel angesprochen wird, als Frage.
3. Schreibe deine Meinung zum Problem kurz auf.
4. Suche nach Begründungen und ordne sie nach ihrer Überzeugungskraft.
5. Schreibe einen Entwurf. Lass einen breiten Rand zum Überarbeiten.
6. Überarbeite den Entwurf und schreibe die Endfassung.

6 Suche in Zeitungen und Zeitschriften nach einem Artikel, zu dem du deine Meinung äußern möchtest. Schreibe einen Leserbrief.

Erzählen

Eine Geschichte nacherzählen

1

a Lies die folgende Ballade von Theodor Fontane (1819–1898).

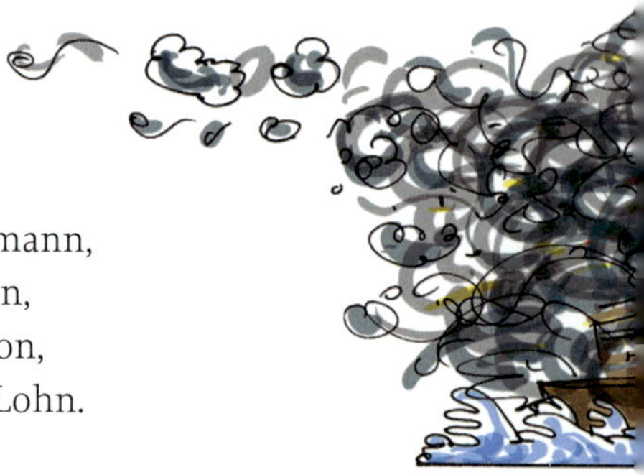

John Maynard

John Maynard!
»Wer ist John Maynard?«
»John Maynard war unser Steuermann,
Aus hielt er, bis er das Ufer gewann,
Er hat uns gerettet, er trägt die Kron,
Er starb für uns, unsre Liebe sein Lohn.
John Maynard.«

Die »Schwalbe« fliegt über den Eriesee,
Gischt schäumt um den Bug wie Flocken von Schnee;
Von Detroit fliegt sie nach Buffalo –
Die Herzen aber sind frei und froh,
Und die Passagiere mit Kindern und Fraun
Im Dämmerlicht schon das Ufer schaun,
Und plaudernd an John Maynard heran
Tritt alles: »Wie weit noch, Steuermann?«
Der schaut nach vorn und schaut in die Rund:
»Noch dreißig Minuten ... Halbe Stund.«

Alle Herzen sind froh, alle Herzen sind frei –
Da klingt's aus dem Schiffsraum her wie Schrei,
»Feuer!«, war es, was da klang,
Ein Qualm aus Kajüt und Luke drang,
Ein Qualm, dann Flammen lichterloh,
Und noch zwanzig Minuten bis Buffalo.

Und die Passagiere, bunt gemengt,
Am Bugspriet stehn sie zusammengedrängt,
Am Bugspriet vorn ist noch Luft und Licht,
Am Steuer aber lagert sich's dicht,
Und ein Jammern wird laut: »Wo sind wir? Wo?«
Und noch fünfzehn Minuten bis Buffalo.

Der Zugwind wächst, doch die Qualmwolke steht,
Der Kapitän nach dem Steuer späht,
Er sieht nicht mehr seinen Steuermann,
Aber durchs Sprachrohr fragt er an:
»Noch da, John Maynard?«
»Ja, Herr. Ich bin.«
»Auf den Strand! In die Brandung!«
»Ich halte drauf hin.«
Und das Schiffsvolk jubelt: »Halt aus! Hallo!«
Und noch zehn Minuten bis Buffalo.

»Noch da, John Maynard?«, und Antwort schallt's
Mit ersterbender Stimme: »Ja, Herr, ich halt's!«
Und in die Brandung, was Klippe, was Stein,
Jagt er die »Schwalbe« mitten hinein.
Soll Rettung kommen, so kommt sie nur so.
Rettung: der Strand von Buffalo!

Das Schiff geborsten. Das Feuer verschwelt.
Gerettet alle. Nur *einer* fehlt!

Alle Glocken gehn; ihre Töne schwelln
Himmelan aus Kirchen und Kapelln,
Ein Klingen und Läuten, sonst schweigt die Stadt,
Ein Dienst nur, den sie heute hat:
Zehntausend folgen oder mehr,
Und kein Aug im Zuge, das tränenleer.

Sie lassen den Sarg in Blumen hinab,
Mit Blumen schließen sie das Grab,
Und mit goldner Schrift in den Marmorstein
Schreibt die Stadt ihren Dankspruch ein:
»Hier ruht John Maynard! In Qualm und Brand
Hielt er das Steuer fest in der Hand,
Er hat uns gerettet, er trägt die Kron,
Er starb für uns, unsre Liebe sein Lohn.
John Maynard.«

b Gib deine Gedanken zum Balladengeschehen wieder.

c Die Ballade wird auch als Erzählgedicht bezeichnet. Untersuche den Text mithilfe des Merkkastens und nenne auftretende Erzählmerkmale.

!

Eine **Erzählung** ist eine unterhaltsame und anschauliche Darstellung von Ereignissen oder Erlebnissen. Die Zuhörer oder Leser können sich die handelnden Personen, deren Gedanken und Gefühle, die Umstände des Geschehens sowie den Handlungsverlauf gut vorstellen und das Geschehen nacherleben.
In Erzählungen können sowohl wirkliche Geschehnisse als auch ausgedachte, fantastische Geschichten dargestellt werden.

2 Erzähle die Ballade nach.

a Wiederhole zunächst, wie man dabei vorgeht.

– den Text genau lesen
– ihn in Abschnitte einteilen
– ...

Eine Nacherzählung planen

b Wähle eine Erzählperspektive und fertige einen Stichpunktzettel an. Lass genügend Platz für Ergänzungen.

Ich-Erzähler oder Sie-/Er-Erzähler?

Erzähler: ...
Ort/Zeit: ...
handelnde Personen: ...
Handlungsverlauf: ...
Gedanken, Gefühle: ...

c Vergleicht eure Stichpunkte und ergänzt sie, wenn nötig.

Eine mündliche Nacherzählung gestalten

d Erzähle die Geschichte mithilfe deines Stichpunktzettels mündlich nach.

Eine schriftliche Nacherzählung gestalten

3 Verfasse jetzt mithilfe deines Stichpunktzettels eine schriftliche Nacherzählung.

a Schreibe zuerst einen Entwurf. Lass Platz für die Überarbeitung.

b Überprüfe deinen Entwurf mithilfe folgender Checkliste und überarbeite ihn anschließend.

Überarbeiten:

- Wird die Schreibaufgabe beachtet? ☑
- Weckt die Einleitung Interesse? ☑
- Sind die Personen und deren Gedanken und Gefühle anschaulich beschrieben? ☐
- Wird die Erzählperspektive beachtet? ☐
- Rundet der Schluss die Geschichte ab? ☐
- Werden abwechslungsreiche Satzanfänge verwendet? ☐
- Werden überflüssige Wortwiederholungen vermieden? ☐
- Ist die Rechtschreibung und Zeichensetzung korrekt? ☐

c Überprüft eure Entwürfe gegenseitig mithilfe der Checkliste in Aufgabe b. Ihr könnt auch eine Schreibkonferenz durchführen.

Gedanken und Gefühle anderer erkennen und darlegen

1 Lest den folgenden Text und tauscht euch über den geschichtlichen Hintergrund einer solchen Geschichte aus.

Die Ernte

Vor etwa 12000 Jahren hatten die Menschen im Überschwemmungsgebiet zwischen Euphrat und Tigris gelernt, Kanäle zu bauen und das Land regelmäßig zu bewässern. Damit erzielten sie gute Ernten und konnten die Ernährung des Dorfes sichern. Schlimm war es, wenn ein Unwetter die Ernte vernichtete oder ein Blitz in einen Getreidespeicher einschlug.

Sena, ein elfjähriges Mädchen, lebte damals mit ihrer Familie in einem Bergdorf im heutigen Irak. Das ganze Jahr über war ihnen die Urmutter, die Fruchtbarkeitsgöttin, wohlgesinnt und hatte eine prächtige Ernte heranreifen lassen. Seit zwei Tagen waren alle Familienmitglieder auf den Feldern und schnitten mit Freude das Korn oder sammelten die Getreideähren ein. Die Sonne stand hoch am Himmel, die Arbeit war nicht schwer und Sena summte beim Sammeln ein Liedchen, mit dem sie der Urmutter dankte.

Ihr Vater dagegen machte ein besorgtes Gesicht. Er sah wieder und wieder zum Himmel, wo sich über den Bergen eine schwarze Wolkenwand zeigte. Er wusste, dass der Regen das Korn zerstören würde, und arbeitete immer schneller. Plötzlich zerbrach die Sichel. »Oh nein! Nicht jetzt!«, stieß der Vater hervor. Aufgeregt rief er Sena heran, zeigte auf die Sichel und den Himmel und sagte: »Lauf schnell ins Dorf und hole eine neue Sichel. Wir müssen es schaffen, das Getreide zu ernten, bevor das Unwetter beginnt. Lauf, Sena, lauf!«

Das Mädchen rannte so schnell es konnte. Sie wusste, was es bedeutet, im Winter kein Getreide zu haben. Ihr Gesicht war grau vor Angst, fast konnte sie den Hunger im Bauch wieder fühlen. Auf dem Rückweg hatte sie heftige Seitenstiche, aber sie wollte nicht aufgeben. Als sie beim Vater ankam, verdeckte die erste Wolke bereits die Sonne und Wind kam auf. Der Vater lächelte dankbar und machte sich gleich wieder an die Arbeit. Auch er hatte Angst vor dem Hunger. Sena kam kaum hinterher mit dem Einsammeln der Ähren. Jetzt sang sie auch nicht mehr, sondern flüsterte: »Urmutter, lass das Unwetter warten, bis wir fertig sind. Bitte, hilf uns, damit wir im Winter nicht hungern müssen!« Der Wind wurde zum Sturm, aber es war immer noch trocken. Blitze zuckten am Himmel und Donnergrollen setzte ein. Sena hatte furchtbare Angst vor dem Donnern, aber sie arbeitete weiter. Sie hatte jetzt nur noch einen Gedanken: »Wir müssen es schaffen!«

Als der Vater die letzten Ähren schnitt, fielen die ersten Tropfen. Mit den letzten vollen Körben rannten alle ins Dorf zum schützenden Haus. Kaum waren sie in Sicherheit, brach das Unwetter los. Donner und Blitz fielen zusammen, das Wasser stürzte zur Erde. Keine Getreidepflanze hätte das überstanden, aber sie hatten ja rechtzeitig alles ins Trockene gebracht. Sena tanzte und lachte vor Freude und überhörte sogar den Donner.

»Hab Dank für deine Güte, Urmutter!«, rief sie zum Himmel. Einen Teil der Ernte werden sie ihr opfern.

2 Im Text werden die Gedanken und Gefühle der Personen genau dargestellt.

a Suche Textbeispiele und bezeichne die dargestellten Gefühle.

„sie schnitten mit Freude das Korn" (Z. 11)
-> Freude, Zufriedenheit
...

b Tauscht euch darüber aus, welche Wirkung die Erzählung durch die Wiedergabe der Gedanken und Gefühle hat.

c Der Text wird durch die Verwendung verschiedener sprachlicher Mittel anschaulich. Suche Beispiele dafür.

treffende Adjektive: schlimm, ...
treffende Verben: ...
Vergleiche: ...
bildhafte Ausdrücke: ...
Ausrufesätze: ...

Aus der Perspektive anderer Personen erzählen

3 Erzähle das Geschehen aus der Perspektive einer der beteiligten Personen. Achte besonders auf die Darstellung ihrer Gedanken und Gefühle.

a Lies dazu den Text »Die Ernte« (S. 32, Aufgabe 1) noch einmal und nenne Personen, die das Ereignis miterlebt haben.

b Wähle eine Person aus und benenne das Grundgefühl, welches das Denken und Handeln dieser Person bestimmt hat.

c Entwirf einen Erzählplan. Notiere dir Angaben zur Person, zum Geschehen auf dem Schiff und zu den Wahrnehmungen der Person sowie zu ihren Gefühlen.

Einleitung:	Zeit und Ort:	…
	Personen:	…
Hauptteil:	Handlungsschritte:	…
Schluss:	…	

d Verfasse einen Entwurf deiner Erzählung. Lass einen breiten Rand für die Überarbeitung.

e Lest euch eure Entwürfe gegenseitig vor und beurteilt sie mithilfe der Überarbeitungsschritte auf Seite 33 (Aufgabe 3 b).

TIPP
Notiere dir alle Hinweise.

f Überarbeite deinen Entwurf und schreibe die Endfassung in dein Heft.

4 Lies noch einmal die Ballade »John Maynard« (S. 28, Aufgabe 1 a).

a Erzähle das Geschehen aus der Perspektive einer der beteiligten Personen. Gehe dazu vor wie in Aufgabe 3.

b Schreibe einen Tagebucheintrag aus der Sicht eines Teilnehmers an der Trauerfeier für John Maynard. Beachte dazu besonders die letzte Strophe der Ballade.

5 Wähle einen Text aus deinem Lesebuch aus und erzähle die Handlung aus der Perspektive einer anderen Person. Stelle dabei auch die Gedanken und Gefühle dieser Person dar.

Eigene Gedanken und Gefühle wiedergeben

1

a Übertrage die Tabelle in dein Heft. Ergänze angenehme und unangenehme Grundstimmungen.

☺	☹
Freude …	Ärger …

b Tauscht euch über Erlebnisse, Nachrichten, Filme, Bücher, Musik oder Ähnliches aus, die solche Stimmungen bei euch ausgelöst haben.

2 Schreibe eine Erzählung. Erzähle, was du erlebt, gesehen, gelesen oder gehört hast. Gib dabei vor allem die Gedanken und Gefühle wieder, die in dir ausgelöst wurden.

TIPP
Plane deine Erzählung. Nutze dazu verschiedene Methoden: Brainstorming, Cluster oder Mindmap.

a Überlege zuerst, worüber du schreiben könntest und welche Wirkung du damit erzielen möchtest.

b Entwirf einen Erzählplan (Personen, Ort und Zeit der Handlung, Handlungsschritte, Gedanken und Gefühle).

c Schreibe einen Entwurf deiner Erzählung.

d Überarbeite den Entwurf und schreibe die Endfassung in dein Heft.

Eine Schreibwerkstatt durchführen

!

In einer **Schreibwerkstatt** steht der Spaß am gemeinsamen Schreiben im Mittelpunkt. Wie in einer Werkstatt wird gemeinsam an Texten gearbeitet. Die einzelnen Arbeitsschritte sind das Werkzeug und die Sprache ist das Material.

1 Es gibt verschiedene Möglichkeiten, Texte gemeinsam zu planen und zu gestalten. Probiert folgendes Vorgehen aus.

Themen finden

a Bringt interessante Gegenstände oder Bilder mit und sammelt sie in einem Karton. Zieht einen Gegenstand bzw. ein Bild.

Ideen sammeln, Texte planen

b Jede/Jeder schreibt alles auf, was ihr/ihm zu dem Gegenstand oder Bild einfällt.

TIPP
Führt ein Brainstorming durch oder notiert eure Ideen in einem Cluster.

c Vergleicht eure Notizen, ergänzt und überarbeitet sie.

d Jede/Jeder entscheidet, was für einen Text sie/er schreiben möchte: ein Gedicht, eine Erzählung, einen Brief o. Ä.

Textentwürfe schreiben und überarbeiten

e Schreibt eure Textentwürfe mithilfe der Notizen.

f Einigt euch, wie ihr beim Überarbeiten vorgehen wollt. Überarbeitet eure Texte allein, zu zweit oder in der Gruppe.

Endfassungen gestalten

g Sammelt die fertigen Texte auf einem Poster oder in einer Mappe.

2 Ihr könnt auch eine Fließbandgeschichte schreiben.

a Schreibt dazu einen möglichen Anfangssatz auf, gebt das Blatt reihum und ergänzt immer nur einen passenden Satz.

Es regnete bereits seit Tagen. …

b Einigt euch, wie ihr die Geschichte beenden wollt und sucht eine passende Überschrift.

TIPP
Wiederholt, wie man Texte gemeinsam überarbeiten kann.

c Überarbeitet die Geschichte gemeinsam und schreibt eine Endfassung.

3 Gemeinsam lassen sich Geschichten besonders gut am Computer schreiben, z. B. Fortsetzungs-, Hypertext- oder E-Mail-Geschichten. Probiert Folgendes aus.

Texte planen und gestalten

a Erfindet zwei Figuren, die sich gegenseitig E-Mails schreiben und darin ihre alltäglichen Erlebnisse, Gedanken und Gefühle erzählen.

TIPP
Speichert alle E-Mails in einem extra Ordner. Ihr könnt sie zusätzlich auch ausdrucken.

b Schreibt diese E-Mails aus der Sicht eurer Figuren. Geht dabei so vor: Eine Schülerin / Ein Schüler beginnt und schickt die E-Mail an die/den nächsten, diese/dieser verfasst die Antwort und schickt sie weiter. Das geht so lange, bis jede/jeder mindestens einmal dran war.

c Fasst die Texte in einer Datei zusammen und sucht gemeinsam eine passende Überschrift.

Texte überarbeiten, Endfassung schreiben

d Überarbeitet die Texte so, dass sie eine zusammenhängende Geschichte ergeben.

Beschreiben

Eine Person beschreiben

1

a Tauscht euch darüber aus, wann und in welchen Formen euch Personenbeschreibungen bereits begegnet sind und welchen Zweck sie jeweils erfüllen.

b Wiederholt, was man bei einer Personenbeschreibung beachten sollte.

! Manchmal ist es wichtig, eine **Person** zu **beschreiben,** damit andere sie erkennen oder sich gut vorstellen können, wie z. B. in **Steckbriefen** oder in **Beschreibungen literarischer Figuren.** Dabei werden die **äußeren Merkmale** von Personen bzw. Figuren (Gesamterscheinung, Einzelheiten, besondere Merkmale) genau und möglichst anschaulich benannt.

2

a Lies den folgenden Textauszug aus dem Buch »Wie eine Hecke voll Himbeeren«, in dem die 13-jährige Sylvia über ihre erste Liebe erzählt.

Pelle ist das Beste auf der Welt. Ist es nicht fantastisch, dass es ganz besondere Nasen gibt, die man überall wiedererkennen kann? Und besondere Ohren, die wie Blumen vom Kopf abstehen? Und Augen, die einen direkt von vorne oder rasch von der Seite und manchmal vom anderen Ende des Klassenzimmers ansehen können! Pelle hat blaue Augen, die, ohne um Erlaubnis zu fragen, überall herumschauen. Pelles Nase ist rund und dick, eine Spezialanfertigung, die ich auswendig kann. Pelle sieht immer gesund aus, er hat rote Backen wie ein kleines Kind. Und außerdem hat er den komischsten Mund der Welt – seine Lippen laufen nach oben spitz zu, und im Winter sind sie immer rau.

Eine Figurenbeschreibung untersuchen

b Tauscht euch darüber aus, wie diese Beschreibung auf euch wirkt und wie ihr euch Pelle vorstellt.

→ S. 118 Attribut (Beifügung)

c Untersucht, mit welchen sprachlichen Mitteln es gelingt, Pelle anschaulich zu beschreiben.

d Besprecht, woran man erkennt, dass es sich bei dieser Beschreibung um einen Auszug aus einem Jugendbuch handelt.

! In literarischen Texten werden die **handelnden Personen (literarischen Figuren)** aus der Sicht eines Erzählers (Ich-Erzähler, Sie-Erzählerin / Er-Erzähler) oder einer anderen Figur beschrieben. Die Darstellungen sind meist besonders anschaulich, sodass der Leser sich die Figur gut vorstellen kann.

Einen Steckbrief verfassen

3 Ihr wollt im Klassenraum Steckbriefe literarischer Figuren aus beliebten Jugendbüchern aushängen.

a Wiederholt, was ein Steckbrief beinhalten sollte und wie man ihn gestalten kann.

b Verfasst einen Steckbrief von Pelle (S. 38, Aufgabe 2 a).

c Wählt eine weitere literarische Figur aus, deren Äußeres gut beschrieben ist und gestaltet einen Steckbrief.

TIPP
Stellt z. B. eure Lieblingsfigur aus einem Buch vor.

4 In dem Buch »Eine wie Alaska« lernt der 16-jährige Miles die geheimnisvolle Alaska kennen.

a Lies den folgenden Textauszug.

Ich beschloss, noch ein wenig auf der Schaukel sitzen zu bleiben, teils, weil die Hitze allmählich nachließ […], teils, weil ich hoffte, dass Alaska vielleicht noch vorbeikam. […]
Und jetzt ist ein guter Zeitpunkt, davon zu reden, wie schön sie war. Wie sie neben mir in der Dunkelheit saß und nach Mädchenschweiß und Sonnenschein und Vanille roch in dieser von einem schmalen Mond erhellten Nacht, in der ich kaum mehr sah als ihre Silhouette […]. Doch selbst im Dunkeln konnte ich ihre Augen sehen – wie funkelnde Smaragde. Sie hatte die Art von Augen, die einen von vorneherein dazu verdammen, alles, was sie tat und sagte, gut zu finden.

b Beschreibe, welches Verhältnis der Erzähler zur beschriebenen Person hat. Suche Textstellen, die das belegen.

c Untersuche die sprachlichen Besonderheiten des Textauszugs.

5 Manchmal erfährt man nichts oder nur sehr wenig über das Äußere einer Figur. Trotzdem entsteht beim Leser eine bestimmte Vorstellung von der handelnden Person.

a Lies noch einmal den Textauszug über Alaska (S. 39, Aufgabe 4 a).

b Überlege, wie Alaska aussehen könnte, und fertige einen Steckbrief an.

Eine literarische Figur beschreiben

c Stelle dir vor, für eine Aufführung oder Verfilmung soll eine geeignete Schauspielerin und ein passendes Kostüm gefunden werden. Beschreibe möglichst genau, wie Alaska aussehen sollte.

Gesamterscheinung: ...
Einzelheiten: ...
besondere Merkmale: ...

6 Erfinde selbst eine literarische Figur, die im Mittelpunkt einer Erzählung stehen könnte. Entwirf zuerst einen Steckbrief. Beschreibe danach ihr Äußeres so anschaulich, dass ein Leser sich die Figur gut vorstellen kann.

TIPP
Gib deiner Figur einen Namen.

Eine Personenbeschreibung verfassen

7 Stelle dir vor, du hast ebenfalls ein besonderes Mädchen / einen besonderen Jungen kennen gelernt. In einer E-Mail an deine Freundin / deinen Freund möchtest du sie/ihn genau beschreiben.

a Notiere dir zuerst Stichpunkte zum Aussehen oder entwirf einen Steckbrief.

b Schreibe anschließend den Entwurf der E-Mail, überarbeite ihn und gestalte die Endfassung.

Einen Vorgang beschreiben

1 Hannah möchte ein Mikroskop benutzen, aber die Bedienungsanleitung ist leider verloren gegangen.

Über die Schreibaufgabe nachdenken

a Überlege, wofür eine Bedienungsanleitung gebraucht wird und welche Besonderheiten du beim Schreiben einer Anleitung beachten musst.

b Besprecht, wie man beim Schreiben einer Bedienungsanleitung vorgehen könnte.

! Eine Bedienungsanleitung ist eine besondere Form der **Vorgangsbeschreibung**, die zeigt, wie man ein Gerät bzw. einen Gegenstand sachgerecht benutzt.
Es muss besonders auf die notwendigen Bestandteile, die richtige Reihenfolge der Handlungen und Teilhandlungen sowie auf die Genauigkeit der Aussagen geachtet werden. Ob die **persönliche** oder **unpersönliche Ausdrucksweise** verwendet wird, hängt vom Adressaten ab. Vorgangsbeschreibungen werden im **Präsens** verfasst.

2 Schreibe nun eine Bedienungsanleitung für das Mikroskop.

Eine Bedienungsanleitung planen

a Übertrage die Tabelle in dein Heft. Ordne die folgenden Bestandteile eines Mikroskops den Zahlen auf der Zeichnung zu. Schreibe auch die Funktionen der Einzelteile auf.

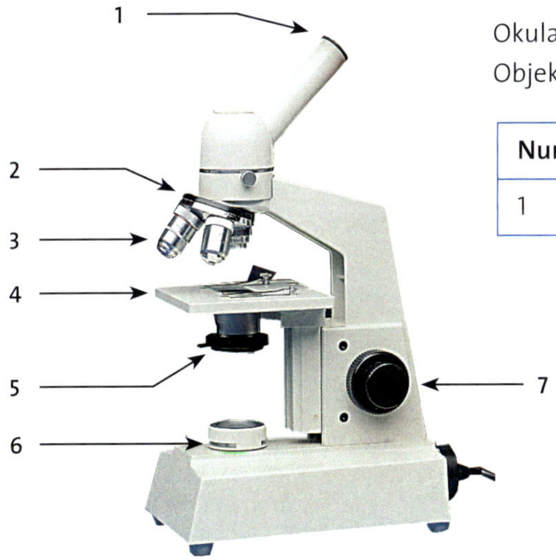

Okular – Lampe – Blende – Objekttisch – Revolver – Objektiv – Drehknopf – Grobtrieb – Feintrieb

Nummer	Einzelteil	Funktion
1	Okular	...

b Ordne den Bestandteilen in der Tabelle die folgenden Funktionen zu.

vergrößert das vom Objektiv entworfene Bild – drehbare Scheibe mit unterschiedlichen Objektiven – enthält Linsen, die das Bild des Objekts vergrößern – lässt durch die Öffnung in der Mitte das Licht auf das Objekt dringen – ermöglicht die Leuchtregulierung – durchleuchtet das durchsichtige Objekt – stellt das Bild scharf

c Vergleicht eure Tabellen. Ergänzt oder verändert sie bei Bedarf.

d Ordne die folgenden Handlungen und Teilhandlungen in der Reihenfolge, wie sie bei der Benutzung eines Mikroskops nacheinander durchgeführt werden.

Mikroskop aufstellen – durchs Okular sehen – Objekttisch an das Objektiv drehen – Lampe anschalten – Objektträger auf den Objekttisch legen – mit dem Drehknopf die Schärfe einstellen – passendes Objektiv aussuchen

1. Mikroskop aufstellen, ...

Einen Entwurf schreiben

e Schreibe einen Entwurf der Bedienungsanleitung in dein Heft.

Einen Entwurf überarbeiten

3 Lisa hat ihre Bedienungsanleitung für das Mikroskop geschrieben.

a Lies den Entwurf.

Das Mikroskop ist ein Gerät, mit dem ich mir Sachen anschauen kann. Ich nehme es mit einem Tragegriff und stelle es vor mich hin. Dann schalte ich die Lampe an und gucke durch das Okular. Wenn ich Licht sehe, kann ich weitermachen. Ich nehme den Objektträger, auf dem mein Haar und das Deckglas liegen, und lege ihn auf den Objekttisch. Ich drehe dann mit dem Grobtrieb den Objekttisch bis fast an die Objektive. Ich schaue durch das Okular und drehe mit dem Feintrieb den Objekttisch nach unten, bis ein Bild von meinem Haar, das ich untersuchen will, scharf ist. Ich stelle am Revolver das Objektiv mit der schwächsten Vergrößerung ein. Dann schaue ich mir die Vergrößerung meines Haares an. Den Revolver kann ich übrigens drehen und er ist mit den Objektiven bestückt.

b Überarbeite Lisas Entwurf mithilfe der Arbeitsschritte und Tipps im Merkkasten auf der nächsten Seite.

!

Eine Vorgangsbeschreibung überarbeiten

Arbeitsschritte	Tipps
1. Schreibaufgabe bedenken	
• Für wen? Für welchen Zweck?	*Beachte z.B. die Besonderheiten einer Bedienungsanleitung.*
2. Inhalt überarbeiten	
• Reihenfolge der (Teil-)Handlungen? • Ergänzen oder streichen? • Einleitung und Schluss (um-)gestalten?	*Führe die Handlungen und Teilhandlungen selbst aus, um die Beschreibung zu prüfen.*
3. Wortwahl überarbeiten	
• Gegenstände, (Teil-)Handlungen genau bezeichnet? • Wortwahl verbessern?	*Prüfe besonders die Fachbegriffe und Verben. Untersuche, ob (un-)bestimmte Artikel richtig verwendet wurden.*
4. Satzbau überarbeiten	
• Abwechslungsreiche und sinnvolle Satzverknüpfungen? • Zusammengesetzte Sätze bilden oder zu lange Sätze auflösen?	*Untersuche die Satzanfänge. Prüfe, ob Satzglieder umgestellt werden können bzw. sollten. Betrachte die Wörter, die eine zeitliche Abfolge ausdrücken. Nutze geeignete Konjunktionen. Probiere aus, ob Sätze mithilfe nominalisierter/substantivierter Verben umzuformulieren sind.*
5. Rechtschreibung und Zeichensetzung korrigieren	
• Alles richtig geschrieben? • Alle Satzzeichen vorhanden?	*Nutze Nachschlagewerke. Berate dich mit anderen.*

→ S. 134 Textgestaltung durch Satzverknüpfung

TIPP
Ihr könnt auch eine Schreibkonferenz durchführen.

4 Überarbeite deine Bedienungsanleitung mithilfe des Merkkastens.

5 Stelle dir vor, du borgst dein Handy einem Freund. Beschreibe ihm, wie er die wichtigsten Funktionen nutzen kann, z.B. Lautstärke regeln, Tastensperre aktivieren und deaktivieren, Weckfunktion nutzen.

Ein Experiment beschreiben

1 Tragt zusammen, wozu man Experimente beschreiben muss. Denkt dabei an den naturwissenschaftlichen Unterricht.

2

a Lies die folgende Beschreibung eines Experiments.

Nachweis der Lebenstätigkeit von Bakterien

Materialien: 2 Kartoffeln
2 Wassergläser
etwas Erde
Wasser

Eine der beiden Kartoffeln wird etwas eingeschnitten, an der Schnittfläche wird ein wenig Erde aufgetragen. Dann legt man die Kartoffel vorsichtig in ein Glas und gießt dieses randvoll mit Wasser. Das Glas wird nun an einen warmen Ort gestellt und drei Tage lang beobachtet. Das Vorgehen wird mit der zweiten Kartoffel wiederholt. Das Glas wird dieses Mal aber in den Kühlschrank gestellt und ebenfalls drei Tage beobachtet.

b Untersuche, welche Angaben für die Beschreibung eines Experiments notwendig sind.

→ S. 109 Verben

c Untersuche, in welcher Ausdrucksweise die Beschreibung verfasst wurde. Betrachte dazu die Subjekte und Prädikate in den Sätzen.

!

Experimente kann man **beschreiben,** um zu ihrer Durchführung anzuleiten oder um ihren Verlauf ausführlich und genau zu dokumentieren.
Je nach Zweck der Beschreibung muss Folgendes enthalten sein:
- das Ziel des Experiments bzw. die Untersuchungsaufgabe,
- die benötigten Geräte und Materialien,
- die auszuführenden Handlungen und Teilhandlungen,
- die beobachteten Ergebnisse des Experiments.

Die Beschreibung eines Experiments wird meist im **Präsens** und in **unpersönlicher Ausdrucksweise** verfasst, z. B.:

Die Kartoffel wird etwas eingeschnitten. (Verbform im Passiv)
Man legt die Kartoffel in ein Glas. (*man*-Form)

3 In den folgenden Notizen für die Beschreibung eines Experiments ist einiges durcheinandergeraten.

Eine Beschreibung planen

a Bringe die folgenden Angaben in die richtige Reihenfolge.

- auf jede Lebensmittelprobe 2–3 Tropfen der Iod-Kaliumiodid-Lösung
- Nachweis von Stärke in Lebensmitteln
- je ein kleines Stück Käse, Banane, Apfel und Brot + Iod-Kaliumiodid-Lösung
- blau-violette bis schwarze Färbung → Stärke in den Lebensmitteln

Einen Textentwurf schreiben

b Formuliere die Beschreibung des Experiments so, dass andere es exakt durchführen können. Schreibe in dein Heft.

Den Entwurf überarbeiten

c Überarbeite den Entwurf. Achte dabei besonders auf die Gliederung, die Zeitform der Verben und die unpersönliche Ausdrucksweise. Schreibe die Endfassung in dein Heft.

TIPP
Überlege, wie deine Beschreibung enden könnte, wenn du die beobachteten Ergebnisse nicht verraten willst.

4 Wähle ein Experiment aus dem naturwissenschaftlichen Unterricht. Beschreibe es so, dass andere es durchführen können.

So kannst du ein Experiment beschreiben

1. Denke über die Schreibaufgabe nach (Wem beschreibst du was? Zu welchem Zweck?).
2. Ordne die Angaben zu den Materialien und zur Durchführung des Experiments in der richtigen Reihenfolge.
3. Formuliere das Ziel bzw. die Aufgabe des Experiments. Entscheide, ob und wenn ja, wie du die Ergebnisse beschreiben willst.
4. Schreibe einen Entwurf. Lass einen breiten Rand zum Überarbeiten.
5. Überarbeite den Entwurf.
6. Schreibe die Endfassung.

5 Wähle ein Experiment aus dem naturwissenschaftlichen Unterricht. Beschreibe den Verlauf und auch die beobachteten Ergebnisse.

Vorgänge beobachten und mitschreiben

!

Während des Experimentierens muss man genau beobachten, was passiert. Seine **Beobachtungen** sollte man **in Stichpunkten mitschreiben,** um das Experiment zum Schluss mithilfe dieser Beobachtungen auswerten zu können.
Man kann die Stichpunkte kurz formulieren, indem man
- Nominalisierungen/Substantivierungen verwendet, z.B.: *Verfärbung bei Kartoffeln und Brot,*
- Abkürzungen benutzt, z.B.: *ca., u., usw., u.a., d.h.,*
- Tabellen vorbereitet.

1 Tragt zusammen, welche Abkürzungen ihr kennt, und schreibt sie in euer Heft. Ergänzt die Bedeutung.

2 Führe das Experiment aus Aufgabe 3 a (S.45) durch.

TIPP
Du kannst in die rechte Spalte auch die Farbe eintragen.

a Übertrage vorher die folgende Tabelle in dein Heft und ergänze sie mit deinen Beobachtungen.

Lebensmittel	**Verfärbung (ja/nein)**
Käse	...

b Werte das Experiment anhand deiner Beobachtungen aus.

Folgende Lebensmittel enthalten Stärke: ...

3 Führe das Experiment aus Aufgabe 2 a (S.44) durch.

a Überlege zuerst, welche Form der Notizen sich eignen würde, um die Beobachtungen schnell notieren zu können.

b Führe das Experiment durch und notiere deine Beobachtungen.

→ S.101
Nominalisierte/
Substantivierte
Verben und Adjektive

Ein Bild beschreiben

1 Charles Ebbets (1905–1978) war ein US-amerikanischer Fotograf, der in den 1930er-Jahren den Bau des Rockefeller-Centers dokumentierte.

a Sieh dir das Bild genau an, das 250 m über New York entstand. Welche Gedanken gehen dir durch den Kopf?

Mittagessen über einem Wolkenkratzer, 1932

b Überlege, wodurch die Wirkung des Fotos ausgelöst wird.

!

Will man ein **Bild beschreiben,** muss man darauf eingehen, *was* dargestellt ist und *wie* es dargestellt wurde. Daraus ergibt sich die Wirkung des Bildes auf den Betrachter.
Eine Bildbeschreibung kann auf folgende Weise gegliedert werden:

- **Einleitung:** Informationen zum Maler bzw. Fotografen, zum Titel des Bildes, zur Entstehungszeit und zum Thema
- **Hauptteil:**
  - Beschreibung dessen, *was* dargestellt wird (in bestimmter Reihenfolge, z. B. vom Vordergrund zum Hintergrund, von oben nach unten oder vom Auffälligen zum Unauffälligen)
  - Beschreibung, *wie* es dargestellt wird (Gestaltungselemente und ihre Wirkung: Farbe, Linien, Raum, Formen, Kontraste, …)
- **Schluss:** Zusammenfassung der Wirkung des Bildes auf den Betrachter

Eine Bildbeschreibung wird im **Präsens** verfasst.

Einen Textentwurf schreiben

2 Stelle dir vor, deine Freundin / dein Freund kennt das Foto aus Aufgabe 1 a (S. 47) nicht. Beschreibe es, damit sie/er sich das Foto vorstellen kann.

a Informiere sie/ihn kurz über den Fotografen, den Titel des Bildes und die Entstehungszeit bzw. den Entstehungsgrund.

b Beginne mit der Beschreibung des Vordergrunds. Wähle aus den folgenden Wortgruppen einige für deine Beschreibung aus.

im Vordergrund – lesen – im Zentrum des Bildes – auf dem Stahlträger – elf Männer – essen – in der Bildmitte – rauchen

c Beschreibe, was man im Hintergrund sieht. Wähle wieder geeignete Wortgruppen aus.

im Hintergrund – unter dem Stahlträger – hinter den elf Männern – Häuser von New York – weit unten – Hochhäuser

d Überlege, aus welcher Perspektive der Betrachter auf das Bild sieht. Wo stand der Fotograf vermutlich?

e Fasse zusammen, welche Wirkung das Bild auf den Betrachter hat.

Den Entwurf überarbeiten
→ S. 67

f Überarbeite deine Bildbeschreibung und schreibe die Endfassung in dein Heft.

So kannst du ein Bild beschreiben

1. Denke über die Schreibaufgabe nach. (Wem und wozu beschreibst du das Bild?)
2. Betrachte das Bild und notiere in Stichpunkten Wichtiges zu seiner Wirkung.
3. Betrachte das Bild genauer und notiere Wichtiges zum Aufbau (Vorder-, Mittel-, Hintergrund) und zu den Gestaltungselementen (Farbe, Linien, Raum, Formen, Kontraste).
4. Sammle Informationen zum Bild (Maler bzw. Fotograf, Titel des Bildes, Entstehungszeit).
5. Ordne deine Notizen (Einleitung, Hauptteil, Schluss).
6. Schreibe einen Entwurf. Lass dabei einen breiten Rand für Überarbeitungen frei.
7. Überarbeite den Entwurf und schreibe die Endfassung.

3 Ilja Jefimowitsch Repin (1844–1930) war ein berühmter russischer Maler.

a Sieh dir das Bild an, auf dem er seine Tochter Vera dargestellt hat.

Flattergeist, 1884

→ S.38 Eine Person beschreiben

b Entwirf eine Bildbeschreibung. Lass einen breiten Rand für spätere Überarbeitungen.

c Lest euch eure Bildbeschreibungen vor und gebt euch gegenseitig Hinweise zur Überarbeitung. Achtet auf den Inhalt und die sprachliche Gestaltung.

TIPP
Achte besonders auf die Satzverknüpfung und die Zeitform der Verben.
→ S.67

d Überarbeite deine Bildbeschreibung und schreibe die Endfassung in dein Heft.

Was habe ich gelernt?

4 Überprüfe, was du über das Beschreiben gelernt hast. Beantworte dazu die folgenden Fragen.

1 Welche Besonderheiten muss man bei der Beschreibung einer literarischen Figur beachten?
2 Worauf musst du bei einer Bedienungsanleitung achten?
3 Wozu kann man Experimente beschreiben?
4 Wie kann man eine Bildbeschreibung gliedern?
5 Welche der Beschreibungen sind dir leichtgefallen?
6 Was ist dir schwergefallen?

Berichten

Über eine Exkursion berichten

1 Tragt zusammen, welche Arten von Berichten ihr schon kennt und welche Besonderheiten diese aufweisen.

TIPP
Schlagt die Merkmale von Berichten im Merkwissen nach.

2 Anna soll für das Fach Geografie einen kurzen Bericht über die Exkursion der Arbeitsgemeinschaft »Gesteinskunde« schreiben.

a Lies Annas Text.

Unsere Exkursion nach Flöha

Am Sonntag, dem 5. Juni, traf sich die Arbeitsgemeinschaft »Gesteinskunde« gegen 6:15 Uhr am Chemnitzer Hauptbahnhof. Die einzige Person, die um diese Zeit fröhlich da stand, war unsere Geografielehrerin. Wir waren noch müde und trotteten lustlos zum Zug, der 6:30 Uhr nach Flöha fuhr. Im Zug schliefen einige gleich noch mal ein. Aber lange konnten sie nicht schlafen, denn nach 25 Minuten hieß es aussteigen.

Zuerst mussten wir durch die ganze Stadt marschieren und dann ging es mindestens eine halbe Stunde nur bergauf. Celine und Lukas jammerten die ganze Zeit, denn beide kamen auf dem Weg ganz schön ins Schwitzen. Endlich, nach 35 Minuten: der Wald, unser Ziel.

Dort bekamen wir unsere Aufträge. Wir sollten am Steinbruch und im Wald Tonschiefer, Porphyrtuff und Quarzporphyr sammeln. Die Sucherei ging auch gleich los. Wir fanden alle Gesteinsarten. Die Fundstellen mussten wir in eine Geländekarte eintragen sowie die Steine nach Festigkeit und Farbe beschreiben. Ein Protokoll sollte auch geschrieben werden. Wir hatten also ganz schön zu tun. Nach drei Stunden war unsere Arbeit aber getan. Leider hatte es so angefangen zu regnen, dass wir fast bis auf die Haut nass waren. Aber die Zeit im Wald war schön, verging sehr schnell und wir hatten trotz des Arbeitsauftrags viel Spaß.

b Beurteile, ob Anna ihre Aufgabe erfüllt hat. Begründe deine Meinung.

3 Schreibe für Anna den Bericht über die Exkursion.

Einen Bericht planen

a Schreibe aus dem Text in Aufgabe 2 a (S. 50) alle Angaben heraus, die du für diesen Bericht benötigst, und ordne sie den *W*-Fragen zu.

Einen Textentwurf schreiben

b Schreibe mithilfe deiner Notizen den Bericht über die Exkursion. Lass einen breiten Rand für spätere Überarbeitungen.

Den Entwurf überarbeiten

c Überarbeite deinen Entwurf. Gehe dabei folgende Schritte:
- Überdenke die Schreibaufgabe.
- Überarbeite den Inhalt.
- Überprüfe die Wortwahl.
- Kontrolliere den Satzbau.
- Korrigiere die Rechtschreibung.

→ S. 66 Texte verfassen

4 Schreibe für die Wandzeitung einen Bericht über einen Wandertag, den ihr in der letzten Zeit gemacht habt.

a Notiere Stichpunkte zu den *W*-Fragen.

b Schreibe mithilfe deiner Notizen den Bericht. Lass einen breiten Rand für Überarbeitungen.

c Überarbeite den Entwurf und schreibe eine Endfassung in dein Heft.

5 Wähle eine Klassenfahrt aus, die ihr in der letzten Zeit gemacht habt. Schreibe einen Bericht darüber für die Schülerzeitung.

So kannst du einen Bericht schreiben
1. Denke über die Schreibaufgabe nach.
   (Wem berichtest du worüber und zu welchem Zweck?)
2. Ordne die Fakten sinnvoll, die du berichten möchtest.
   Nutze dazu z. B. die *W*-Fragen.
3. Schreibe einen Entwurf. Lass einen breiten Rand zum Korrigieren.
4. Überarbeite den Entwurf und schreibe die Endfassung.

6 Schreibe für die Homepage der Schule einen Bericht über ein Ereignis aus eurem Schulalltag, z. B. über das Sportfest oder eure Lesenacht.

Ein Protokoll schreiben

!

Ein **Protokoll** ist eine besondere Form des Berichts, mit dem man andere kurz, sachlich und genau informiert oder etwas dokumentiert. Im **Verlaufsprotokoll** werden der Ablauf und die Ergebnisse einer Veranstaltung, einer Diskussion oder eines Experiments festgehalten. Im **Ergebnisprotokoll** werden nur die Ergebnisse bzw. Beschlüsse notiert.

Ein Protokoll untersuchen

1

a Sieh dir das folgende Protokoll eines Experiments an.

→ S. 44 Ein Experiment beschreiben

Name: Nina Zabel Klasse: 7a Datum: 12.10.2012

Aufgabe:
Prüfe, ob die vorliegenden Lebensmittel Stärke enthalten.

Materialien: reine Stärke
Iod-Kaliumiodid-Lösung
je ein kleines Stück Banane, Apfel und Brot

Durchführung:
Zuerst werden 2 oder 3 Tropfen der Iod-Kaliumiodid-Lösung auf die reine Stärke gegeben, um die Verfärbung zu beobachten. Anschließend gibt man auf jede Lebensmittelprobe 2 bis 3 Tropfen der Lösung.

Beobachtung:

Proben	Verfärbung
Stärke	schwarz
Banane	graublau
Apfel	keine
Brot	blauviolett

Entsorgung:
Die getesteten Lebensmittel werden im Hausmüll entsorgt. Die Iod-Kaliumiodid-Lösung ist für weitere Versuche zu verwenden.

Auswertung:
Das Brot zeigt die stärkste Verfärbung, was auf den größten Stärkeanteil hinweist. Bananen verfärben sich nicht so intensiv, das bedeutet, sie enthalten weniger Stärke. Bei Äpfeln ist keine Verfärbung zu beobachten, das heißt, sie enthalten keine Stärke.

TIPP
Sieh dir die Gliederungspunkte an.

b Untersuche, um welche Protokollform es sich handelt.

! Ein **Versuchsprotokoll** ist eine besondere Form des Verlaufsprotokolls. Es sollte folgende Angaben enthalten:
- Name, Klasse, Datum,
- Aufgabe bzw. Fragestellung,
- Materialien und Geräte,
- Durchführung des Experiments,
- Beobachtungen,
- Entsorgung der Materialien,
- Auswertung der Beobachtungen.

2 Schreibe mithilfe der folgenden Angaben ein Versuchsprotokoll.

a Ordne die Textbausteine nach den Gliederungspunkten im Merkkasten.

- Untersuche, welche Lebensmittel Fett enthalten.
- Filterpapier, Olivenöl, Wasser, Sonnenblumenkern, Erdnuss, ein wenig Pflanzenmargarine, je ein kleines Stück Banane und Apfel
- Es wird ein Tropfen Olivenöl auf Filterpapier gegeben, außerdem zur Kontrolle (getrennt davon) ein Wassertropfen.
- Olivenöl, Sonnenblumenkerne, Pflanzenmargarine und Erdnüsse enthalten Fett, Wasser, Bananen und Äpfel dagegen nicht.
- Die getesteten Lebensmittel und das Filterpapier werden im Hausmüll entsorgt.
- Man umrandet den Ölfleck rot und den Wasserfleck blau.
- Nach 10 Minuten hält man das Filterpapier gegen das Licht.
- Nun drückt man einen Sonnenblumenkern und Proben der anderen Lebensmittel auf Filterpapier.
- Olivenöl ist reines Fett und hinterlässt auf Filterpapier einen Fettfleck.

Lebensmittel	Fettfleck
Olivenöl	ja
Wasser	nein
Sonnenblumenkern	ja
Pflanzenmargarine	ja
Erdnuss	ja
Banane	nein
Apfel	nein

b Schreibe das Versuchsprotokoll in dein Heft.

Präsentieren: Über fremde Länder informieren

1 Im Rahmen eines Projekts sollen die Schülerinnen und Schüler der 7a eine Präsentation erarbeiten, mit der sie über das Leben der Menschen in einem asiatischen Land informieren. Sie haben 10 bis 15 Minuten Zeit für die Präsentation.

a Sieh im Atlas nach, wo Asien liegt, und nenne die asiatischen Staaten.

b Überlege, welche Informationsquellen du für die Recherche nutzen kannst.

c Trage zusammen, welche Vor- und Nachteile diese Informationsquellen haben.

d Übertrage die Tabelle in dein Heft und ergänze sie stichpunktartig.

Quelle	Vorteile	Nachteile
Internet	jederzeit zugänglich	...

2 Tom hat sich für einen Vortrag über das Leben der Menschen in China entschieden.

a Tragt zusammen, was ihr bereits über China wisst.

b Formuliert einige Fragen, auf die Tom eurer Meinung nach in seiner Präsentation eingehen müsste.

Informationen im Internet suchen

3 Tom möchte sich einen Überblick verschaffen und recherchiert im Internet. Dazu benutzt er verschiedene Suchmaschinen.

→ S.73 Informationen sammeln

LYCOS Go get it!

YAHOO! DEUTSCHLAND

a Probiert bei den verschiedenen Suchmaschinen aus, wie viele Einträge es zum Suchbegriff »China« jeweils gibt.

b Grenzt die Suche durch weitere Begriffe ein.

China+Lebensweise, China+...

4 Seht euch die Suchergebnisse an und beurteilt, ob die Seiten Material für den Vortrag enthalten.

a Lest dazu die Kurzbeschreibungen der Seiten in der Trefferliste.

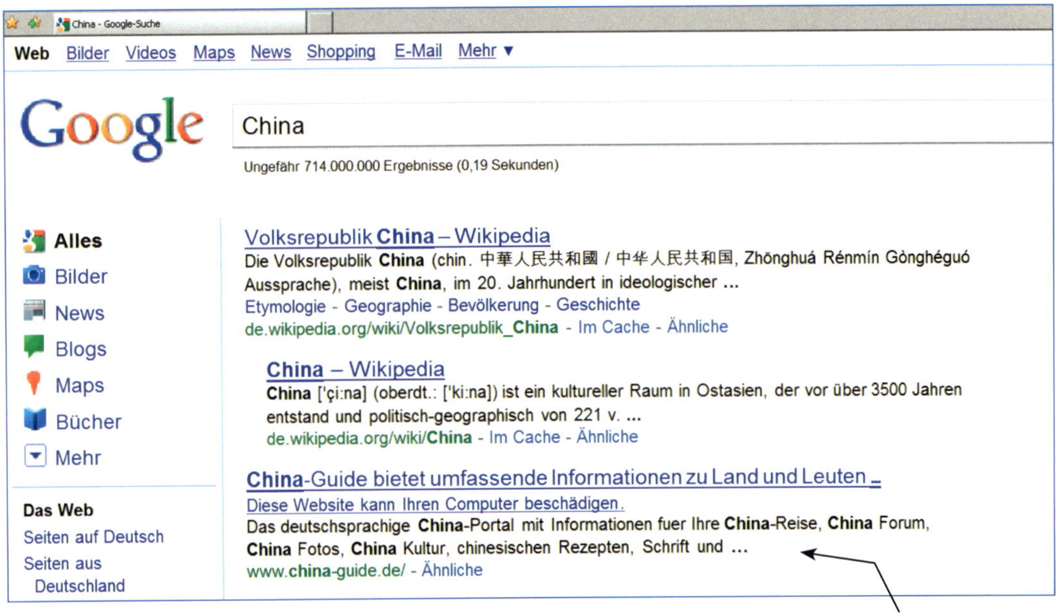

Kurzbeschreibung

TIPP
Seiten von Bundesbehörden oder großen Organisationen sind meist glaubwürdiger als die von privaten Anbietern.
→ S.76

b Überlegt, von wem die Webseite angeboten wird, und beurteilt, ob das eine vertrauenswürdige Quelle ist.

c Klickt die Seite an und überprüft, ob sie Informationen zum gesuchten Thema enthält und wann die Seite das letzte Mal aktualisiert wurde.

d Notiert euch die Adressen derjenigen Seiten, die Tom für die Vorbereitung auf seine Präsentation nutzen könnte.

Informationen in der Bibliothek suchen

5 Informiert euch in eurer örtlichen Bibliothek oder der Schulbücherei, welche Bücher oder Zeitschriften ihr für die Vorbereitung des Vortrags nutzen könnt.

TIPP
Vergesst die genaue Quellenangabe nicht (Autor, Titel, Verlag, Ort, Jahr, Seite).
→ S. 75

6 Sammle Informationen zum Thema und notiere während der Recherche Stichpunkte und Hinweise auf einem Notizzettel.

Das Leben der Menschen in China
– Hauptstadt: Peking
– ...

7 Tom hat ebenfalls eine Stichpunktsammlung angelegt. Sieh dir seine Stichpunkte an und vergleiche sie mit deiner Sammlung.

Das Leben der Menschen in China

– Hauptstadt: Peking	– 1,4 Mrd. Einwohner
– chinesische Küche	– chinesisches Neujahrsfest
– längster Fluss: Jangtse	– Akupunktur
– Reis, Nudeln	– Schattenboxen
– traditionelle chin. Medizin	– mehr als 1000 Dialekte
– die Flagge	– Familienleben
– Sprache	– Ess-Stäbchen aus Holz
– Pingpong, Kung-Fu	– der Mount Everest
– die Große Mauer	– Kalligrafie
– Symbolschrift, Schriftzeichen	– Erfindung des Schießpulvers
– bevölkerungsreichstes Land	– Mandarin
der Erde	– Ein-Kind-Familie
– Yin und Yang	– bedrohte Tierarten

Informationen ordnen

8 Tom ist überrascht, wie viele Informationen er innerhalb kürzester Zeit zusammengetragen hat. Nun will er die Informationen ordnen.

→ S. 60 Eine Mindmap anlegen

a Sieh dir seine Mindmap an.

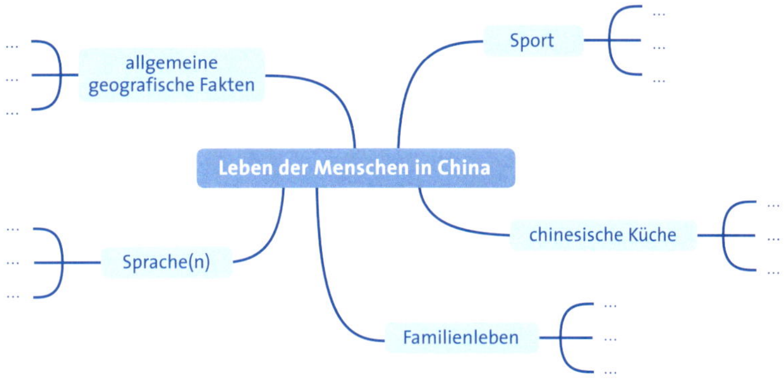

TIPP
Überlege auch, welche Notizen du nicht in die Mindmap aufnehmen willst.

b Übertrage die Mindmap in dein Heft und vervollständige sie. Nutze dazu deine Notizen aus Aufgabe 6 (S. 56).

! Eine **Präsentation** sollte einer **Gliederung** folgen:
- **Einleitung:** das Thema nennen, grundlegende Informationen vermitteln, das Interesse der Zuhörer wecken,
- **Hauptteil:** Informationen zum Thema geordnet vortragen, dabei unterschiedliche Medien zur Veranschaulichung nutzen,
- **Schluss:** Wesentliches noch einmal knapp zusammenfassen.

9 Nun muss Tom eine Gliederung entwerfen.

a Sieh dir noch einmal die Mindmap an und entscheide, welche Punkte für die Einleitung und welche für den Hauptteil geeignet wären.

Einleitung: allgemeine geografische Fakten
Hauptteil: 1. ...
2. ...

Schwerpunkte festlegen

b Da es zu viele Informationen für den Vortrag sind, wählt Tom drei Punkte für den Hauptteil aus.
Diskutiert, welche Punkte ihr auswählen würdet und ordnet sie.

c Entwirf eine Gliederung des Vortrags.

10 Tom bereitet nun die Karteikarten vor, die er bei der Präsentation nutzen will. Vervollständige sie.

Chinesische Küche
– eine der ältesten Küchen der Welt
– Stäbchen aus Holz, Bambus, Plastik
– …

Sport in China
– wichtiger Teil des Alltags
– …

Chinesische Sprache(n)
– mehr als tausend Dialekte
– Mandarin: …

> **!** Mithilfe von **Medien** (z.B. OH-Projektor, Tafel, Bilder, Poster, Beamer, CD-Spieler) kann man dem Zuhörer passende Fotos, Karikaturen, Diagramme, Landkarten, Hörbeispiele u.Ä. präsentieren. Wenn die Materialien sinnvoll ausgesucht wurden, wird der Vortrag dadurch verständlicher, anschaulicher und lebendiger.

11 Überlege, welche Informationen durch Medien anschaulicher und verständlicher vermittelt werden können.

a Notiere auf den Karteikarten die Medien, die zur Veranschaulichung sinnvoll sind.

Chinesische Küche
– eine der ältesten Küchen der Welt
– Stäbchen aus Holz, Bambus, Plastik
– …
–> Stäbchen zeigen

b Welche Medien wollen die Schüler einsetzen? Überlege, was sie folglich vor der Präsentation besorgen und überprüfen müssen.

Jan Ich zeige nur drei Fotos, die ich auf OH-Folien kopiert habe.
Samira Ich habe ein Poster gestaltet, das ich an der Tafel befestige.
Ben Ich werde eine Landkarte aus dem Geografieraum einsetzen.
Lisa Ich möchte einen kurzen Filmausschnitt auf DVD zeigen.
Raissa Ich möchte ein kurzes Musikstück von einer CD anspielen.

12 Tom hat die Einleitung seines Vortrags ausformuliert.

a Beurteile, ob die Einleitung gelungen ist.

Hier seht ihr die wohl berühmteste Sehenswürdigkeit des Landes, in das ich euch heute mitnehmen möchte. Wer von euch kennt sie? Ihr werdet heute etwas über das Leben der Menschen in China erfahren. Zuerst möchte ich das Land kurz vorstellen. China ist mit seinen 1,4 Milliarden Einwohnern das bevölkerungsreichste Land der Erde. Die Hauptstadt dieses asiatischen Staates ist Peking. ...

b Wie würdest du beginnen? Gestalte eine eigene Einleitung und stelle sie den anderen vor.

c Überlege, wie der Schluss der Präsentation aussehen könnte. Formuliere den Schluss aus.

So kannst du einen Vortrag richtig präsentieren

1. Übe, aus deinen Stichpunkten klare und aussagekräftige Sätze zu formulieren. Achte besonders auf die Wortwahl und die Satzverknüpfung.
2. Übe den gesamten Vortrag mehrmals. Halte ihn z. B. vor deinen Freunden, Eltern oder Geschwistern.
3. Beim Halten des Vortrags solltest du
   - möglichst frei sprechen,
   - langsam, deutlich und betont sprechen,
   - das Publikum anschauen, auch wenn du etwas zeigst,
   - das Publikum direkt ansprechen.

13 Bereite für das Projekt »Leben der Menschen in einem asiatischen Land« eine Präsentation zu einem anderen Land vor.

Was habe ich gelernt?

14 Überprüfe, was du über das Präsentieren gelernt hast. Erstelle dazu eine Liste mit Bewertungskriterien für eine Präsentation.

– Inhalt des Vortrags:
– Vortragsweise: ...
– Anschaulichkeit: ...

Eine Mindmap anlegen

Eine **Mindmap** (engl. *mind* – Gedanken, Gedächtnis; *map* – Landkarte) dient der übersichtlichen Sammlung und logischen Strukturierung von Informationen zu einem Thema. Man kann diese Methode deshalb gut für eine **Gliederung** nutzen.
Ausgehend von dem zentralen Begriff, der in der Mitte steht, werden weiterführende Informationen ringsherum angeordnet. Linien (z.B. Haupt- und Nebenäste) verdeutlichen Beziehungen, z.B. zwischen Ober- und Unterbegriff, Teil und Ganzem.

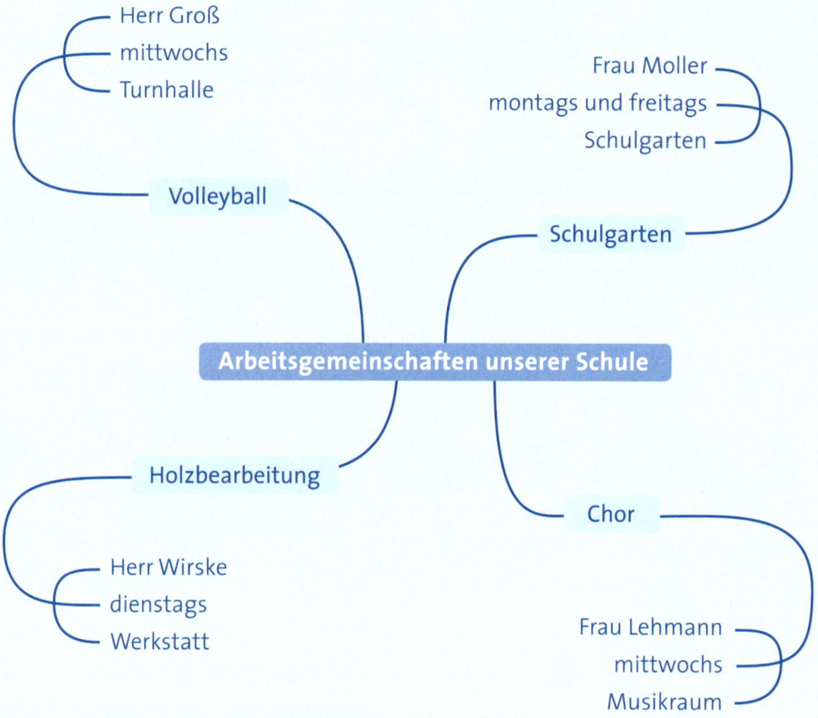

TIPP
Verwende unterschiedliche Farben und Formen. Aber stelle Gleichwertiges auch gleich dar.

1. Entwirf eine Mindmap, in der du Informationen über die Arbeitsgemeinschaften an eurer Schule sinnvoll anordnest.

2. Überlegt, in welchen anderen Unterrichtsfächern Mindmaps sinnvoll eingesetzt werden können. Gestaltet unterschiedliche Mindmaps. Bittet ggf. die Fachlehrer um Hilfe.

Mitteilungen verfassen

Offizielle Briefe und E-Mails schreiben

1 An der Pinnwand hängen Notizzettel.

a Entscheide, ob es in den beschriebenen Situationen sinnvoller ist, einen kurzen Brief bzw. eine E-Mail zu schreiben oder anzurufen. Begründe deine Meinung.

b Tragt zusammen, welche Vorteile es hat, eine Anfrage oder Mitteilung schriftlich zu verfassen.

c Entscheide, welche der schriftlichen Mitteilungen als private, welche als offizielle Briefe oder E-Mails verfasst werden.

! **Private Briefe** und E-Mails sind persönliche Mitteilungen einer Privatperson an eine andere, z. B. Einladungen, Trostbriefe, Liebesbriefe, Urlaubsgrüße und Geburtstagskarten.
Offizielle Briefe und E-Mails sind Mitteilungen an eine Institution oder ein Unternehmen, z. B. Anträge, Beschwerdebriefe und Bewerbungsschreiben.

d Überlegt, zu welchen Anlässen ihr offizielle Briefe oder E-Mails verfassen müsst.

2 Für das Verfassen eines offiziellen Briefs gibt es genaue Vorgaben.

a Sieh dir den Musterbrief an und ordne den Teilen des offiziellen Briefs die folgenden Benennungen zu.

Absender – Empfänger – Ort, Datum – Betreffzeile – Anrede – Brieftext – Grußformel – Unterschrift

Klasse 7a
35. Mittelschule Leipzig
Virchowstr. 4/6
04157 Leipzig

Leipzig, 1. Oktober 2012

Reisebüro »Aktivreisen«
Prager Str. 117
04317 Leipzig

Planung einer Kurzfahrt nach Rostock

Sehr geehrte Damen und Herren,

wir möchten im Juni des nächsten Jahres eine dreitägige Kurzfahrt nach Rostock unternehmen. Wir sind 26 Schülerinnen und Schüler. Senden Sie uns bitte Prospekte und mögliche Angebote zu.

Mit freundlichen Grüßen

Sandra Meier
Klassensprecherin der Klasse 7a

b Erkläre, warum es wichtig ist, die Absender- und Empfängeranschrift korrekt zu vermerken.

c Schreibe deine Privatadresse und die Anschrift deiner Schule richtig in dein Heft.

!

Offizielle Briefe und E-Mails sollten sachlich und knapp, aber höflich formuliert sein. Man verwendet die **Anredepronomen** *Sie, Ihr(-e).* Außerdem sollte man auf fehlerfreie Rechtschreibung und Zeichensetzung achten.
In Abhängigkeit davon, ob man den Namen seines Ansprechpartners kennt, schreibt man in der **Anrede:**
Sehr geehrte Frau Müller, ...
Sehr geehrter Herr Lehmann, ...
Sehr geehrte Damen und Herren, ...
Der Anrede folgt ein Komma und es wird auf einer neuen Zeile klein weitergeschrieben.
In der **Betreffzeile** formuliert man kurz den Anlass des Briefs, z. B.: *Bewerbung um einen Praktikumsplatz.*
Als **Grußformel** am Schluss des Briefes schreibt man:
Mit freundlichen Grüßen / Mit freundlichem Gruß
Darunter folgt die **persönliche Unterschrift.**

3 Formuliere zu folgenden Inhalten eine passende Betreffzeile.

1 Schüler bitten in einem Brief die Geschäftsleitung eines Baumarktes um Unterstützung bei der Renovierung des Klassenraums.
2 Eine Klasse bittet eine Jugendbuchautorin, eine Lesung in der Schule zu halten.
3 Schüler einer 7. Klasse möchten wissen, ob es möglich ist, die Druckerei der Lokalzeitung zu besichtigen.
4 Eine Klasse übermittelt Ideen zur Neugestaltung des Sportplatzes.

4 Formuliere die folgenden Sätze kürzer.

TIPP
Vermeide Füllwörter, wie *recht, halt, gewiss, völlig, eigentlich, einigermaßen, geradezu.*

1 Wir sind uns ziemlich sicher, dass Sie uns bei dem Projekt unterstützen könnten.
2 Man kann wohl mit Recht sagen, dass wir von Ihrem Angebot sehr begeistert sind.
3 So würden wir halt gerne wissen, ob Sie noch freie Plätze haben.
4 Da man wirklich ehrlich sagen kann, dass wir sportbegeistert sind, möchten wir mehr über diesbezügliche Sportangebote wissen.
5 Wir hoffen, wir haben Ihnen unsere Ideen einigermaßen verständlich und relativ klar dargestellt.

1. Wir sind uns sicher, dass ...

5 Ersetze hier die langen Nominalgruppen durch Verben.

1 Ich möchte Ihnen die Informationen geben, die zur Abfahrtszeit vorliegen.
2 Hiermit möchten wir Sie um die Zusendung eines Katalogs bitten.
3 Wir werden Ihr Angebot einer genauen Prüfung unterziehen.
4 Könnten Sie uns davon in Kenntnis setzen, ob es zu dieser Zeit noch freie Plätze gibt?

1. Ich möchte Sie über die Abfahrtszeit informieren.

6 Schreibe den folgenden Brief in dein Heft. Verwende die Pronomen in richtiger Groß- oder Kleinschreibung.

Sehr geehrte Frau Heilmann,
vielen Dank für i/Ihren Antwortbrief. Ich bin sehr froh, dass s/Sie eine passende Sprachschule für meine Tochter in London gefunden haben. Wie s/Sie wissen, reist s/Sie bereits im Mai dorthin. Bitte teilen s/Sie mir noch i/Ihre Londoner Adresse mit, damit meine Tochter s/Sie im Notfall auch dort erreichen kann. Könnten s/Sie bitte auch ein paar Prospekte beilegen, damit sich meine Tochter besser auf i/Ihren Aufenthalt in London vorbereiten kann?
Vielen Dank für i/Ihre Bemühungen!

Mit freundlichen Grüßen
Sibylle Bergmann

7 Bei der Beschriftung eines Briefumschlags muss man bestimmte formale Regeln beachten.

a Betrachte die Abbildung und trage wichtige Regeln zusammen.

b Beschrifte selbst einen Briefumschlag mit ausgedachten Anschriften.

8 Verfasst eine Checkliste, mit der ihr die Qualität der von euch verfassten offiziellen Briefe kontrollieren könnt.

Checkliste für das Verfassen offizieller Briefe

- *Formale Aspekte:*
  Absender und Anschrift korrekt? ☐
  …
- *Inhaltliche Aspekte: …* ☐
- *Sprachliche Aspekte: …* ☐
- *Äußeres Erscheinungsbild: …* ☐

9 Ihr plant ein Schulfest im zweiten Schulhalbjahr. Für die Durchführung sucht ihr Sponsoren und Unterstützer.

a Überlegt, wen ihr anschreiben möchtet und um welche Form der Unterstützung ihr bitten könntet.

Ansprechpartner?

b Prüft, welche Informationen für die Briefe euch noch fehlen, und überlegt, wie ihr diese beschaffen könnt.

10 Verfasse einen Brief an einen möglichen Sponsor oder an eine Firma, die euch helfen könnten.

Den Textentwurf schreiben

a Schreibe zuerst einen Entwurf. Orientiere dich an dem Musterbrief aus Aufgabe 2 a (S. 62).

Den Entwurf überarbeiten

b Kontrolliert eure Briefe gegenseitig mithilfe der Checkliste aus Aufgabe 8.

c Überarbeite deinen Entwurf. Achte besonders auf Rechtschreibung und Zeichensetzung.

TIPP
Wähle am PC die Schriftart *Arial* oder *Times* und die Schriftgröße 11 oder 12.

d Schreibe die Endfassung des Briefs handschriftlich oder am Computer. Verwende weißes DIN-A4-Papier.

Was habe ich gelernt?

11 Überprüfe, was du über offizielle Briefe und E-Mails gelernt hast. Fertige ein Poster mit den Bestandteilen und Regeln an.

Texte verfassen

Um Texte inhaltlich und sprachlich angemessen zu gestalten, sind verschiedene **Arbeitsphasen** notwendig. Je nach Textsorte, Schreibsituation bzw. Schreibaufgabe kann man dazu verschiedene **Arbeitsschritte und Methoden** nutzen, wie z. B.:

TIPP
Überlege auch, welche Textsorte entstehen soll, z. B. Bericht, Beschreibung, Erzählung.

1. Thema/Schreibaufgabe durchdenken	
Worüber soll geschrieben werden?	→ Thema, Inhalt
Welche Funktion hat der Text, welchem Zweck dient er?	→ z. B.: informieren, anleiten, dokumentieren, unterhalten
Für wen soll geschrieben werden?	→ z. B.: Mitschüler, Fremde, für mich
2. Text planen: Ideen, Informationen sammeln, ordnen, gliedern	
ein Brainstorming durchführen	*China, chinesisches Essen, chinesische Oper, …*
einen Cluster erstellen	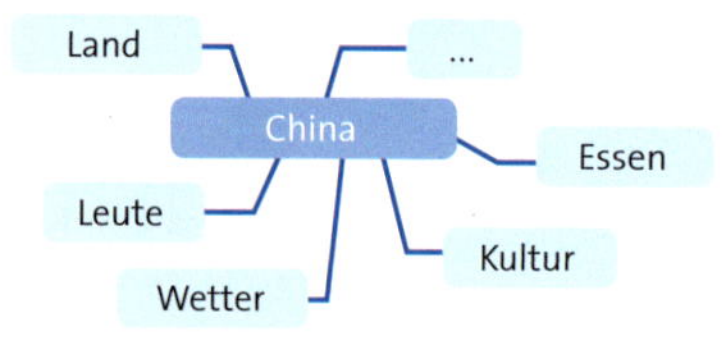
eine Mindmap gestalten	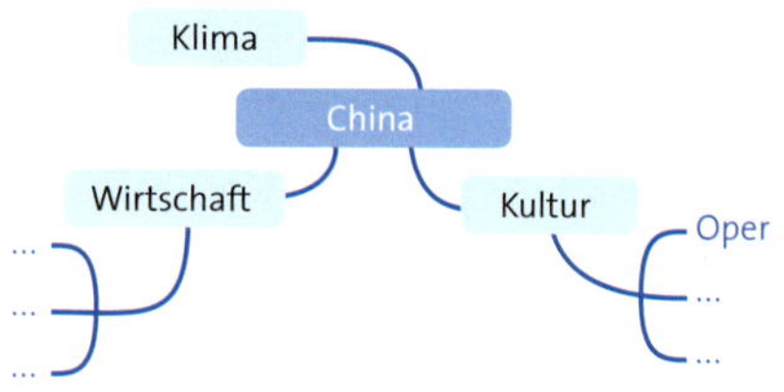
Ober- und Unterbegriffe suchen	*Heimische Pflanzen* • *Bäume: Laubbäume, Nadelbäume* • *Sträucher: …*
W-Fragen stellen	*Wer? Wann? Was? Wie? …*
eine spezielle Gliederung zugrunde legen	*1. Name, Datum, Ort* *2. Untersuchungsziel* *3. Geräte und Materialien …*

TIPP
Lass einen breiten Rand für spätere Überarbeitungen.

TIPP
Mach vor dem Überarbeiten eine längere Pause.

TIPP
Überlege, was ein fremder Leser fragen würde.

3. Text gestalten	
Einleitung, Schluss u.a. Textteile entwerfen	*Ein Foto, das mich besonders beeindruckt hat, ist von dem US-amerikanischen Fotografen Charles Ebbets (1905–1978) und hat den Titel …*
Textentwurf schreiben	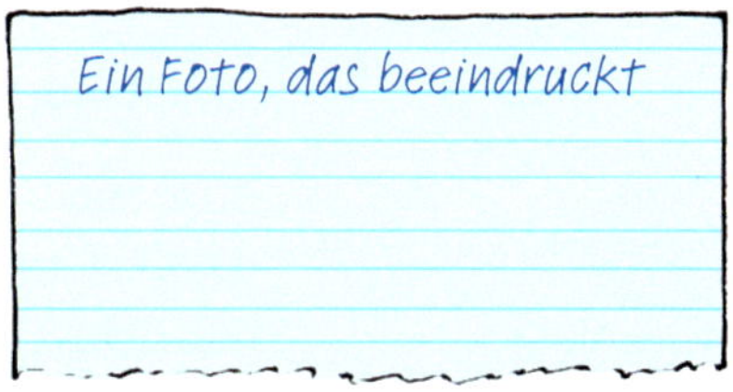
4. Den Textentwurf überarbeiten	
Schreibaufgabe überdenken	Worüber, für wen, warum sollte/wollte ich schreiben?
Inhalt überarbeiten	Ist alles Wesentliche in sinnvoller Reihenfolge dargestellt? Sind alle Aussagen richtig? Was müsste genauer dargestellt werden? Sind überflüssige Informationen enthalten?
Wortwahl überarbeiten	Wurden genaue Bezeichnungen verwendet (Verben, Adjektive, Fachbegriffe)? Lassen sich Vergleiche oder Synonyme nutzen? Passen die bestimmten/unbestimmten Artikel?
Satzbau, Satzverknüpfung überarbeiten	Schließen die Satzanfänge sinnvoll an vorher Gesagtes an? Sollten Satzglieder umgestellt oder passende Konjunktionen genutzt werden? Sollten einfache Sätze verbunden oder mehrfach zusammengesetzte Sätze aufgelöst werden? Lassen sich Sätze mithilfe von Nominalisierungen/Substantivierungen umformulieren?
Rechtschreibung, Zeichensetzung korrigieren	Welche Wörter bzw. Kommaregeln sollte ich nachschlagen?
5. Endfassung schreiben und ggf. gestalten	

Mit literarischen Texten umgehen

Balladen lesen und verstehen

1

a Lies das folgende Gedicht von Otto Ernst (1862–1926).

Nis Randers

Krachen und Heulen und berstende Nacht,
Dunkel und Flammen in rasender Jagd –
Ein Schrei durch die Brandung!

Und brennt der Himmel, so sieht man 's gut.
Ein Wrack auf der Sandbank! Noch wiegt es die Flut;
Gleich holt sich 's der Abgrund.

Nis Randers lugt – und ohne Hast
Spricht er: »Da hängt noch ein Mann im Mast;
Wir müssen ihn holen.«

Da fasst ihn die Mutter: »Du steigst mir nicht ein!
Dich will ich behalten, du bliebst mir allein,
Ich will 's, deine Mutter!

Dein Vater ging unter und Momme, mein Sohn;
Drei Jahre verschollen ist Uwe schon,
Mein Uwe, mein Uwe!«

Nis tritt auf die Brücke. Die Mutter ihm nach!
Er weist nach dem Wrack und spricht gemach:
»Und *seine* Mutter?«

Nun springt er ins Boot und mit ihm noch sechs:
Hohes, hartes Friesengewächs;
Schon sausen die Ruder.

Boot oben, Boot unten, ein Höllentanz!
Nun muss es zerschmettern ...! Nein, es blieb ganz! ...
Wie lange? Wie lange?

Mit feurigen Geißeln peitscht das Meer
Die menschenfressenden Rosse daher;
Sie schnauben und schäumen.

Wie hechelnde Hast sie zusammenzwingt!
Eins auf den Nacken des anderen springt
Mit stampfenden Hufen!

Drei Wetter zusammen! Nun brennt die Welt!
Was da? – Ein Boot, das landwärts hält –
Sie sind es! Sie kommen!

Und Auge und Ohr ins Dunkel gespannt …
Still – ruft da nicht einer? – Er schreit 's durch die Hand:
»Sagt Mutter, 's ist Uwe!«

b Male oder skizziere eine Szene aus der Handlung, die dich besonders bewegt.

→ **S. 28** Eine Geschichte nacherzählen

c Erzähle die Ballade nach. Notiere dazu Stichpunkte.

– *Sturm an der Küste*
– *Wrack auf Sandbank*
– …

d Betrachte die handelnden Figuren genauer. Wie wird ihr Auftreten beschrieben? In welcher Beziehung stehen die Personen zueinander?

→ **S. 50** Berichten

e Verfasse einen Bericht über den Schiffbruch und sein glückliches Ende. Achte dabei auf die Merkmale eines Berichts.

!

Eine **Ballade** (Erzählgedicht) ist ein mehrstrophiges, meist gereimtes Gedicht, das die **Merkmale** von Geschichten, Gedichten und Dramen in sich vereint:
- Es wird eine spannende Geschichte erzählt.
- Sie hat einen ähnlichen Aufbau wie ein Gedicht (Strophen, Reime).
- Sie enthält meist wörtliche Rede und einen dramatischen Handlungsverlauf.

Eine Ballade untersuchen

2 Weise nach, dass »Nis Randers« eine Ballade ist.

a Bestimme den Spannungshöhepunkt der erzählten Geschichte. Begründe deine Meinung.

b Untersuche, wodurch Spannung erzeugt wird. Belege deine Meinung mit passenden Textstellen.

c Untersuche den Text anhand deiner Kenntnisse über Gedichte. Übertrage die Tabelle in dein Heft und vervollständige sie.

	»Nis Randers«
Dichter	Otto Ernst
Thema	…
Stimmung	
Strophen	
Verse	
Reimschema	
sprachliche Bilder	
sprachliche Besonderheiten	

d Suche aus dem Text wörtliche Rede heraus. Überlege, was durch ihre Verwendung bewirkt wird.

Zu einer Ballade schreiben

3 Wähle eine der folgenden Aufgaben aus und bearbeite sie.

1 Fasse die Ereignisse in einem Tagebucheintrag aus der Sicht von Nis Randers zusammen.
2 Schreibe die Ballade weiter. Welche Szenen könnten sich am Ufer abspielen?
3 Die Männer treffen sich später im Wirtshaus. Formuliere Dialoge, in denen sie sich über das Geschehene austauschen.

→ S. 129 Zeichensetzung bei der direkten (wörtlichen) Rede

Eine Ballade vortragen

4 Bereitet die Ballade »Nis Randers« für einen Lesevortrag mit verteilten Rollen vor. Bringt die Stimmung des Textes durch Tonfall und Sprechtempo zum Ausdruck.

TIPP
Nutzt dabei euer Wissen über Gedichtvorträge.

Krachen und Heulen / und berstende Nacht //
Dunkel und Flammen / in rasender Jagd – //
Ein Schrei durch die Brandung! //

5 Auch heute noch werden Balladen geschrieben, z. B. von Liedermachern wie Reinhard Mey (geb. 1942).

a Lies den folgenden Textauszug.

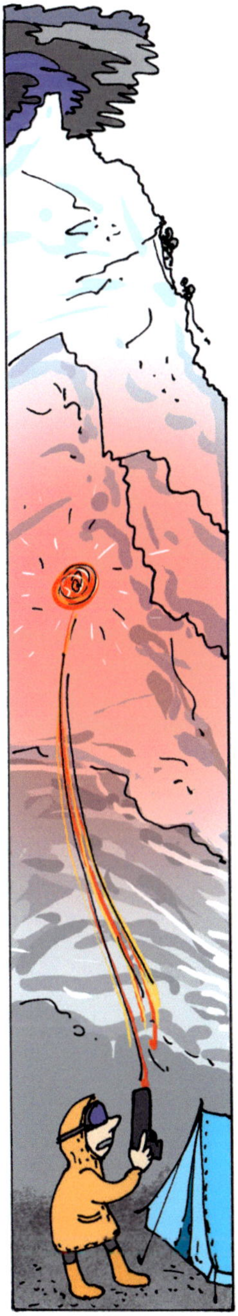

Nanga Parbat

Da steigen zwei hoch in die steinerne Wand,
überm Abgrund gehen sie den steilen Pfad,
verlassen den sicheren Unterstand
auf schimmerndem Eis, auf dem schroffen Grat.
Aufeinander von Kindheit an eingeschwor'n steigen
sie sicher und ohne ein Zögern bergan
in der eisigen, dünnen Luft, sie schweigen –
wie oft haben sie das gemeinsam getan!
Dem Gipfel entgegen ohne ein Seil,
zwischen beiden gespannt ist ein Lebensband:
Am Berg ist der eine des anderen Teil.
Zwei Brüder, der eine des and'ren Hand. […]

Da war das verabredete Lichtsignal,
das ankündigt, dass das Wetter umschlägt!
Gleißend, feuerrot schießt es auf aus dem Tal –
alles Für, alles Wider ist längst abgewägt.
Also müssen sie heut noch den Gipfel erreichen
durch beißende Kälte, durch bitterste Qual.
Jetzt warten, das hieße die Fahne streichen,
absteigen und scheitern, bleibt da eine Wahl?
Mit keuchendem Atem, die Glieder wie Blei,
höhenkrank, wie im Wahn: Nur noch ein Gletscherfeld,
noch ein Eisüberhang, ein letzter Grat und die zwei
fall'n sich stumm in den Arm auf dem Dach der Welt!

Zu Tode erschöpft, den Gipfel bezwungen!
Stille, Zeitlupe, Rückblende: Zwei kleine Jungen
zieh'n die Handschuhe aus, geben sich die Hand
wie als Kinder, wie nach ihrer ersten Wand.
Ein Handschuh fällt auf das ewige Eis,
sie türmen Steine darauf: Der bleibt hier als Beweis!
So krönt ein Steinmann ihr Lebenswerk
auf dem Nanga Parbat, dem Nackten Berg! […]

Jetzt gilt nur, sich irgendwie abwärts zu tasten,
der einzige Ausweg ist der Weg voraus.
In der feindlichen Höhe nicht ausruh'n, nicht rasten,
nur noch irgendwie aus der Todeszone heraus!
Oder einfach nur in die Dunkelheit fallen
und liegen bleiben, sich einfach nicht rühr'n.
Der Atem sinkt nieder in Eiskristallen,
in Wimpern und Brau'n, nur die Kälte nicht spür'n!

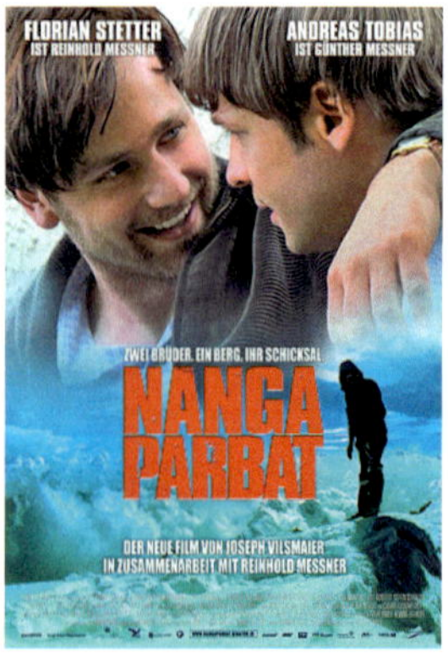

Da steigen zwei auf in die steinerne Wand.
Und einer kehrt heim, hat die Füße erfror'n,
vom Schnee blind die Augen, das Gesicht ist verbrannt,
hat in der Lawine den Bruder verlor'n.
Zwei haben den Gipfel der Gipfel erklommen,
den höchsten Triumph und die höchste Qual.
Nur einer alleine ist wiedergekommen,
verzweifelt, gebrochen im tiefsten Tal.
Da kommt einer heim aus der steinernen Wand,
ein Schatten nur von jenem anderen Teil,
der im Dunkel im ewigen Eis verschwand
und wird er je gesund, wird er doch nie mehr heil.

Reinhold Messner gewidmet

b Höre dir die Vertonung der Ballade an und entwirf dazu ein farbiges Stimmungsbild.

c Belege mit Zitaten aus dem Text, dass es sich um eine Ballade handelt.

spannende Erzählung (Nacherzählung): ...
Form eines Gedichts (Strophen, Reime usw.): ...
dramatische Elemente (Höhepunkt, Dialoge): ...

→ S. 73 Informationen sammeln

d Sammle Informationen über das wahre Ereignis, das im Text verarbeitet wird. Vergleiche mit dem Balladentext.

Was habe ich gelernt?

6 Überprüfe, was du über Balladen gelernt hast. Lege dazu in deinem Heft eine Mindmap an. Stelle darin die Merkmale der Balladen dar.

Informationen sammeln

Das Internet als Informationsmedium nutzen

1 Führt in der Klasse eine Umfrage zur Internetnutzung durch.

TIPP
Ihr könnt auch einen eigenen Fragebogen entwerfen.

a Beantwortet schriftlich die folgenden Fragen.

1 Wer nutzt in deiner Familie das Internet am häufigsten?
2 Wie viele Stunden pro Tag bist du online?
3 Wozu nutzt du das Internet? Wähle aus.

a) Onlinespiele
b) Senden und Empfangen von E-Mails
c) Informationssuche
d) Einkaufen (Onlineshopping)
e) Videos bzw. TV sehen
f) Freunde »treffen«
g) Musik hören
h) Communitys besuchen
i) Sonstiges

b Vergleicht die erhaltenen Daten und wertet sie gemeinsam aus.

→ **S.80** Informationen veranschaulichen

c Stellt die Ergebnisse in einer Tabelle oder Grafik dar.

d Führt die Umfrage auch in anderen Klassen oder in euren Familien durch.

! Zur Suche im Internet kann man verschiedene **Suchmaschinen** verwenden, z. B.:
http://www.google.de
http://www.altavista.de
http://www.yahoo.de
http://www.fireball.de
Man gibt einen oder mehrere Suchbegriffe in das Suchfeld ein. Die Trefferliste zeigt diejenigen Seiten an, die die Suchbegriffe enthalten. Um zu beurteilen, ob die Suchergebnisse die erwarteten Informationen enthalten, liest man die Kurzbeschreibungen.
Es werden auch **Web-Kataloge** geführt, in denen man suchen kann. Das sind Sammlungen von Internetadressen, die bereits nach bestimmten Themen oder Sachgebieten sortiert sind, z. B.:
http://www.linkkatalog-mv.de/ Mecklenburg Vorpommern
http://www.umwelt-atlas.de/ Umweltfragen

2

a Gebt folgende Suchbegriffe in alle genannten Suchmaschinen ein. Vergleicht, wie viele Ergebnisse jeweils angezeigt werden.

1 Johann Wolfgang Goethe
2 Berlin
3 den Namen deiner Heimatstadt bzw. deines Heimatdorfs
4 den Namen deiner Schule

b Was interessiert dich? Erstelle eine Liste eigener Suchbegriffe.

So kannst du im Internet nach Informationen suchen

1. Schreibe Fachbegriffe, Eigennamen und Schlüsselwörter zu deinem Thema auf, z. B.: *Johann Wolfgang Goethe Weimar Lebenslauf.*
2. Suchst du nach einer Übersicht mit interessanten Internetseiten, dann ergänze »Linkliste«, z. B.: *Johann Wolfgang Goethe Linkliste.*
3. Beschränke die Suchergebnisse auf die gesuchten Begriffe, indem du die Suchbegriffe mit einem Plus (ohne Leerzeichen) verbindest, z. B.: *Goethe+Weimar.*
4. Schließe bestimmte Begriffe aus, indem du den Suchbegriff mit einem Minus mit dem auszuschließenden Begriff verbindest, z. B.: *Goethe-Weimar.*
5. Setzt du Suchwörter in Anführungszeichen, werden nur Seiten angezeigt, auf denen alle Suchwörter nacheinander auftauchen, z. B.: »*die Geister, die ich rief*« (Goethe »Der Zauberlehrling«).

c Probiere die verschiedenen Suchmöglichkeiten mit deinen Suchbegriffen aus. Überlege, wann du welches Vorgehen wählen solltest.

3

a Recherchiere Informationen zu folgenden Fragen.

1 Viele von euch kennen die Geschichten von Robin Hood. Woher kommen diese Geschichten? Wann ist der letzte Film darüber erschienen? Wo und wann tauchte der Name in der Geschichte auf?
2 Wer ist Joanne K. Rowling? Suche Informationen über ihr Leben. Beschränke dich dabei auf ihre Kindheit. Was sagt sie über ihre Bücher? Suche mindestens drei Zitate.

b Präsentiere die Ergebnisse mit vollständigen Quellenangaben. Orientiere dich dabei am folgenden Merkkasten.

!

Eine **Quellenangabe** für Texte aus dem **Internet** sollte folgende Informationen enthalten:
- Autorin/Autor (wenn möglich)
- Titel und Untertitel des Beitrags
- »Online im Internet« sowie die Internetadresse
- Abrufdatum, z.B.:
  Misdorf, Hans: Johann Wolfgang von Goethe – Deutschlands größter Dichter. Online im Internet: http://derweg.org/mwberdeu/goethe.htm [28.01.10]

4

a Lies den folgenden Text und beantworte die Fragen.

1 Worüber ärgert sich der Ingenieur?
2 Wie werden die Journalisten überführt?
3 Was wollte der Ingenieur beweisen?

Weißt du, was ein »Grubenhund« ist? Etwa eine spezielle Hunderasse? Nein – völlig falsch. Er ist in dieser Form eine Erfindung. Zu Beginn des zwanzigsten Jahrhunderts ärgerte sich der Ingenieur Arthur Schütz (1880–1960) über Journalisten, die ohne genaue Überprüfung in ihren Zeitungen berichteten, vor allem über technische Neuheiten, die – so glaubten sie – ohnehin keiner verstand. Deshalb schrieb er einen Bericht über ein Erdbeben, das er in einem Bergwerk erlebt hätte. Dabei erwähnte er, dass sein Grubenhund schon vor dem Beben unruhig gewesen wäre und gebellt hätte. Dieser Bericht wurde in der österreichischen Presse abgedruckt und entlarvte die Ahnungslosigkeit der Journalisten. Denn jeder Bergmann weiß, dass ein Grubenhunt (auch Grubenhund) eine Lore ist, also ein kippbarer Transportwagen auf Schienen, wie er unter Tage benutzt wird.

b Auch die folgenden Begriffe haben mit Falschmeldungen zu tun. Recherchiere im Internet und schreibe ihre Bedeutung auf.

1 Zeitungsente
2 Hoax
3 Nihilartikel
4 Steinlaus

c Tauscht euch über die Vor- und Nachteile von Internetquellen aus, vor allem über ihre Zuverlässigkeit. Wann sollte man sie verwenden, wann eher nicht?

!

Die **Beurteilung der Suchergebnisse** sollte nach folgenden Punkten erfolgen:

- **Autor:** Ist ein Autor oder eine Autorengruppe angegeben oder erscheint die Seite anonym?
- **Herkunft:** Gibt es Kontaktdaten bzw. ein Impressum zu dieser Internetseite? Wurde die Seite von einer offiziellen Organisation erstellt oder privat? Ist es ein Diskussionsforum?
- **Aktualität:** Seit wann existiert diese Seite? Wann erfolgte die letzte Aktualisierung?
- **Inhalt:** Sind die angegebenen Fakten überprüfbar? Werden Quellen oder Verweise genannt, die die Richtigkeit bestätigen?

5 Wähle ein Buch, einen Film oder eine Musikgruppe aus. Suche verschiedene Internetseiten dazu. Bewerte sie nach den Kriterien aus dem Merkkasten.

6 Viele Internetseiten sind kostenpflichtig, einige seriöse Informationsquellen sind jedoch frei zugänglich. Stelle fest, um welche Angebote es sich bei den folgenden handelt.

1 http://www.wissen.de
2 http://www.internetbibliothek.de
3 http://de.wikipedia.org/wiki/Hauptseite

7 Recherchiere die folgenden Informationen.

1 Welche Sicherheitsregeln wurden bei Wikipedia eingeführt, um Internet-Piraterie und bewusste Falschmeldungen zu verhindern?
2 Informiere dich über Enzyklopädien[1] in Buchform. Recherchiere über ihre Geschichte und bewerte, wie sicher diese »Wissensspeicher« sind.

[1] *griech.* Nachschlagewerk

Was habe ich gelernt?

8 Überprüfe, was du über Internetrecherche gelernt hast. Notiere Wichtiges in Stichpunkten.

Tipps zur gezielten Suche: ...
Tipps zur Beurteilung von Internetseiten: ...
Anforderungen an Quellenangaben: ...

Sachtexte erschließen

Einem Sachtext Informationen entnehmen

! Um schnell einen Überblick über den Inhalt eines Sachtextes zu erhalten, überfliegt man ihn mit den Augen. Man nennt das **orientierendes Lesen.**

1 Probiere aus, welche Art des Überfliegens dir am leichtesten fällt.

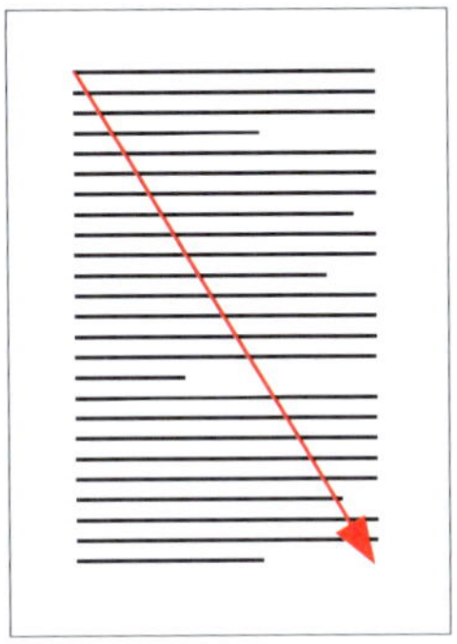

Diagonallesen

Slalomlesen

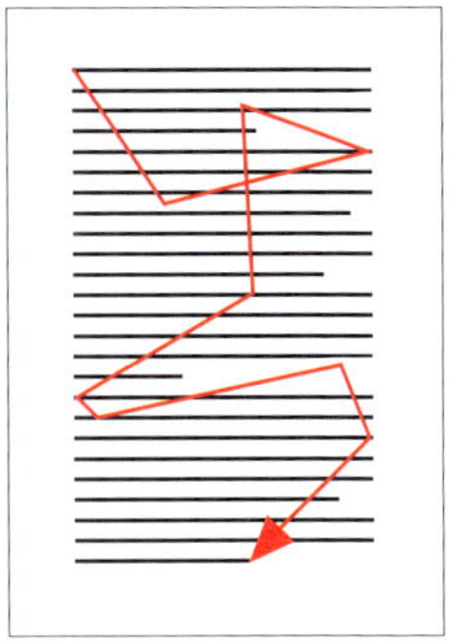

Zickzacklesen

2

Den Text überfliegen

a Erfasse das Thema des Textes durch orientierendes Lesen schon so genau wie möglich.

Stell dir vor, du öffnest morgens deine Zimmertür und musst feststellen, dass durch euren Flur neuerdings eine lärmende Autostraße verläuft. Dann wird der Weg in die Küche für dich zu einem riskanten Abenteuer! Und das Badezimmer ist leider einem Parkplatz gewichen …
So ähnlich ergeht es den Koalas in Australien. Eukalyptusbäume sind gleichzeitig ihr Wohnzimmer und ihre Speisekammer. Herunter klettern Koalas nur gezwungenermaßen, denn auf dem Boden wird es für sie gefährlich. Weil aber diese Bäume immer häufiger gefällt werden, um zum Beispiel einer Straße zu weichen, verlieren viele Koalas ihr Zuhause – und riskieren auf der Suche nach einem neuen Wohnraum Kopf und Kragen.

Vielleicht denkst du, dass die Koalas doch nur ein paar Stämme weiter ziehen müssten. Aber so einfach ist es leider nicht. Denn häufig sind alle Bäume in einem Koala-Revier bereits von den Duftnoten der Artgenossen markiert. Um einen bereits markierten Baum aber machen Koalas einen großen Bogen – sogar wenn der »Eigentümer« längst woanders lebt oder tot ist. So bleiben manche Bäume bis zu einem Jahr »unbewohnt«, bis die Duftmarke des früheren Besitzers verschwunden ist.

Koalas leben zwar gern in der Nähe der übrigen Familienmitglieder. Aber trotzdem will jeder seinen eigenen Baum. Sicher wärst du auch nicht begeistert, wenn deine jüngeren Geschwister an deine Zimmertür klopfen würden, um bei dir einzuziehen? Der Wunsch nach Privatsphäre hat bei den Koalas aber einen lebenswichtigen Grund: Eukalyptusbäume sind für sie nämlich gleichzeitig Zufluchtsort und Nahrungsquelle. Von den Blättern verschlingen die Vegetarier bis zu 500 Gramm pro Tag. Von einem Baum können sich aber nicht mehrere ausgewachsene Tiere ernähren. Hinzu kommt, dass nur 30 der rund 600 Eukalyptusarten in Australien von den Koalas genutzt werden. Das alles macht die Wohnungssuche schwierig.

Hat ein Koala seinen Baum eingebüßt, muss er sich ein neues Revier suchen. Doch diese Suche birgt große Gefahren: Denn so geschickt sie beim Klettern im Baum sind, so hilflos sind Koalas auf ebenem Boden. Überhaupt bewegen sich Koalas im Zeitlupentempo: Meist verschlafen die Faulpelze bis zu 20 Stunden des Tages, während nur ihr Verdauungsapparat auf Hochtouren läuft. Denn die Eukalyptusblätter sind im Grunde giftig und müssen erst von zahlreichen Bakterien im Blinddarm in einen bekömmlichen Speisebrei verwandelt werden. Da bleibt wenig Energie, um beispielsweise auf der Straße einem rasenden Auto auszuweichen, sich vor bissigen Hunden oder skrupellosen Felljägern in Sicherheit zu bringen. Und so sterben jährlich tausende Koalas auf der Suche nach einem neuen Revier. Die »Australian Koala Foundation« schätzt, dass es heute nur noch 100 000 frei lebende Koalas gibt. Seit die ersten Europäer im Jahr 1788 nach Australien gereist sind, wurden über 80 Prozent des ursprünglichen Eukalyptuswaldes zerstört.

b Lies den Text noch einmal und schreibe auf, welches Thema angesprochen und welche Hauptaussage gemacht wird.

Der Text beschäftigt sich mit …

c An wen ist der Text gerichtet? Belege deine Antwort mit Textstellen.

d Zu welchem Zweck hat die Autorin den Text geschrieben?
Suche diejenigen Antworten heraus, die nicht zutreffen.

1 Die Autorin findet Koalas niedlich und will deshalb über sie berichten.
2 Die Autorin will weiteres Sterben der Koalas verhindern.
3 Die Autorin spricht sich gegen das Fällen von Eukalyptusbäumen aus.
4 Die Autorin spricht das Problem an, dass durch das Fällen von Eukalyptusbäumen Koalas vernichtet werden.
5 Die Autorin will Geld für die bedrohten Koalas sammeln.
6 Die Autorin will darüber informieren, dass Koalas gefährdet sind.
7 Die Autorin appelliert an die Menschen, keine Eukalyptusbäume mehr zu fällen.

e Entscheide dich für eine Aussage, die du am zutreffendsten findest.
Begründe deine Entscheidung.

f Wie würde sich die Absicht der Autorin verändern, wenn an den Schluss des Textes noch folgender Abschnitt angefügt wäre?
Formuliere die Absicht in einem Satz und schreibe ihn in dein Heft.

Ihr wollt euch für bedrohte Tiere einsetzen und wisst nicht wie? Oder ihr habt zu Hause ein Kaninchen, einen Hund oder ein Pferd und möchtet euch mit anderen Tierbesitzern austauschen? Dann willkommen in unserem Forum für Tierschutz!

> **!** Will man durch überfliegendes Lesen feststellen, ob bestimmte Informationen im Text enthalten sind, dann kann man sich an **Schlüsselwörtern** orientieren, die man sich vorher überlegt.

3

a Im Text von Aufgabe 2 a (S. 77) wird die Frage beantwortet:
»Was macht die Suche der Koalas nach einem neuen Eukalyptusbaum so schwer?« Überlege dir Schlüsselwörter zum Thema.

Eukalyptusbaum, ...

b Suche mithilfe dieser Schlüsselwörter diejenigen Textstellen heraus, die diese Frage beantworten.

Informationen veranschaulichen

! **Informationen** aus einem Text kann man auf verschiedene Arten notieren. Besonders einprägsam ist es, wenn man sie **veranschaulicht.** Dazu eignen sich z.B. Übersichten, Grafiken oder Mindmaps.

1

a Übernimm die folgende Übersicht in dein Heft.

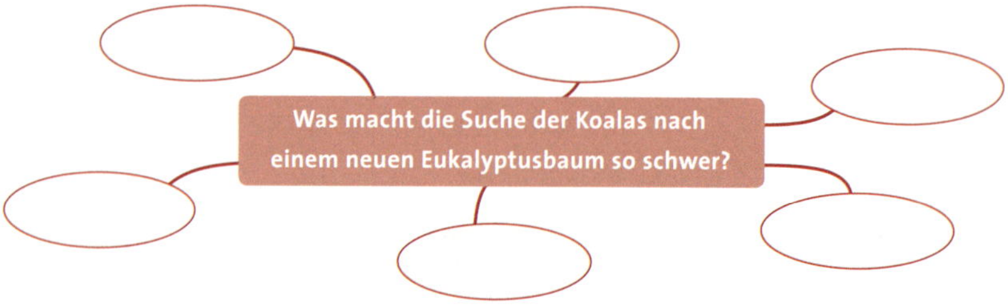

b Trage in die Kreise jeweils einen Grund ein. Nutze dazu die Arbeitsergebnisse der Aufgaben 3 a und b (S. 79).

c Besprecht, welche Vorzüge es hat, die gefundenen Antworten in einer Übersicht festzuhalten.

2

a Suche aus dem Text die Gründe heraus, warum Spießböcke ohne Wasser auskommen.

Bei großen Dürren sterben in Kenia die Wildtiere in den Naturparks. Sie finden kein Wasser zum Trinken und auch kaum mehr ein Blättchen an den Bäumen. Ihr Buschland sieht dann aus wie eine Wüste. Es gibt aber auch Tiere, die ohne Wasser auskommen. Oryx-Antilopen, auch Spießböcke genannt, sind perfekt an das Leben in der Wüste angepasst. In ihrer Heimat Namibia kann es im Schatten bis zu 50 Grad heiß werden. Spießböcke halten das aus. Ihre Körpertemperatur steigt tagsüber auf bis zu 45 Grad an. Jedes andere Säugetier würde bei dieser Hitze sterben. Doch Spießböcke bewahren trotzdem einen kühlen Kopf. Sie haben eine Art eingebaute Klimaanlage: Diese kühlt das Blut ab, bevor es zum Hirn fließt. Nicht einmal trinken müssen Spießböcke! Sie behelfen sich, indem sie nachts auf Nahrungssuche gehen. Dann haben die Pflanzen mehr Wasser gespeichert. Allein das Wasser aus der Nahrung genügt den Tieren zum Überleben.

Informationen veranschaulichen

b Überlege, wie du die Gründe, die du im Text gefunden hast, anschaulich darstellen kannst. Fertige eine Übersicht an.

3

Den Text überfliegen

a Suche durch überfliegendes Lesen alle Textstellen heraus, die beschreiben, welche Vorzüge der Esel gegenüber dem Pferd hat.

Esel: Wie stur sind sie wirklich?

Schon immer stand der Esel im Schatten seiner vierhufigen Verwandten – des Zebras und des Pferds. Sein schlechter Ruf, ein unverbesserlicher Dickkopf zu sein, eilt ihm überall voraus. Zu Unrecht! Denn Esel sind klug – und leisten dem Menschen viele gute Dienste.

Zwei starke Kerle ziehen vorne am Halfter; zwei stemmen sich gegen das graue Hinterteil. Aber der Esel bewegt sich kein Stück. Das Langohr gilt allgemein als stur, widerspenstig und faul. Dabei lassen sich Esel schon seit über 6000 Jahren geduldig vor die Karren der Menschen spannen und schleppen in allen Weltgegenden ihre Lasten. Zeit, aufzuräumen mit alten Vorurteilen gegenüber einem der ältesten und doch ewig unverstandenen Haustier des Menschen.

»Oh, Schreck, eine Maus!« – Wittert ein Pferd Gefahr, so sucht es kopflos das Weite – wie alle Fluchttiere. In der ebenen Steppe, der ursprünglichen Heimat der Wildpferde, hat sich dieser Reflex bewährt. In einer Geröllwüste aber empfiehlt sich für ein staksiges Huftier etwas mehr Besonnenheit! Und so erklärt sich, dass Esel, die in den gebirgigen Teilen Nordafrikas beheimatet sind, bei Gefahr wie angewurzelt stehen bleiben. Besonders schnell könnten Esel ohnehin nicht fliehen: Ihre Höchstgeschwindigkeit liegt bei 50 Stundenkilometern. Damit sind sie gut 20 Stundenkilometer langsamer als Pferde – von nordafrikanischen Raubkatzen oder herabstürzenden Gesteinsbrocken gar nicht zu sprechen. Ihren Reflex, bei Gefahr zu erstarren, haben die Esel auch nicht abgelegt, als die Etrusker sie vor etwa 3000 Jahren nach Europa brachten. Im Gegenteil: Zusätzlicher Stress, zum Beispiel durch Schläge oder Schreie der europäischen Eseltreiber, haben diesen Reflex nur verstärkt. Und so standen die Esel sehr schnell in Verruf, unverbesserliche Dickschädel zu sein.

Als die Esel später von den schnelleren und größeren Pferden als Reittiere abgelöst wurden, sanken die Esel noch tiefer im Ansehen der Menschen. Während die Reichen hoch zu Ross ihren Jagdvergnügungen nachgingen, wurde der Esel zum Lastentier der ärmeren Bevölkerung. Im Ansehen standen Esel von da an ihren Besitzern gleich: »Du armer Packesel«, sagt man noch heute zu einem Menschen, der von früh bis spät für andere arbeiten muss. Dabei haben Esel den Pferden einiges voraus: Zum Beispiel können sie viel länger ohne Wasser und Nahrung auskommen. Schließlich waren sie ursprünglich zähe Wüstenbewohner. Daher können Esel auch schwere Lasten über viele Kilometer hinweg durch trockenes Gebiet tragen. Ohne Probleme trägt ein Esel 20 Prozent seines eigenen Körpergewichts. Zudem kommt er in dem steinigen Gelände seiner Heimat viel sicherer voran als andere Huftiere. Und trotz der harten Arbeit benötigen Esel nur drei Stunden Schlaf am Tag.

Seit es in der Landwirtschaft Maschinen gibt, wurden Esel in den meisten Ländern als Lastenträger und Zugtiere in den Ruhestand geschickt. Packesel gibt es heute eigentlich nur noch in den ärmeren Mittelmeerländern und in Afrika. Aber Esel können viel mehr als Lasten schleppen: Sie besitzen nämlich ein hervorragendes Gedächtnis und lernen sogar schneller als Dressurpferde. Deshalb haben die Bauern in Amerika eine neue verantwortungsvolle Aufgabe für die Esel gefunden: Ihre angeborene Angst vor wilden Raubtieren gepaart mit einem feinen Gehör und Geruchssinn macht Esel zu idealen Viehhirten. Sobald der Herde Gefahr droht, legt ein Esel die Ohren an und ruft mit lautem Geschrei den Bauern herbei. Sein durchdringender Ruf ist auch aus weiter Ferne gut zu hören. Und noch etwas: Der Wachesel kann seine Stimmbänder auch beim Einatmen schließen. So muss er nicht einmal eine Pause machen, um Luft zu holen, während er »iah!« schreit.

Auch in Deutschland übernehmen Esel ehrenvolle Aufgaben. Zum Beispiel helfen sie in der Eseltherapie behinderten Menschen dabei, sich in Geduld zu üben und mutiger zu werden. Denn Esel gehorchen den Menschen nie blind. Wer ihr Vertrauen gewinnen möchte, muss zuerst ihre Körpersprache studieren: Sind die Ohren eines Esels aufmerksam nach vorne gerichtet, ist er neugierig. Dreht er aber die Ohren nach außen und stellt sie auf, signalisiert er Angst. Während der Therapie erfahren die Patienten, dass Eselschnauzen weich sind und nicht zuschnappen. Am Ende trauen sich auch die Schreckhaftesten unter ihnen, eine kleine Runde auf dem Rücken der Esel zu drehen.

Und wer jetzt immer noch behauptet, Esel seien dumm und stur, ist selbst ein Dickschädel!

Eine Mindmap anlegen

→ S. 60

b Übertrage die folgende Mindmap in dein Heft und ergänze sie.

4

TIPP
Du kannst auch am Computer arbeiten.

a Erprobe eine andere übersichtliche Darstellung der Vorzüge des Esels.

b Überarbeite deine Übersicht so, dass du sie der Klasse vorstellen kannst.

c Halte einen kurzen Vortrag über die Vorzüge des Esels. Nutze dazu deine Ergebnisse aus Aufgabe 3 b oder 4 b.

TIPP
Wiederhole, wie du deinen Vortrag richtig präsentieren kannst.
→ S. 59

Die Gliederung eines Textes untersuchen

!

Um einen Sachtext genau zu erfassen, ist es hilfreich, sich mit seiner **Gliederung** zu beschäftigen. Dabei helfen Zwischenüberschriften und die Einteilung in Textabschnitte. Hat der Text keine Zwischenüberschriften, kann man selbst welche suchen.

1

a Lies jetzt den Text von Aufgabe 3 a (S. 81) Abschnitt für Abschnitt. Fasse zusammen, was im jeweiligen Textabschnitt mitgeteilt wird.

b Formuliere für jeden Abschnitt eine Überschrift, die auf den Inhalt des Abschnitts hinweist.

!

Ist ein umfangreicher Text nicht in Abschnitte gegliedert, sollte man ihn selbst **in Abschnitte unterteilen.** Dabei orientiert man sich an Einleitesätzen. Das sind Sätze, die ein neues Teilthema einführen. Oft erkennt man sie an Formulierungen, wie z. B.:
Im Folgenden wird …
Ein weiterer Aspekt ist …

2

a Lies den folgenden Text Abschnitt für Abschnitt. Prüfe, ob jeweils mit dem ersten Satz ein neuer Gedanke eingeleitet wird.

Maikäfer

Maikäfer sind nicht nur die größten Käfer Europas mit drei Zentimetern Körperdurchmesser. Sie sind auch findige Flugkünstler.
Beim Fliegen haben die Maikäfer eine besondere Technik. Bevor sie vom Blatt zum Fliegen abheben, pumpen sie ihre Körperzellen mit Luft auf. Dann öffnen sie ihre braunen Deckflügel. Unter den Deckflügeln liegt noch ein weiteres Flügelpaar. Das sind weiche Unterflügel. Mit diesen schwingen sie ganz heftig, sodass sie beim Gleiten auch Antrieb bekommen.
Der Maikäfer ist ein echter Sommerbote, genauso wie die Schwalbe. Vor allem die Bauern verkündeten früher anhand der Zahl gesichteter Maikäfer den Jahreszeitenwechsel. Da die Maikäfer zwischen April und Mitte Juni ausschwirren, werden sie häufig mit dem Junikäfer verwechselt.

Der Junikäfer ist ein naher Verwandter des Maikäfers. Beide Käfer gehören zur Familie der Blatthornkäfer. Während der Maikäfer nussbraune Flügel hat, leuchten die des Junikäfers in unterschiedlichen Farben: in Rotbraun, Schwarz oder Dunkel.

Im Unterschied zum Marienkäfer, der ein Räuber ist und bis zu 50 Blattläuse pro Tag vertilgt, ist der Maikäfer ein echter Vegetarier. An lauen Abenden des Frühjahrs schwärmen die braunen Krabbler in Laubwäldern aus. Mit ihren Fühlern, die an den Enden zu Fächern mit bis zu 50 000 Geruchssensoren ausgebildet sind, riechen sie die besten Futterplätze aus der Luft. Ihre Lieblingsspeise: zarte, grüne Blätter von Buchen, Eichen, Birken und Obstbäumen, wovon sie nie genug bekommen können. Mit vollem Bauch paaren sich dann die Männchen mit den Weibchen. Die Weibchen legen danach 10 bis 100 drei Millimeter große Eier im locker sandigen Boden ab. Nach vier bis sechs Wochen schlüpfen die Engerlinge, so nennt man die Larven der Maikäfer. Sie haben zwei kräftige Beißzangen, einen dicken Hinterleib und sind weißgelb. Drei bis vier Jahre ernähren sich die Engerlinge im Boden von zarten Wurzelspitzen und verpuppen sich im Herbst des dritten Jahres. Mit Beginn des Frühjahrs legen sie das Puppenkleid ab, kriechen als fertige Maikäfer aus den Erdhöhlen, bereit für den Hochzeitsflug.

Maikäfer leben auf Feldern und im Wald. Eine Zeit lang waren sie verschwunden. Zwischen 1950 und 1972 waren sie wegen eines inzwischen verbotenen Insektengiftes beinahe ausgerottet. Doch jetzt schwärmen sie wieder aus.

b Seht euch die Einleitesätze der Abschnitte genau an. Tauscht euch darüber aus, woran man erkennt, dass sie einen neuen Gedanken einführen.

c Ordne jedem Textabschnitt den passenden Begriff zu.

Verschwunden – Sommerbote – Verwandte – Flugkünstler – Vegetarier

d Formuliere mithilfe des Begriffs für jeden Abschnitt eine Teilüberschrift.

→ S. 60 Eine Mindmap anlegen

3 Fertige zum Text von Aufgabe 2 a (S. 84) eine Mindmap an. Schreibe in die Mitte das Thema. Die Hauptäste sind die Teilüberschriften. Die Informationen der einzelnen Abschnitte sind die Nebenäste.

! Jeder Text folgt einem vom Autor beabsichtigten **gedanklichen Aufbau** (Gedankengang). Um diesen zu erfassen, muss man die Abfolge der einzelnen Gedanken verstehen. Solche Gedanken können z. B. folgende sein:

- Aufwerfen von Fragen,
- Erläutern durch Beispiele,
- Mitteilen von Fakten und Informationen,
- Benennen von Ursachen,
- Aufzeigen von Folgen,
- Ziehen eines Vergleichs,
- Zusammenfassen von Aussagen.

4

a Lies den einleitenden Abschnitt des Textes von Aufgabe 2 a (S. 77). Welche Funktion hat der Abschnitt?

b Erklärt, wie der Abschnitt gestaltet ist. Tauscht euch darüber aus, was die Autorin dadurch erreicht.

5

a Untersuche die Textabschnitte von Aufgabe 2 a (S. 84). Welche Elemente aus dem Merkkasten oben enthalten sie?

b Schreibe die gefundenen Elemente des Textes geordnet untereinander auf und notiere dazu jeweils ein bis drei Stichpunkte.

c Besprecht, wie der Text aufgebaut ist.

! Die Sätze und Abschnitte eines **Textes** sind in der Regel inhaltlich und sprachlich miteinander verbunden. Häufig wird ein **Bezug zum vorhergehenden Satz** hergestellt, z. B. durch die Verwendung von:

- Pronomen, z. B.: *er, seine, diese,*
- Adverbien, z. B.: *daher, folglich, also, vorher, danach,*
- Präpositionen, z. B.: *während, zwecks.*

→ S. 134 Textgestaltung durch Satzverknüpfung

6

a Probiert aus, ob ihr die Sätze des folgenden Textes wahllos vertauschen könntet. Begründet eure Meinung.

Wespen leben in Insektenstaaten, die nur eine Aufgabe haben. Diese Aufgabe besteht darin, sich zu vermehren. Am Anfang der Wespensaison im Mai baut die Königin ein Nest, legt Eier und zieht Arbeiterinnen heran. Diese übernehmen den weiteren Nestbau und die Nahrungssuche. Gegen Ende der Saison im Oktober suchen sich die befruchteten Jungköniginnen ein Winterquartier. Die Arbeiterinnen haben dann nichts zu tun. Deshalb sind sie in dieser Zeit uns Menschen besonders lästig. Spätestens beim ersten Frost sterben die Arbeiterinnen, auch die alte Königin stirbt.

b Sucht aus dem Text die Wörter heraus, die den Bezug zum vorhergehenden Satz herstellen.

c Untersucht den inhaltlichen Aufbau des Textes. Führt dazu die folgende Reihe fort.

Wespen – Insektenstaaten – ihre Aufgabe – …

d Erklärt, warum der Aufbau des Textes sinnvoll ist.

7

a Hier sind die Sätze durcheinandergeraten. Füge sie wieder so aneinander, dass ein Text entsteht.

Er ist gut an sein Leben im Wasser angepasst.
Der Biber ist das größte Nagetier Europas.
Biber können nicht nur gut schwimmen, sondern auch bis zu 20 Minuten tauchen.
So wachsen ihm zwischen den Zehen seiner Hinterpfoten Schwimmhäute.
Und als Ruder dient ihm sein haarloser, platter Schwanz.

b Erkläre, woran du die Reihenfolge der Sätze erkannt hast. Nutze dazu die Informationen aus dem Merkkasten (S. 86 unten).

Informationen aus Grafiken entnehmen

!

Grafiken stellen Informationen übersichtlich und anschaulich dar. Man erhält schnell einen Überblick über Daten und Fakten. Zur Auswertung einer Grafik muss man die dort enthaltenen Angaben in einen Text umformulieren.

1

a Lies die Überschriften und kleide die angegebenen Zahlen und Prozente in Sätze. Beantworte dazu die folgenden Fragen.

1. Zu welchem Thema werden Angaben gemacht?
2. Welche Fragestellungen werden veranschaulicht?

Heimtiere in Deutschland (2008)

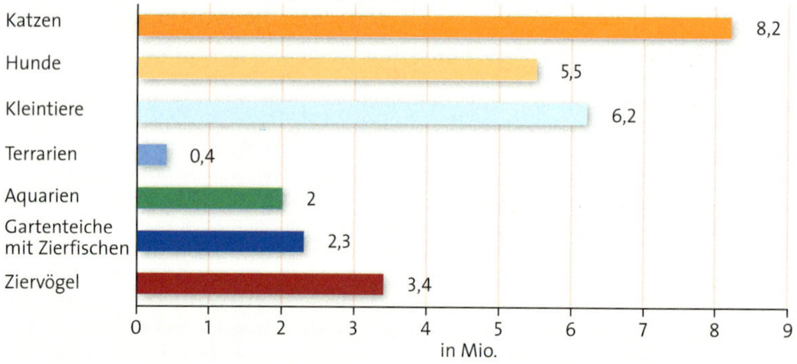

Heimtiere in % der Haushalte

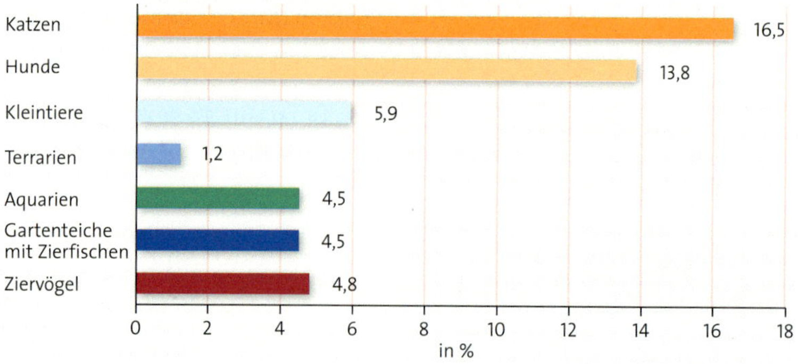

b Erfasse die Angaben des Balkendiagramms zu den Tierarten, indem du dir den höchsten, den niedrigsten und einen interessanten Wert heraussuchst. Schreibe jeweils in einem Satz auf, was das heißt.

c Betrachte jetzt das Balkendiagramm zur Anzahl der Haushalte. Suche die beiden höchsten und den niedrigsten Wert heraus. Formuliere die Informationen jeweils in einem Satz.

2 Führe nun die Angaben aus den Aufgaben 1 b und c zusammen.

a Schreibe die folgenden Sätze in dein Heft und vervollständige sie.

1 In Deutschland gab es 2008 in ___ % der Haushalte ___ Hunde.
2 ___ % der Haushalte besaßen 2008 ___ Gartenteiche mit Zierfischen.
3 Die meisten Haustiere in Deutschland im Jahr 2008 waren ___. Von ihnen lebten ___ in ___ % der Haushalte.

b Vergleiche die Reihenfolge der Tierarten. Was fällt dir auf? Suche eine Erklärung für deine Beobachtung.

3 Betrachte die beiden Kreisdiagramme und werte sie aus. Formuliere die wichtigsten Aussagen in Sätzen.

So alt sind Tierhalter

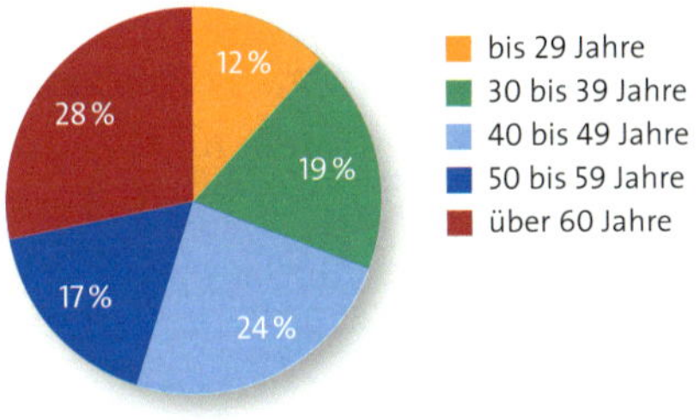

So wohnen Tierhalter (Haushaltsgröße)

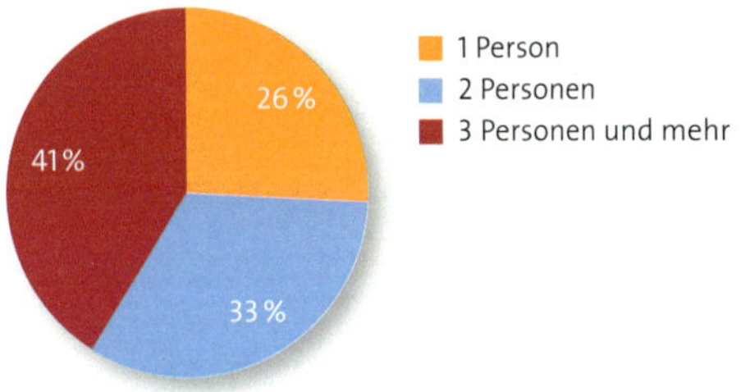

4 Schreibe auf der Grundlage der Diagramme (Aufgabe 1a) einen Text zum Thema »Haustiere in Deutschland«. Nutze dazu die Schrittfolge.

TIPP
Nutze dazu deine Arbeitsergebnisse aus den vorangegangenen Aufgaben.

So kannst du Informationen aus Grafiken entnehmen
1. Lies die Überschrift. Welches Thema wird behandelt?
2. Lies die Bezeichnungen der Achsen des Diagramms bzw. die Legende. Was wird jeweils angegeben?
3. Entnimm den Darstellungen die konkreten Werte.
4. Vergleiche die Werte miteinander. Fasse ähnliche Aussagen zusammen und hebe auffällige Angaben hervor.
5. Ziehe Schlussfolgerungen aus dem Vergleich.

Teste dich selbst!

Das Thema des Textes erfassen

1

a Lies den folgenden Text.

Stromausfall! Was nun? Musik hören oder am Computer arbeiten geht nicht mehr. Fernseher, Licht, Heizung, Kühlschrank, Waschmaschine – alles außer Betrieb. Ein Leben ohne Strom ist für uns undenkbar geworden.
Derzeit steigt der Stromverbrauch nach wie vor an. Aber wo kommt der Strom her, den wir täglich so sorglos verbrauchen?
Knapp 600 Milliarden Kilowattstunden (kWh) Strom werden pro Jahr von verschiedenen Kraftwerken in Deutschland erzeugt. Früher wurde Strom ausschließlich in Kohlekraftwerken erzeugt. 1961 gab es dann das erste Kernkraftwerk in Deutschland.
Öl, Kohle, Uran und Plutonium sind Brennstoffe, die in der Natur gefunden und abgebaut werden. In den letzten 100 Jahren haben wir Menschen sehr viel von diesen Rohstoffen verbraucht. Deshalb gibt es immer weniger davon. Damit sie auch noch von den Menschen, die nach uns auf der Erde leben, genutzt werden können, muss sparsam damit umgegangen werden.
Ebenso ist es wichtig, verstärkt Energie aus erneuerbaren Quellen, wie Wasser, Wind, Sonne, Biomasse und Erdwärme, zu gewinnen. Denn erneuerbare Energien können vom Menschen nicht aufgebraucht werden und stehen daher unbegrenzt zur Verfügung. Trotz der grenzenlosen Verfügbarkeit von erneuerbaren Energien sollten wir weiterhin nach neuen Möglichkeiten suchen, wie Strom hergestellt werden kann.

b Formuliere kurz, mit welchem Thema sich der Text beschäftigt.

c Notiere eine treffende Überschrift.

Den Gedankengang erfassen

2

a In jedem Abschnitt wird ein neuer Gedanke mitgeteilt. Fasse ihn mit einer kurzen Wortgruppe zusammen.

b Im Text werden drei Schlussfolgerungen gezogen. Notiere sie in geeigneter Form.

Informationen aus einer Grafik entnehmen

3

a Formuliere in einem Satz, was das Diagramm darstellt.

Stromerzeugung in Deutschland

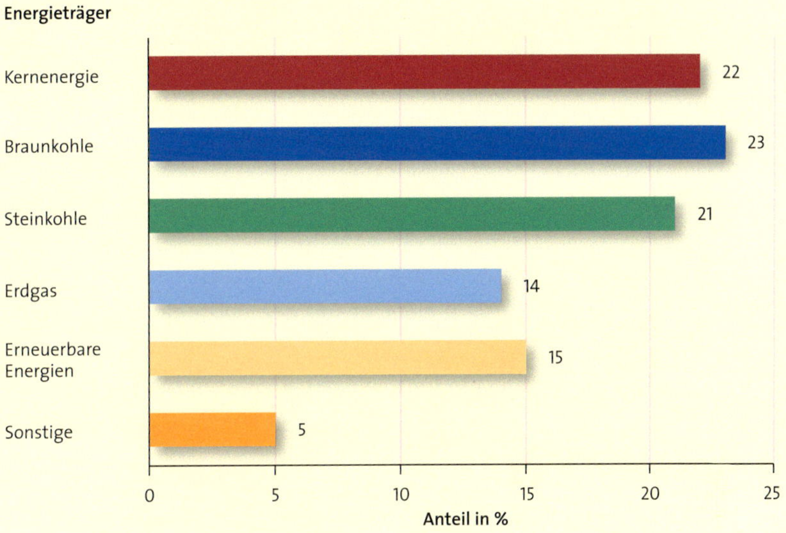

b Beantworte die folgenden Fragen.

1. Welcher Energieträger hat den höchsten Anteil an der Stromerzeugung in Deutschland?
2. Welche Aussage kannst du bezüglich der erneuerbaren Energien treffen?

c Bringe die Energiearten in eine Reihenfolge entsprechend ihres Anteils an der Energiegewinnung und notiere diese.

d In welcher Beziehung steht das Diagramm zum Text von Aufgabe 1?

e Schreibe die beiden Angaben aus dem Text und aus der Grafik heraus, die du benötigst, um herauszubekommen, wie viele kWh durch erneuerbare Energien erzeugt werden.

Mit Medien umgehen

Werbung untersuchen

1 »Werbung ist die Kunst, auf den Kopf zu zielen und die Brieftasche zu treffen.« (Vance Packard, amerikanischer Publizist)

a Welcher Werbeslogan fällt dir spontan ein? Welche Werbemelodie kannst du ansummen? Nenne drei Beispiele.

b Zeichne aus dem Gedächtnis ein Firmenlogo auf.
Vergleiche es mit dem Original. Nutze dazu z. B. das Internet.

c Überlegt, an welchen Orten man auf gedruckte Werbung stößt.

2

a Lies, was Michael Paul über Werbung sagt.

»Werbung muss vor allem einfach sein«, sagt Michael Paul, Inhaber des Marketingunternehmens »Marketing Pilots« und Gründer des ersten virtuellen Markenmuseums. »Denn bei rund 3000 Werbebotschaften pro Tag, die auf die Kunden einströmen, bleiben nur die einfachen hängen.« Beste Beispiele für Werbeslogans, die schon seit Jahren aktuell sind und damit in den Ohren der Kunden klingen: »Kinderschokolade für die Extraportion Milch« oder auch »Persil – da weiß man, was man hat«. »Die Produkte heute sind austauschbar, da muss die Werbung emotional sein«, sagt Markenexperte Michael Paul. Klassische Werbung wie früher wird immer unwichtger.

b Fasse die Aussage von Michael Paul zusammen.

Werbung sollte …

!

Werbung beeinflusst Menschen gezielt und bewusst. Sie möchte durch meist einfache Botschaften zum Kauf eines Produkts anregen, um neue Kunden werben (z. B. Stromversorger) oder auf verschiedene Sachverhalte aus dem Leben aufmerksam machen (z. B. in der Politik). Werbung löst Neugierde aus, spricht Gefühle an, enthält Versprechen und Appelle, die zum Handeln anregen sollen.

3 Die Geschichte der Werbung reicht Jahrtausende zurück.

a Lies den folgenden Text. Suche die Gründe für den Aufschwung der Werbung heraus und notiere sie in Stichpunkten..

Schon die alten Römer in Ägypten kannten Werbung. 4000 Jahre vor Christus gab es öffentliche Ausrufer, die staatliche und private Termine sowie die Ankunft bestimmter Händler ankündigten.
Im Jahre 2000 vor Christus schrieben die babylonischen Händler ihre Waren auf Tafeln mit Keilschrift und boten diese an.
Durch die Erfindung des Buchdrucks durch Johannes Gutenberg und die Entstehung der ersten Papierfabriken im 15. Jahrhundert nahm die Werbung einen Aufschwung. Der Druck der ersten Tageszeitung der Welt in Leipzig um 1650 ermöglichte Werbung in Zeitungen. Durch neue Druckverfahren, die Erfindung der Lithografie und des Siebdrucks konnten um 1846 auch bunte Plakate gedruckt werden. 1855 wurden in Berlin die ersten Litfaßsäulen aufgestellt.
Ende des 19. Jahrhunderts blühte die Werbung immer mehr auf und die ersten Ausbildungsplätze für Werbefachleute entstanden.
In den 50er- und 60er-Jahren des 20. Jahrhunderts erlebte die Werbung durch die große Verbreitung von Zeitschriften, Radio und Fernsehen einen Aufschwung. In den 80er-Jahren wurde durch die privaten Sender das Fernsehen als Werbeträger immer wichtiger.
Und seit den 90er-Jahren steigt die Bedeutung des Internets.

Berlin's neue Anschlag Säulen.

b Übertrage folgende Tabelle in dein Heft und ergänze sie.

Werbeträger	Werbemittel
Zeitungen und Zeitschriften	Anzeige, Bilder
Hörfunk	…
Fernsehen	…
Außenwerbung	…
…	Onlineangebote

c Tauscht euch aus, welche Art der Werbung euch besonders anspricht. Sucht mögliche Gründe.

→ S. 73 Informationen sammeln

d In welchem Medium ist Werbung am überzeugendsten? Recherchiert dazu im Internet oder führt selbst eine Umfrage durch.

4 Bringt eine Jugendzeitschrift, eine Tageszeitung und ein Wissenschaftsmagazin mit.

a Untersucht die Zeitungen nach folgenden Kriterien:
- Verhältnis von Werbung und anderen Informationen,
- Zielgruppe der Werbung,
- Produkte, für die geworben wird.

b Tragt die Ergebnisse zusammen und vergleicht sie. Sucht Gemeinsamkeiten und Unterschiede heraus.

5

a Beschreibe, welche Wirkung folgende Werbeanzeigen auf dich haben. Überlege, was versprochen wird.

!

Werbung ist nach der **AIDA-Formel** aufgebaut. Sie soll
- **Aufmerksamkeit** erregen, — **A** ttention
- **Interesse** wachrufen, — **I** nterest
- den **Wunsch** nach dem Produkt wecken, — **D** esire
- das **Handeln**, d. h. den Kauf, auslösen. — **A** ction

b Bewerte, ob die Werbeanzeigen aus Aufgabe a der AIDA-Formel gerecht werden. Was erregt deine Aufmerksamkeit und ruft dein Interesse wach? Wodurch wird der Kaufwunsch hervorgerufen?

!

Werbung muss in **einfacher,** aber **einprägsamer Sprache** verfasst sein. Dazu nutzt sie gern folgende **sprachliche Mittel:**
- Übertreibung, z. B.: *So wurden Sie noch nie erfrischt.*
- Aufzählung, z. B.: *Quadratisch. Praktisch. Gut.*
- Alliteration (gleicher Anfangsbuchstabe), z. B.: *Milch macht müde Männer munter.*
- Reim, z. B.: *Mars macht mobil, bei Arbeit, Sport und Spiel.*
- Wortspiel, z. B.: *Bemannte Räumfahrt.*
- Gegensatz, z. B.: *Sind sie zu stark, bist du zu schwach.*
- Ausruf, z. B.: *Wie gut, dass es Nivea gibt!*
- Wortneuschöpfung, z. B.: *Los Wochos!*
- ungewöhnlicher Satzbau, z. B.: *Jetzt zuschlagen!*
- Abweichung von der Grammatik, z. B.: *Hier werden Sie geholfen!*

6

a Hier ist alles durcheinandergeraten. Setze die Werbeslogans wieder richtig zusammen.

Have a break | Gut. | Mars

entspannt die Sinne. | Bifi | weiß, was Frauen wünschen.

Bauknecht | macht Kinder froh und Erwachsene ebenso.

Haribo | macht mobil bei Arbeit, Sport und Spiel.

Quadratisch. Praktisch. | muss mit!

Beruhigt die Haut | have a KitKat.

b Überlege, welche sprachlichen Mittel aus dem Merkkasten in den Werbeslogans von Aufgabe a enthalten sind.

7

a Untersuche folgende Werbeslogans auf verwendete sprachliche Mittel.

1 Keine Creme – Ein Wundermittel! **2** Für Frauen voller Fantasie. **3** Eine Praline für 'ne gute Miene. **4** Heute noch grau, morgen schon wäscheweiß. **5** Ist es im Haus, geht's mir gut! **6** Spidermanklebrigstark. **7** Damit (k)lebt man besser. **8** Klein – eckig – explosiv

TIPP
Überlege auch, was »Eau« bedeutet.

8

a Sieh dir das Plakat an und erkläre seine Aussage.

b Untersuche das Plakat jetzt genauer. Finde heraus, warum es so einprägsam ist. Nutze dazu die Schrittfolge im Kasten.

→ S. 47 Ein Bild beschreiben

So kannst du Werbung untersuchen
1. Was fällt zuerst ins Auge?
2. Welche **Zielgruppe** wird angesprochen?
3. Welche **Wirkung** ist beabsichtigt?
4. Wie tragen **Bild** und **Text** zur dieser Wirkung bei?
   - Was ist abgebildet (Vordergrund, Hintergrund, Mittelpunkt)?
     - Welche Rolle spielen Licht, Farben und Formen?
     - Wie lässt sich die Bildbotschaft zusammenfassen?
   - Wie lautet der Slogan?
     - Welche sprachlichen Mittel wurden verwendet?
     - Welche Informationen über das Produkt erhält man?
     - Wie lässt sich die Textbotschaft zusammenfassen?
5. Welche weiteren **Gestaltungsmittel** spielen eine Rolle (z. B. Ton, Musik, Bewegung, Bildfolge)?
6. Welche Gründe sprechen für bzw. gegen das beworbene Produkt?

9 Wähle aus den Zeitungen (S. 94, Aufgabe 4) Werbeanzeigen aus und untersuche diese mithilfe der Schrittfolge.

10 Oft werden Prominente in der Werbung eingesetzt. Seht euch solche Anzeigen an und besprecht deren Wirkung. Belegt eure Meinungen mit aktuellen Beispielen.

11 Auch Fernseh- und Radiosender finanzieren sich durch Werbung.

TIPP
Wähle einen Werbespot, der häufig ausgestrahlt wird oder zeichne ihn auf.

a Wähle einen öffentlich-rechtlichen Fernseh- bzw. Radiosender (z.B. ARD, MDR) und einen privaten Anbieter (z.B. RTL) aus. Sieh bzw. höre einmal genauer hin. Welche Sendungen für welche Zielgruppe werden zu bestimmten Zeiten ausgestrahlt? Welche Werbung unterbricht diese?

b Wähle einen Werbespot aus und untersuche, mit welchen Gestaltungsmitteln gearbeitet wird. Nimm die Schrittfolge von S.96 zu Hilfe.

c Tragt Unterschiede und Gemeinsamkeiten von gedruckten Werbeanzeigen und Werbespots aus Funk und Fernsehen zusammen.

12 Heute gewinnt Onlinewerbung immer mehr an Bedeutung.

a Suche heraus, auf welchen Internetseiten sich welche Werbung findet.

b Wähle ein Beispiel aus und untersuche genauer, wie die Werbung gestaltet ist. Nutze dazu die Schrittfolge von S.96.

13 Entwirf selbst einen Werbeslogan und eine Werbeanzeige für
- ein Haarwaschmittel, das Haare wachsen lässt,
- einen Geschirrspülautomaten-Ausräumer,
- ein Auto, das auf Straßen und Wasser fahren kann,
- einen Navigator für den Kleiderschrank.

Was habe ich gelernt?

14 Überprüfe, was du über Werbung gelernt hast. Beantworte dazu die folgenden Fragen.

1 Was versteht man unter der AIDA-Formel?
2 Mit welchen bildlichen Mitteln wird in der Werbung Wirkung erreicht?
3 Mit welchen sprachlichen Mitteln wird in der Werbung Wirkung erreicht?

Wortarten und Wortformen

Veränderbare (flektierbare) Wortarten

1

a Lies, wie Maike W. ihren Theaterberuf beschreibt.

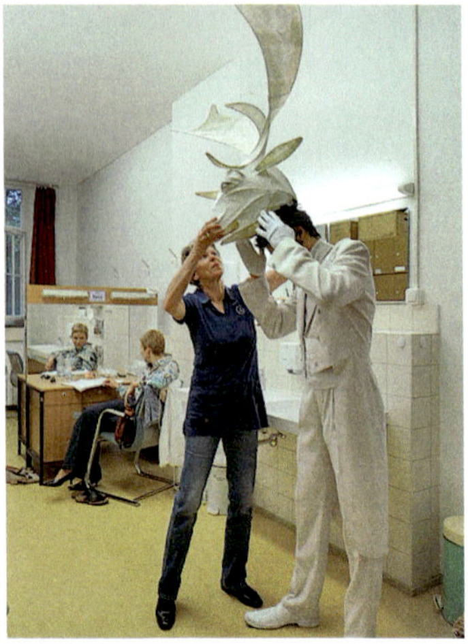

Ich bin Ankleiderin an einem Theater. Mein Beruf löst immer großes Erstaunen aus. Warum braucht man das, fragen mich die Leute. Ein Rokoko-Kleid, eine Korsage oder einen Wolfspelz können Schauspieler aber unmöglich allein anziehen. Vor jeder Vorstellung lege ich die Kostüme meiner Schauspieler schon in ihrer Garderobe bereit. In den kurzen Pausen zwischen den Auftritten helfe ich ihnen beim schnellen Um- und Ankleiden. Ich schnüre Korsagen, Stiefel usw. und reiche Perücken und wichtige Requisiten wie Taschen, Hüte oder Schmuck. Für die Pflege und Lagerung der Bühnengarderobe bin ich ebenfalls verantwortlich. Für die nächste Vorstellung wasche und bügle ich die Kostüme bzw. repariere sie.

b Maike W. spricht über sich selbst. Belege das an Textbeispielen.

c Frau W. benennt Tätigkeiten, Gegenstände und Orte, die typisch sind für ihren Beruf. Wähle je zwei Beispiele aus und prüfe, wie sich die Wörter jeweils verändern lassen (Zahl, Fall, Person, Zeit).

2 Wörter kannst du einteilen nach ihrer Bedeutung, ihrer Aufgabe in Satz und Text oder nach ihrer Veränderbarkeit.

a Übertrage die Tabelle in dein Heft. Suche jeweils drei Beispiele aus dem Text der Aufgabe 1 a heraus und trage sie richtig ein.

veränderbare Wörter	nicht veränderbare Wörter
ich – mich, mir ...	an ...

b Ordne jeder Wortart (Verb, Nomen/Substantiv, Adjektiv, Pronomen) drei Beispiele aus dem Text (Aufgabe 1 a) zu.

Nomen/Substantive

Achtung, Fehler!

1

a Lies den folgenden Text aufmerksam. Begründe an Beispielen, was ihn orthografisch von einem typisch deutschen Text unterscheidet.

Aus dem einmaleins einer maskenbildnerin
Ein bisschen rouge hier, ein wenig puder dort – und fertig ist die maske? Eine solche vorstellung von meinem beruf kannst du dir gleich abschminken. Ich muss einen mann optisch wie eine frau oder wie eine historische persönlichkeit aussehen lassen. Mit etwas latex und viel farbe täusche ich unterschiedliche verletzungen vor. Die perücken fertige ich auch selbst an. Das habe ich in meiner friseurausbildung gelernt.

TIPP
Der Text enthält 15 Nomen.

b Schreibe den Text in dein Heft. Achte auf die richtige Großschreibung der Nomen/Substantive. Überlege dazu, woran du diese Wortart erkennen kannst.

c Markiere die Begleiter (Artikel, Possessivpronomen) und die Adjektive, die die Nomen näher bestimmen.

Aus dem Einmaleins …

!

Nomen/Substantive bezeichnen Lebewesen, Gegenstände, Gefühle, Gedanken, Vorgänge, Orte, z. B.:
Arno, Musikerin, Kostüm, Freude, Erlebnis, Bühne.
Nomen sind **veränderbar** (flektierbar). Sie sind **deklinierbar,** das heißt, sie ändern ihren **Fall** (Kasus: Nominativ, Genitiv, Dativ, Akkusativ).
Außerdem können sie ihre **Zahl** ändern (Numerus: Singular, Plural), z. B.:

Der Sänger	*lernt*	*seinen Text.*
Nominativ Singular (Wer?)		Akkusativ Singular (Was?)
Der Regisseur	*sucht*	*Schauspielerinnen.*
Nominativ Singular (Wer?)		Akkusativ Plural (Wen?)

Nomen können als Begleiter **Artikel** haben, das heißt, sie sind **artikelfähig,** z. B.:
ein Kostüm, das Kostüm.
Nomen lassen sich durch **Attribute** genauer charakterisieren, z. B.:
ihre Kostüme – ihre witzigen Kostüme – Kostüme, die maßgeschneidert wurden.

2

→ S. 118 Attribut (Beifügung)

a Ermittle die Attribute, die die unterstrichenen Nomen näher charakterisieren.

1 Maskenbildner brauchen eine abgeschlossene Friseurausbildung.
2 Mit dem Kostümbildner sind intensive Absprachen zu treffen.
3 Im so genannten Glatzenraum stellen Maskenbildner Theaterglatzen her.
4 Wegen der Naheinstellungen verlangen Film- und Fernsehaufnahmen wesentlich feinere Schminktechniken.
5 Dieser vielseitige Beruf erfordert geteilte Arbeitszeiten, die den Dienst am Vormittag und zur Abendvorstellung einschließen.

TIPP
Nutze die Weglassprobe.
→ S. 119

b Tauscht euch darüber aus, wie der Text ohne Attribute wirkt und welche Attribute man keinesfalls weglassen sollte.

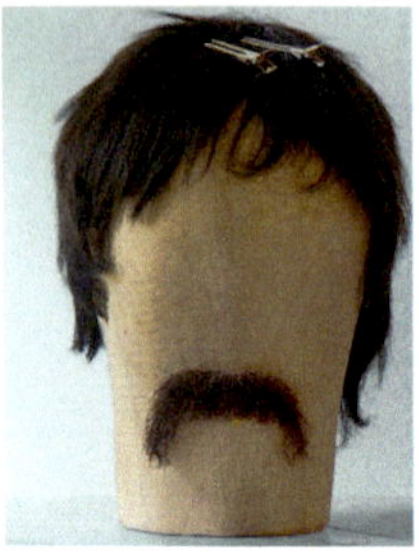

3 Charakterisiere die folgenden Nomen durch Attribute. Schreibe die Wortgruppen in dein Heft.

Bärte – Perücken – Verletzungen – Arbeitszeiten
Beruf – Ausbildung – Haarfarbe – Maske

falsche Bärte, Bärte, die ich selbst angefertigt habe; …
blonde Perücken, …

4 Diktiert euch gegenseitig die Sätze 1 bis 3 bzw. 4 bis 7.
Geht dabei so vor:
- Lest jeden Satz zweimal vor.
- Erst nach dem zweiten Vorlesen darf geschrieben werden.
- Achtet beim Zuhören auf die Nomensignale, wie Artikel oder Attribute.

Achtung, Fehler!

1 Für jede maske grundiere ich das gesicht.
2 Um ein junges gesicht auf alt zu trimmen, verwende ich keine rosige, sondern eine gräuliche creme.
3 Natürliche gesichtsfalten vertiefe ich durch dunkle schminke.
4 Mit einer feinen bürste trage ich graue farbe auf haare und augenbrauen auf.
5 Zum schluss bestäube ich das make-up mit transparentem puder.
6 Damit fixiere ich die maske.
7 Der junge schauspieler wirkt gleich um einige jahrzehnte gealtert.

Nominalisierte/Substantivierte Verben und Adjektive

1 Setze die Verben in Klammern als Nomen in die Lücken ein.
Schreibe die nominalisierten Wörter mit ihren Begleitern in dein Heft.

1 Das ___ (grundieren) ist das A und O einer Maske. Gräuliche Creme lässt ein junges Gesicht alt wirken, rosige ein Gesicht jünger.
2 Dunkle Schminke empfiehlt sich zum ___ (vertiefen) von Falten.
3 Zum ___ (modellieren) von Narben wird Flüssiglatex eingesetzt.
4 Für das ___ (auftragen) von Farbe auf Augenbrauen und Haare benutzt man feine Bürstchen.
5 Durch ___ (bestäuben) der Maske mit transparentem Puder wird das Make-up fixiert.

! Jedes Wort kann als Nomen/Substantiv gebraucht werden. Es wird dann großgeschrieben. Jede **Nominalisierung/Substantivierung** kann **dekliniert** und mit einem **Artikel** oder **Attribut** versehen werden, z. B.:
lachen → *Dein helles Lachen hört man überall.*
blond → *Den großen Blonden finde ich nett.*
Am häufigsten werden **Verben** nominalisiert/substantiviert. Sie verdichten den Text, deshalb sind sie typisch für Anweisungen, z. B.:
mitschneiden → *Das Mitschneiden von Konzerten ist strafbar.*
Nominalisierte **Adjektive** werden häufig von einem unbestimmten Zahlwort begleitet, z. B.: *neu* → *etwas Neues.*

2 Verdichte die Aussagen in den unterstrichenen Nebensätzen, indem du die Verben nominalisierst. Schreibe die Sätze in dein Heft.

1 Wenn Narben oder Bartstoppeln abgedeckt werden sollen, eignet sich eine fleischfarbene Make-up-Creme.
2 Wenn Wunden und Verletzungen vorgetäuscht werden sollen, arbeiten Maskenbildner mit Latex und Farbe.
3 Farblich abgestimmte Abdeckstifte werden benutzt, wenn einzelne Hautunebenheiten wegretuschiert werden sollen.
4 Wenn Nasen modelliert werden sollen, wird Latex eingesetzt.
5 Wenn Glatzen hergestellt werden sollen, verwendet man Glatzenmittel. Damit werden Metallköpfe dreimal bestrichen. Nach einer Stunde lassen sich die Glatzen wie eine feine Haut abziehen.

1. Zum Abdecken von …

3 Untersuche, aus welcher Wortart die folgenden Nominalisierungen abgeleitet sind. Schreibe die Wörter und die Nominalisierungen auf.

1 Immer wieder lassen die Maskenbildnerinnen sich etwas Neues einfallen.
2 Das Schönste ist für sie, wenn sie etwas Fantastisches gestalten dürfen.
3 Das Schwierigste ist die Gestaltung echt wirkender Gesichter.

1. neu – etwas Neues, 2. ...

4 Wählt die richtige Variante aus und schreibt sie auf.

1 Wie heißt dieser Rothaarige / dieser rothaarige aus dem Film?
2 Das war das langweiligste / das Langweiligste, was ich je gesehen habe.
3 Diese Werbung soll die jugendlichen / die Jugendlichen ansprechen.
4 Wer ist die jüngste Oscar-Preisträgerin / die Jüngste Oscar-Preisträgerin?
5 Wie hieß noch mal der Spannende Film / der spannende Film?
6 Wisst ihr schon das neueste / das Neueste?

TIPP
Prüfe, ob sich Artikel, Possessivpronomen oder Attribute auf die markierten Wörter beziehen.

5 Entscheide, ob die markierten Wörter Nominalisierungen sind und großgeschrieben werden müssen. Schreibe nur die Nominalisierungen mit ihren Nomensignalen in dein Heft.

Achtung, Fehler!

Beruf Rüstmeister/-in

Das interessante an diesem Theaterberuf ist die Vielfalt der Aufgaben und Produkte. Das herstellen von Rüstungen, Helmen und Waffen gehört dazu, aber ebenso das konstruieren von Unterbauten aus Metall, die den Reifröcken der Rokoko-Kostüme erst ihre typische Form geben.

Das verblüffende an vielen Kopfbedeckungen ist, dass sie den Schauspielern auch bei heftigsten Bewegungen nicht vom Kopf fallen – dank einer nicht sichtbaren Metallkonstruktion.

Nach Meinung vieler jugendlicher ist der Einsatz von Pyrotechnik, also von allem, was knallt, raucht, blitzt oder brennt, das aufregendste an diesem Beruf.

Rüstmeister/-in ist kein Ausbildungsberuf. Häufig ist das erlernen eines Metallberufs ausreichend.

Pronomen

1

a Setze folgende Wörter ein, die für den Textsinn wichtig sind.

ich – du – sie – ihr – ihre – mir – euch – der – diesen – meine

Das Jugendmagazin YES befragt zwei junge Reporter:

YES Was war für ___ das Schönste an den Berliner Filmfestspielen?

Nora Dass ___ alle Filme der Generation 14 plus umsonst sehen durfte.

Orhan ___ hat gefallen, dass ___ Kritiken veröffentlicht wurden.

YES Welche Filmkritiken hast ___ denn geschrieben?

Orhan Zum Beispiel über ___ Film, ___ die Geschichte von Aisha erzählt. ___ trainiert Kung-Fu mit jungen Männern, was ___ Vater und ___ Brüder gar nicht toll finden.

b Bestimme so genau wie möglich, zu welcher Wortart die eingesetzten Wörter gehören. Nutze die Informationen im Merkkasten.

!

Pronomen sind Stellvertreter oder Begleiter von Nomen und werden wie diese **dekliniert.**

Personalpronomen *ich, du, er, sie, es; wir, ihr, sie*	stehen stellvertretend für Personen und Sachen
Possessivpronomen z. B.: *mein, dein, ihr*	zeigen den Besitz oder die Zugehörigkeit an
Demonstrativpronomen z. B.: *dieses, jenes, das*	weisen auf ein vorher genanntes Nomen hin
Relativpronomen z. B.: *der, die, das*	leiten Nebensätze ein, die ein Nomen im Hauptsatz genauer erklären, z. B.: *Der Film, den du mir empfohlen hast, war toll.*

2 Pronomen stehen im gleichen Fall wie die Nomen, die sie vertreten oder begleiten. Bestimmt den Fall der eingesetzten Pronomen in Aufgabe 1 a.

TIPP
Nutzt Frage- oder Ersatzprobe.

3

a Die unterstrichenen Wörter im folgenden Text sind auch Pronomen. Entscheide mithilfe des Merkkastens unten, welche Aufgabe sie im Text erfüllen und um was für Pronomen es sich handelt.

Aus einem Interview mit den beiden Leitern der Sektion Kinder- und Jugendfilme der Berliner Filmfestspiele

Wer sucht die Filme für das Berliner Filmfestival im Februar jedes Jahres aus?

Wir gehören zum Auswahlgremium, das aus 4–5 Erwachsenen besteht. Wir schauen uns von Oktober bis Dezember bis zu 1000 Filme aus aller Welt an. Irgendwann entscheiden wir uns für einen Film, von dem wir meinen, dass ihn sich viele Kinder oder Jugendliche ansehen müssen.

Woher wisst ihr, welche Filme Kindern und Jugendlichen gefallen?

Jedes Jahr besuchen 50 000 junge Leute die Berlinale-Vorstellungen. Die sagen in den Publikumsgesprächen mit den Regisseuren und Schauspielern ganz deutlich, welchen Film sie mögen und was sie wollen. Das schreiben sie auch in die Fragebogen, die in den Berlinale-Kinos ausliegen. Diese Fragebogen schauen wir uns nach der Berlinale noch einmal genau an.

b Suche weitere bekannte Pronomen im Text und bestimme sie.

!

Interrogativpronomen (Fragepronomen), z. B.: *Wer? Was? Wem? Wen? Wessen? Was für ein(e)? Welche(-r, -s)?*	• erfragen Personen oder Sachen, z. B.: *Wer ist das? Wessen Karte ist das?* • fragen nach der Eigenschaft, z. B.: *Was für ein Film ist das?* • fragen nach der Auswahl aus einer Menge, z. B.: *Welchen Film von den fünf meinst du?*
Reflexivpronomen (rückbezügliches Fürwort) *(ich) mir, mich, (du) dir, dich, (er, sie, es) sich; (wir) uns, (ihr) euch, (sie) sich*	• stimmen mit Formen der Personalpronomen überein (Ausnahme: *sich*) • treten zusammen mit Verben auf • weisen auf den Handlungsträger (sich selbst) zurück, z. B.: *ich erhole mich, er konzentriert sich*

4 Ergänze die fehlenden Interrogativ- bzw. Reflexivpronomen.

Beruf Filmvorführerin

Andrea, du bist Filmvorführerin im Ufa-Palast, einem Kino-Komplex mit sieben Sälen. Warum hast du _____ für diesen Beruf entschieden?

Für Technik habe ich _____ schon immer interessiert. Und mit meinen Eltern bin ich schon von klein auf ins Kino gegangen.

_____ machst du als Filmvorführerin? Sitzt du mit Popcorn im Sessel und guckst _____ dabei die neuesten Filme an?

Also, _____ das glaubt, der irrt _____ total. Der Job ist unheimlich anstrengend. Ich haste von einem Vorführraum zum nächsten und beeile _____ mit dem Einlegen und Wechseln der Filmrollen, weil fast gleichzeitig in mehreren Kinosälen Filme gezeigt werden. Ich kümmere _____ um die Lautstärke, die Schärfe des Bildes oder die Untertitel, die manchmal auf einer Leinwand nicht mehr zu sehen sind.

_____ Filmstars hast du schon live erlebt?

Von Brad Pitt habe ich _____ ein Autogramm geben lassen.

5 Was für ein(e)? Welche(-r, -s)? Ergänzt das richtige Fragewort.

1 A Ich werde meinem Bruder diese CD schenken.
B _____ CD ist das?

2 A _____ Filme laufen denn gerade?
B Keine Ahnung, hier ist das Kinoprogramm.

3 A Morgen treten die »Devils« und die »Angels« im Schulklub auf.
B _____ Bands sind das?

4 A _____ DVD willst du dir ausleihen?
B Mal sehen, vielleicht einen Krimi.

6 Übertrage die folgende Tabelle in dein Heft und ordne die Verben zu. Bilde dazu in Gedanken mit jedem Verb einen Satz.

freuen – schminken – kämmen – verkleiden – konzentrieren – verbeugen – erfreuen – entschuldigen – bewerben – erschrecken – verstecken

sich selbst (reflexiv)	sich selbst oder jemand anderen (teilreflexiv)
sich freuen ...	sich schminken – sie/ihn schminken ...

Verben

1 Arnold Langer betreibt die Firma »Kryolan« in Berlin.

a Lies das Interview mit ihm.

Ihre Firma gilt als weltgrößter Hersteller von Kunstblut. Wie kam es dazu?
Ein Regisseur hatte zehn Liter Blut pro Vorstellung bei uns bestellt. Es sollte sämig sein und dekorativ herunterlaufen. Wir probierten verschiedene Rezepturen aus, bis wir die gewünschten Eigenschaften erzeugt hatten.
Ihr Produkt-Katalog umfasst derzeit nahezu 14 000 Artikel. Welche?
Wir fertigen Make-up, Creme und Kunststoffe für Glatzen, Nasen und Narben für Theater- und Filmproduktionen in aller Welt, auch für Hollywood. Wir produzieren Tarnfarben für die Bundeswehr und Schminken für Fußballfans.
Welche Ihrer Fifa-Fanschminken hat sich bisher am besten verkauft?
Die für Deutschland und für Brasilien. Zur nächsten Fußball-WM wird es wieder eine große Nachfrage nach Fan-Schminke geben.

b Notiere für jede einfache und jede zusammengesetzte Zeitform aus dem folgenden Merkkasten ein Beispiel aus dem Interview.

! Verben bilden **Zeitformen** (Tempusformen). Man unterscheidet einfache und zusammengesetzte Zeitformen.

einfache Zeitform finite Verbform	**zusammengesetzte Zeitform** mindestens zwei Verbformen: finite + infinite Verbform (Infinitiv , Partizip II)
Präsens *Sie lebt in der Stadt.* *Sie geht morgen ins Kino.*	**Perfekt** *Sie ist gerade ins Kino gegangen .* *Sie hat sich mit Freunden verabredet .*
Präteritum *Sie ging ins Kino.* *Sie sah sich den Film an.*	**Plusquamperfekt** *Sie hatte schon die erste Folge gesehen .* *Sie war im Filmclub gewesen .*
	Futur *Sie wird sich auch die zweite Folge ansehen .*

TIPP
Finite Verbformen stimmen mit dem Subjekt in Person und Zahl überein.

c Hebe die finiten Verbformen besonders hervor. Markiere die beiden infiniten Verbformen, also Infinitiv bzw. Partizip II, unterschiedlich.

2 Ergänze die Verben in Klammern im Plusquamperfekt und schreibe die Sätze in dein Heft. Überlege jeweils, welche Handlung bereits stattgefunden hatte und welche darauf folgte.

1 Die ersten Rezepte der Firma »Kryolan« stammten von Arnold Langer, der als Jugendlicher eine Ausbildung als Chemiker _____ _____ (erhalten).
2 Der Name der Firma, die Langer 1945 mit seinem Studienfreund Krause _____ _____ (gründen), entstand aus den Anfangsbuchstaben der beiden Geschäftspartner.
3 Mit flüssiger Seife _____ die Firma _____ (beginnen). Erst später stellte sie die Produktion auf Profi-Schminken um.
4 In den 60er-Jahren spezialisierte sich »Kryolan« auf die Herstellung von Kunstblut, weil die Nachfrage nach Film- und Theaterblut enorm _____ _____ (steigen).
5 Als dem Hollywood-Regisseur Steven Spielberg bei Dreharbeiten zu »Schindlers Liste« in Polen plötzlich das Filmblut _____ _____ (ausgehen), lieferte »Kryolan« umgehend die benötigten 20 Liter.

!

Zeitformen (Tempusformen) der Verben können ausdrücken,
1. wann ein Vorgang bzw. eine Handlung abläuft:
   - **vergangen:** *Sie sah den Film. Sie hat/hatte ihn gesehen.*
   - **gegenwärtig:** *Sie sieht ihn.*
   - **zukünftig:** *Sie wird ins Kino gehen. Sie geht (morgen) ins Kino.*
2. ob ein Vorgang abgeschlossen ist, andauert oder immer gültig ist:
   - **abgeschlossen:** *Die Karten habe/hatte ich geholt.*
   - **andauernd:** *Der Film läuft bis Montag. Er ist zum Kino gegangen.*
   - **immer gültig:** *X spielt die Hauptrolle.*
3. ob die Aussage sicher ist oder nur vermutet wird:
   - **sicher:** *Der Film hat um 17 Uhr begonnen.*
   - **vermutet:** *Die zweite Folge werde ich vielleicht morgen sehen.*

TIPP
Zwei Aussagen lassen sich nicht belegen.

3 Suche aus den Sätzen in Aufgabe 1a je ein Beispiel für die im Merkkasten genannten Ausdrucksmöglichkeiten.

1. – vergangen: Wie kam es dazu? …
– gegenwärtig: …

4 In den folgenden Sätzen sagen nur die Verbformen etwas über die Zeit aus.

a Entscheidet, ob sie die Handlungen und Vorgänge
- als vergangen, gegenwärtig oder zukünftig oder
- als abgeschlossen, andauernd oder immer gültig beschreiben.

1 Blut fließt, es rinnt, es tropft, und Winfried H. schaut reglos zu.
2 Herr H. arbeitet für das Berliner Unternehmen »Kryolan«, den weltweit größten Hersteller von Kunstblut, Narbenmaterial, Glatzen und Profischminke.
3 Die Firma hatte Arnold Langer gemeinsam mit seinem Studienfreund Krause gegründet. Ihre Anfangsbuchstaben Kr und Lan stecken im Firmennamen.
4 Zu den ersten Produkten der beiden Chemiker gehörte Flüssigseife. Die Fläschchen dafür brachten die Kunden selbst mit.
5 Mit ihren Kunstblut-Sorten hat die Firma den Weltmarkt erobert.
6 »Kryolan« wird sich auf die Wünsche des asiatischen Marktes einstellen.

b Prüft, ob die Handlung bzw. der Vorgang in den Sätzen der Aufgabe a als sicher oder als vermutet dargestellt wird.

5

a Diese Sätze wurden mündlich vorgetragen. Bestimme die Zeitform.

1 Mit der Firma hat sich Arnold Langer einen Traum erfüllt.
2 Als junger Laborant ist er 1941 bei den Aufnahmen zum ersten deutschen Farbfilm dabei gewesen.
3 Täglich ist er zu den Studios in Babelsberg gefahren, um den richtigen Farbton der Schminke für die Schauspieler zu treffen.
4 Farbiges Make-up hat in schwarz-weißen Filmen einen anderen Effekt erzielt als in Farbfilmen.
5 Langer hat Gefallen an dieser Arbeit gefunden.
6 Drei Monate nach Kriegsende hat er mit seinem Studienfreund Krause die Firma »Kryolan« gegründet.
7 Zunächst hat das Duo Hautcreme und flüssige Seige hergestellt.
8 Kurz darauf haben sie die ersten Schminken für Theater produziert.

b Schreibe die Sätze für einen schriftlichen Bericht über die Firma im Präteritum auf.

6

a Vergleiche die Textfassungen A und B miteinander. Untersuche, in welcher Fassung die Akteure der Handlung genannt werden.

A Zu den Filmfestspielen in Berlin verleiht eine Jury den »Goldenen Bären«. Den »Oscar« vergibt die US-amerikanische »Academy of Motion Picture Arts und Sciences« seit 1929 für den besten Film, die beste Hauptrolle und andere Kategorien. In Cannes zeichnen die Jurymitglieder den Sieger des Filmfestivals mit der »Goldenen Palme« aus.

B Zu den Filmfestspielen in Berlin wird der »Goldene Bär« verliehen. Der »Oscar« wird seit 1929 von der US-amerikanischen »Academy of Motion Picture Arts und Sciences« für den besten Film, die beste Hauptrolle und andere Kategorien vergeben. In Cannes wird der Sieger des Filmfestivals mit der »Goldenen Palme« ausgezeichnet.

b Schreibe aus beiden Texten die Verbformen heraus. Entscheide, ob es sich um Aktiv- oder Passivformen handelt.

Text A: verleiht, ...
Text B: ...

c In einem Satz aus Text B wird trotz Passivform der Akteur genannt. Auf welche Weise geschieht das?

!

Aktivformen verwendet man, um die Akteure der Handlung ausdrücklich zu nennen. **Passivformen** verwendet man, wenn die Handlung betont werden soll. Die Handelnden können unbekannt oder unwichtig sein. Sollen sie trotzdem genannt werden, schließt man sie mit *von* an, z. B:
Der Regisseur wird von der Jury ausgezeichnet.
Die Passivformen bestehen mindestens aus zwei Verbformen: einer Konjugationsform des Hilfsverbs ***werden*** + **Partizip II** eines anderen Verbs:

Präsens:	*Der Regisseur*	*wird*	*ausgezeichnet.*	
Präteritum:	*Der Regisseur*	*wurde*	*ausgezeichnet.*	
Perfekt:	*Der Regisseur*	*ist*	*ausgezeichnet*	*worden.*
Plusquamperfekt:	*Der Regisseur*	*war*	*ausgezeichnet*	*worden.*
Futur:	*Der Regisseur*	*wird*	*ausgezeichnet*	*werden.*

7 In welchen Sätzen der folgenden Darstellung würdest du die Passivform bevorzugen? Schreibe die betreffenden Sätze um.

1 1950 hat eine Persönlichkeit das erste Berliner Filmfestival eröffnet.
2 Dieses Jahr haben die Veranstalter 270 000 Tickets verkauft
3 Damit hat man 30 000 Karten mehr verkauft als im Vorjahr.
4 Die Kinos haben 383 Berlinale-Filme gezeigt.
5 Die Jury-Mitglieder haben in allen Kategorien den »Goldenen Bären« als Siegertrophäe der Berlinale verliehen.
6 Wieder hatte der Festival-Chef Stars, wie Kate Winslet, nach Berlin eingeladen.
7 Enthusiastisch haben die Berliner und ihre Gäste die Stars gefeiert.
8 Stars und Regisseure schätzen am Berliner Filmfestival den Kontakt zum Publikum.

8

a Bestimme, um welche Zeitform (Tempusform) im Aktiv es sich in den folgenden Sätzen jeweils handelt. Notiere sie untereinander in deinem Heft.

1 Prominente haben gestern das Jugendfilmfest eröffnet.
2 Im Sommer zeigt man Filme im Hof.
3 Eine Jury wählte zehn Filme aus.
4 Jemand hat die Hauptdarstellerin eingeladen.
5 Die Menge hatte die Stars bejubelt.

1. haben eröffnet (Perfekt)
2. …

TIPP
Formuliere im Kopf die Sätze entsprechend um.

b Forme Aktivformen aus Aufgabe a in Passivformen in derselben Zeitform um und schreibe die Wortgruppen in dein Heft.

1. haben eröffnet (Perfekt) –
ist eröffnet worden (Perfekt)
2. …

Adjektive

TIPP
Adjektive stimmen in der Form mit dem Nomen/Substantiv überein.

1

a Schreibe die unterstrichenen Adjektive mit dem Nomen/Substantiv heraus, auf das sie sich beziehen. Bestimme Fall, Zahl und Geschlecht des Adjektivs.

1 Linn R. spielt im gleichnamigen Film die rote Zora.
2 Die 14-Jährige mit der leuchtend roten Mähne geht in die Maske.
3 Dort tupft ihr die Maskenbildnerin vorsichtig mit einem dünnen Pinsel noch dunkelbraune Sommersprossen ins Gesicht.
4 Linns saubere Fingernägel müssen richtig schmutzig sein.
5 Deshalb pinselt ihr die Maskenbildnerin reichlich schwarzen Dreck unter die Nägel.

gleichnamig – im gleichnamigen Film (Dativ, Singular, ...)

b Untersuche die vier blau unterlegten Wörter genauer. Auch sie sind Adjektive. Finde heraus, worauf sie sich jeweils beziehen.

!

Adjektive bezeichnen Eigenschaften und Merkmale von Lebewesen, Gegenständen, Vorgängen usw. Sie können im Satz verschiedene Funktionen haben, z. B.:
Jan ist ein langsamer Esser. (bestimmt ein Nomen näher, Attribut)
Jan ist ein wirklich langsamer Esser. (bestimmt ein Adjektiv näher, Attribut)
Jan isst langsam. (bestimmt ein Verb näher, Adverbialbestimmung)
Wenn Adjektive ein Nomen näher bestimmen, werden sie wie dieses **dekliniert,** d. h. sie passen sich in Fall (Kasus), Zahl (Numerus) und Geschlecht (Genus) dem Nomen/Substantiv an.

2 Ergänzt die folgenden Adjektive an der passenden Stelle. Nennt, was ihr näher charakterisiert habt.

rot – mucksmäuschenstill – blitzschnell – reich gedeckt – gesamt – reichlich – landestypisch – hart

1 Als Zora muss sich Linn unterm Tisch verstecken.
2 Gleich wird sie die Tafel plündern.
3 Die Filmcrew wird am Drehort mit Essen versorgt.
4 Mit dem Leben der Helden hat die Filmarbeit wenig zu tun.

Nicht veränderbare (nicht flektierbare) Wortarten

1

a Lies den Text. Entscheide, was alle unterstrichenen Wörter gemeinsam haben. Prüfe dazu, ob sich die markierten Wörter ändern, wenn du die Nomen/Substantive in den Plural oder die Verben ins Präteritum setzt.

Eine Souffleuse flüstert den Schauspielern auf der Bühne leise und unauffällig den Text vor, wenn sie ihn vergessen haben. Deshalb liest sie das Skript Zeile für Zeile sehr sorgfältig mit. Oft entscheiden Sekundenbruchteile, ob sie tatsächlich eingreifen muss, ob einer jetzt einen »Hänger« hat oder vielleicht nur eine Kunstpause setzt. Meistens genügen die ersten Worte, um den Künstler wieder auf die richtige Fährte zu führen. Manche Schauspieler verabreden mit der Souffleuse während der Proben sogar Codes, die einen Hänger signalisieren. Im Sprechtheater sitzt die Souffleuse fast immer in der ersten Reihe, aber manchmal auch hinter der Bühne.

b Bestimme die Wortart der unterstrichenen Wörter. Nutze dazu den folgenden Merkkasten.

auf (Präposition)
und (Konjunktion)
…

!

Nicht veränderbare (nicht flektierbare) Wortarten	
Adverbien, z. B.: *hier, dort, heute, morgen, sehr, oft, deshalb, gern, so, netterweise*	• geben an, wann, wo, wie und warum etwas geschieht • ersetzen oft Wortgruppen oder Teilsätze
Konjunktionen, z. B.: *als, wenn, dass, weil, und, oder, aber*	• verbinden Wörter, Wortgruppen und Teilsätze miteinander
Präpositionen, z. B.: *aus, bei, mit, nach* (Dativ) *durch, für, gegen* (Akkusativ) *an, auf, hinter, neben* (Dativ: Wo?, Akkusativ: Wohin?)	• drücken Beziehungen zwischen Wörtern und Wortgruppen aus • stehen meist vor einem Nomen oder Pronomen und fordern einen bestimmten Fall

2 Entscheide, ob das Adverb die Aussage verstärkt oder abschwächt.

1 Also ich fand den Film sehr langweilig.
2 Aber das Ende fand ich recht spannend.
3 Die Kostüme haben mir sehr gut gefallen.
4 Aber die Dialoge, die waren ziemlich blöd.
5 XY hat ganz gut gespielt, fand ich.

TIPP
Manchmal passen auch mehrere Adverbien.

3 Ersetze die unterstrichenen Wortgruppen durch ein passendes Adverb.

immer – dann – oben – vorn – hinten – manchmal – dort – dorthin

Berufsbild Tontechniker/-in

1 Der Tontechniker ist für die technische Bedienung aller tontechnischen Anlagen auf der Bühne und im Zuschauerraum verantwortlich.
2 Er muss bei jeder Theatervorstellung anwesend sein.
3 Seinen Arbeitsplatz hat er hinter den Zuschauerplätzen.
4 Hinter der letzten Zuschauerreihe bedient er die Tontechnik.
5 Bei manchen Aufführungen sitzen die Tontechniker auch inmitten der Zuschauer am Mischpult.
6 Wer als Tontechniker/-in arbeiten möchte, sollte sich direkt an ein Theater wenden.

TIPP
Nutze die Frageprobe oder die Ersatzprobe.

4 Setze die Wortgruppen in der richtigen Form ein. Bestimme den Fall, den die Präposition jeweils fordert.

ein Bühnenbild – ein Stück aus dem Mittelalter – der Bühnenbildner – seine Kosten – die akustischen Eigenschaften der Materialien – eine gewisse Portion Gelassenheit

Eine Theaterschreinerin / Ein Theaterschreiner muss …
1 alle Holzkonstruktionen für ___ anfertigen
2 Treppen, Portale und Brücken detailgetreu zu ___ bauen
3 in allen Fragen mit ___ zusammenarbeiten
4 jeden Entwurf auf ___ überprüfen
5 sich in ___ auskennen
6 dem Termindruck im Theaterbetrieb mit ___ begegnen

1. alle Holzkonstruktionen für ein Bühnenbild anfertigen (für + Akkusativ)
2. …

5

a Suche alle Konjunktionen und begründe, ob sie Wörter, Wortgruppen oder Teilsätze miteinander verbinden.

Berufsbild Beleuchter/-in

1 Theaterbeleuchter sind für die Bedienung und Wartung aller lichttechnischen Anlagen auf der Bühne und im Zuschauerraum zuständig.
2 Sie müssen sowohl Leitungen legen als auch akustische oder visuelle Signale übermitteln und sie sollen die Vorstellungen des Regisseurs oder Bühnenbildners technisch umsetzen.
3 Dafür benötigt man elektrotechnische Fachkenntnisse, aber auch Teamgeist und Kreativität.
4 Beleuchter ist kein Ausbildungsberuf, jedoch ist eine Ausbildung zur Fachkraft für Veranstaltungstechnik sinnvoll.

b Bestimme jeweils, ob es sich um eine aufzählende oder eine entgegenstellende Konjunktion handelt. Nutze den Merkkasten.

!

Konjunktionen sind Bindewörter und nicht veränderbar.
Sie verbinden Wörter, Wortgruppen und Sätze miteinander.
Nach ihrer **Bedeutung** unterscheidet man
- **aufzählende Konjunktionen,** z. B.: *und, oder, sowohl ... als auch, weder ... noch,*
- **entgegenstellende Konjunktionen,** z. B.: *aber, doch, jedoch.*

6

→ S. 121 Der zusammengesetzte Satz

a Lies die folgenden zusammengesetzten Sätze und entscheide, wo der eine Teilsatz aufhört und der nächste anfängt. Ergänze das Komma.

Achtung, Fehler!

Berufsbild Bühnenhandwerker/-in

1 Wenn die Vorstellung beginnt muss die Bühne spielbereit sein.
2 Der Bühnenhandwerker ist verantwortlich dafür dass die Kulissen, Möbel und anderen Requisiten am richtigen Platz stehen.
3 Bühnenhandwerker sollten Teamgeist mitbringen, zuverlässig und körperlich belastbar sein denn während der Aufführung muss der Kulissenumbau schnell, reibungslos und exakt erfolgen.
4 Zu den Aufgaben des Maschinisten gehört dass er die Maschinen, die die Drehbühne, die Podien und den eisernen Vorhang bewegt, richtig bedient, wartet und instand setzt.

b Suche die Konjunktionen und bestimme mithilfe des folgenden Merkkastens, welche einen Hauptsatz oder einen Nebensatz einleiten.

!

Nach der **Funktion** unterscheidet man zwei Gruppen von Konjunktionen:

- **nebenordnende Konjunktionen** (verbinden gleichrangige Wörter, Wortgruppen und Teilsätze, z. B. Hauptsätze, miteinander), z. B.: *aber, und, sondern, denn.*
  Er steht vor dem Haus und wartet. Er wartet, aber sie meldet sich nicht. Er ruft an und sie schreibt eine SMS.
- **unterordnende Konjunktionen** (leiten einen Nebensatz ein), z. B.: *als, weil, dass, wenn, falls, ehe, bevor, nachdem, sodass.*
  Er hofft, dass er den Preis gewinnt.
  Als er den Preis gewann, war er 17.

TIPP
Achte auf die inhaltliche Beziehung zwischen den Sätzen.

7

a Wähle je eine passende Konjunktion aus und verbinde damit die Satzpaare zu einem zusammengesetzten Satz. Schreibe ihn in dein Heft und achte dabei auf die Kommasetzung.

wenn – dass – weil – denn – und

Berufsbild Theaterschuhmacher/-in

1 Man kann dann nicht gut singen, spielen oder tanzen. Der Schuh drückt.
2 Es gehört zu den Aufgaben eines Theaterschuhmachers. Jeder Schauspieler, Sänger oder Tänzer erhält passgenaue Schuhe.
3 Theaterschuhmacher müssen sich mit historischer und moderner Schuhmode auskennen. Die Stücke fordern detailgetreue Schuhe.
4 Der Schuhmacher muss in kürzester Zeit Schuhe neu anfertigen oder vorhandene umändern. Umbesetzungen stehen an.
5 Er muss die Schuhe am Abend in die Garderoben stellen. Er ist für die Pflege des Schuhfundus verantwortlich.

TIPP
Im Nebensatz steht die finite Verbform an letzter Stelle.

b Entscheide, ob du zwei Hauptsätze miteinander verbunden hast oder Hauptsatz und Nebensatz. Markiere die nebenordnenden und die unterordnenden Konjunktionen verschiedenfarbig.

Satzbau und Zeichensetzung

Der einfache Satz

1 Die österreichische Schriftstellerin Christine Nöstlinger erzählt in ihrem Buch »Das Austauschkind« über Ewald Mittermeier.

a Bilde aus den folgenden Satzteilen Aussagesätze.

1 ist – mein Name – Ewald Mittermeier
2 bin – zu Beginn der Geschichte – ich – dreizehn Jahre alt
3 schreibe – über die letzten sechs Wochen – ich – einen Erlebnisbericht
4 waren – für mich und meine Familie – sehr ereignisreich und aufregend – sie
5 ist – bisher – bei uns zu Hause – nichts Aufregendes – passiert
6 findet – meine Schwester – es – stinklangweilig – bei uns zu Hause
7 bin – nicht geübt – im Berichten von aufregenden Ereignissen – deshalb – ich
8 beginne – die Geschichte – ich – drei Wochen vor meinem dreizehnten Geburtstag

1. Mein Name ist ...

b Lies die Sätze laut vor. Prüfe, in welchen Sätzen du vielleicht Satzglieder umstellen musst, damit der Text flüssiger wird.

c Wähle zwei Sätze aus und schreibe sie in mehreren Varianten auf. Verwende dazu die Umstellprobe.

1. Mein Name ist Ewald Mittermeier.
Ewald Mittermeier ...

! Mithilfe der **Umstellprobe** kann man die **Satzglieder** ermitteln. Zu einem Satzglied gehören jeweils die Wörter, die sich nur zusammenhängend umstellen lassen, z. B.:
Ewald Mittermeier | lebt | mit seiner Familie | in Wien.
Mit seiner Familie | lebt | Ewald Mittermeier | in Wien.
In Wien | lebt | Ewald Mittermeier | mit seiner Familie.

2 Bestimme in den folgenden Sätzen alle Satzglieder und Satzgliedteile. Nutze dazu die Fragen im Merkkasten.

1 Ich saß in der großen Pause an meinem Tisch.
2 Herbert Pivonka kam vom Klo in die Klasse zurück und sagte:
3 »Deine Mutter redet draußen im Gang mit dem Englischlehrer.«
4 Den Inhalt des Gesprächs ahnte ich.
5 Am Ende des Schuljahres erwartete ich viele gute und sehr gute Noten.
6 Nur in Englisch stand ich zwischen »gut« und »befriedigend«.
7 Nun wollte meine Mutter den Englischlehrer zu einem »Gut« überreden.

!

Satzglieder

Bezeichnung	**Frage**
Subjekt	Wer? Was?
Prädikat	Was wird ausgesagt?
Objekt • Genitivobjekt • Dativobjekt • Akkusativobjekt • Präpositionalobjekt	 Wessen? Wem? Was? Wen? Mit wem? Worüber? …
Adverbialbestimmungen • Lokalbestimmung • Temporalbestimmung • Modalbestimmung • Kausalbestimmung	 Wo? Woher? Wohin? Wann? Wie lange? … Wie? … Warum? …
Attribut (Satzgliedteil)	Was für ein(e)? Welche(-r, -s)?

TIPP
Ihr könnt auch ein Poster für den Klassenraum gestalten.

3 Übertrage die Übersicht aus dem Merkkasten in dein Heft. Ergänze zu jedem Satzglied jeweils zwei Beispiele.

Attribut (Beifügung)

→ S. 99 Nomen/Substantive

1

a Schreibe aus den folgenden Sätzen alle Nomen/Substantiven mit den dazugehörigen Attributen heraus. Unterstreiche die Attribute.

1 Der dreizehnjährige Ewald ist eine Hauptfigur des Buches.
2 In Englisch droht ihm eine schlechtere Note als in den anderen Fächern.
3 Deshalb spricht seine ehrgeizige Mutter mit dem Englischlehrer.
4 Eine gute Note für Ewald ist ihr wichtiger als ein schwarzer Mantel aus Nerz, obwohl so ein Mantel ein unerfüllter Wunsch von ihr ist.
5 Aber das Zeugnis ihres Sohnes sollte kein hässliches Befriedigend verunzieren.
6 Doch der Lehrer wollte sich in seiner sauer verdienten Pause nicht stören lassen.
7 Beim gemeinsamen Mittagessen erzählte die Mutter von dem Gespräch mit dem Lehrer.

1. der dreizehnjährige Ewald, eine Hauptfigur des Buches

b Weise mithilfe der Umstellprobe nach, dass die Attribute keine selbstständigen Satzglieder sind.

1. Eine Hauptfigur des Buches | ist | der dreizehnjährige Ewald.

!

Attribute (Beifügungen) bestimmen Nomen/Substantive näher.
Sie können vor oder hinter dem Nomen stehen, z. B.:

die ehrgeizige Mutter	Was für eine Mutter?
das Gespräch mit dem Lehrer	Welches Gespräch?

Attribute sind keine selbstständigen Satzglieder. Sie können nur mit dem dazugehörigen Nomen umgestellt werden. Deshalb werden sie **Satzgliedteil** genannt.

c Überprüfe, ob die Attribute in den Sätzen der Aufgabe a für das Verständnis notwendig sind. Lies dazu die Sätze ohne Attribute vor.

2

a Wähle die passenden Attribute aus und setze sie in die Lücken ein.

vorwurfsvollem – seine – auf das Mittagessen – verbitterter – ihrer – blassgrünen – allen – der Schule – in Oxford – seine mäßigen – diesen grünen – vom Mittagessen – seine überfürsorgliche – mit den Spagetti – spitzenmäßiges – in England

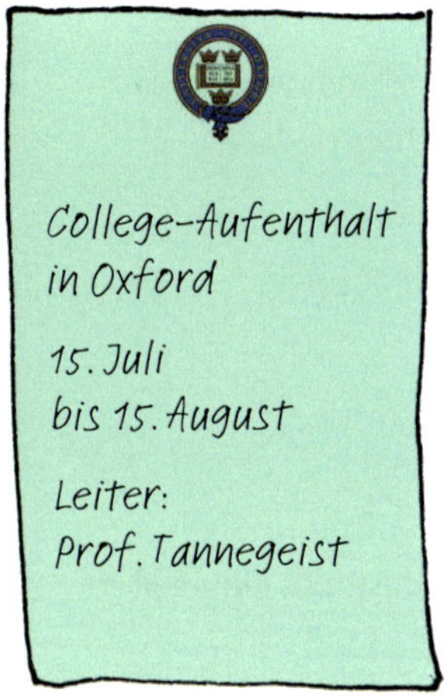

1 Die Mutter sprach in ___ Ton mit ihm.
2 Ewald schob den Teller ___ weit von sich.
3 Der Appetit ___ war ihm vergangen.
4 Mama holte aus ___ Handtasche einen ___ Zettel.
5 Ewald kannte ___ Zettel.
6 Man hatte den Wisch in ___ Klassen ___ verteilt.
7 Es ging um einen Aufenthalt ___.
8 Bei einem Besuch ___ sollten ___ Englischkenntnisse auf ein ___ Niveau gebracht werden.
9 Mit ___ Miene räumte Ewald das Geschirr ___ in die Spülmaschine.
10 Dass ___ Mutter nie auf die Idee kam, zuerst mit ihm über ___ Wünsche zu sprechen!

b Schreibe die Sätze ab. Unterstreiche die Attribute einmal und die näher bestimmten Nomen doppelt.

1. Die Mutter sprach in vorwurfsvollem Ton mit ihm. 2. …

c Lies die Sätze noch einmal. Prüfe, welche Attribute für das Verständnis unbedingt notwendig sind. Welche könnte man auch weglassen?

!

Mit der **Weglassprobe** kann man ermitteln, ob Attribute in einem Satz weggelassen werden können, ohne dass der Sinn verloren geht, z. B.: *Ich legte den ~~verhassten~~ (?) grünen (?) Wisch auf den Schrank ~~in der Küche~~ (?) und spürte, wie mein ~~brodelnd heißes~~ (?) Blut vom Kopf in den Bauch rann.*

3 Wendet die Weglassprobe für die Sätze der Aufgabe 1 a (S. 118) an. Sprecht darüber, welche Attribute für das Verständnis unbedingt notwendig sind und welche man eventuell weglassen könnte.

4

a Überlege, welche Nomen durch vor- oder nachgestellte Attribute näher bestimmt werden könnten, um den Text ausdrucksvoller zu gestalten.

1 Spagetti waren eigentlich Ewalds Lieblingsessen.
2 Aber heute hatte er ein Problem mit der Mutter.
3 Manchmal hatte sie eine Art, die Widerspruch herausforderte.
4 Die Englischkenntnisse sollten bei einem Sprachurlaub verbessert werden.
5 Es gab sicher Kinder, die gern in ein Sprachlager fahren würden.
6 Aber Ewald hatte keine Lust und sah nur die Nachteile.

b Schreibe die durch Attribute ergänzten Sätze in dein Heft. Unterstreiche die Attribute einmal und die Nomen doppelt.

1. Leckere Spagetti mit Tomatensauce ...

!

Attribute können auch in Form von Nebensätzen auftreten. Sie werden meist mit einem Relativpronomen (+ Präposition) eingeleitet und heißen deshalb **Relativsätze,** z. B.:

Ewald, der in Wien lebt, hat Probleme in Englisch.

Deshalb will ihn seine Mutter, auf die er wütend ist, nach England ins Sprachlager schicken.

Der Nebensatz wird durch **Komma(s)** vom übrigen Satz abgetrennt.

→ S. 123 Satzgefüge

5 Schreibe die folgenden Sätze ab. Wähle jeweils den passenden Nebensatz aus und füge ihn hinter dem unterstrichenen Nomen ein. Setze die notwendigen Kommas.

die ihn für gutmütig und träge hält – das auch noch in den Ferien stattfindet – der mit dieser Einschätzung nicht einverstanden ist – der Ewald nur ein bisschen kennt – die gern in ein Sprachlager fahren möchten

1 Ewalds Schwester sagt, dass er sich öfter wehren soll.
2 Aber Ewald spürt eine gewaltige Wut im Bauch.
3 Es gibt sicher haufenweise Schüler.
4 Aber jeder Mensch weiß, dass er darauf keine Lust hat.
5 Er sieht in so einem Lager nur Nachteile.

Der zusammengesetzte Satz

Satzreihe (Satzverbindung)

1 Beweise, dass es sich bei folgenden zusammengesetzten Sätzen um eine Satzreihe (Satzverbindung) handelt.

a Lies die Sätze und überlege zuerst, wie du bei deiner Beweisführung vorgehen kannst. Löse danach die Aufgabe selbstständig oder nimm die Aufgaben b bis e zu Hilfe.

1 Ewald möchte nicht nach Oxford fahren, er hat in den Ferien etwas anderes vor.
2 Manche Schüler seiner Klasse haben sich schon für Oxford angemeldet(,) und sie freuen sich auf diesen Aufenthalt.
3 Einige sollen nicht mitfahren, doch sie wollen ihre Eltern noch überreden.
4 Zwei waren todtraurig, denn sie dürfen nicht mitfahren.
5 Ewald hat keine Lust auf ein englisches College, deshalb ist er wütend auf seine Mutter.
6 Am liebsten möchte er in den Ferien gar nichts mit Schule zu tun haben, aber nun soll er auch in den Ferien noch lernen.

b Untersuche die Sätze. Stelle zuerst fest, aus wie vielen Teilsätzen die zusammengesetzten Sätze jeweils bestehen. Bestimme dazu die Subjekte und Prädikate.

c Prüfe, ob die Teilsätze auch allein stehen könnten.

→ S. 106 Verben

d Ermittle, wo sich in den Teilsätzen die finite (gebeugte) Verbform befindet. Schreibe sie mit dem dazugehörigen Subjekt heraus und unterstreiche sie zweimal.

1. Ewald möchte nicht ..., er hat in ... vor.
2. ...

e Fasse deine Untersuchungsergebnisse aus den Aufgaben c und d zusammen.

f Untersuche jetzt die Kommasetzung in den Sätzen von Aufgabe a und formuliere eine Kommasetzungsregel.

!

Wenn man zwei Hauptsätze miteinander verbindet, entsteht eine **Satzreihe** (Satzverbindung). Die Hauptsätze können unverbunden nebeneinander stehen oder miteinander verbunden werden, z. B.:
Ewald ist Österreicher, er lebt in Wien.
Ewald ist Österreicher und er lebt in Wien.
Verbundene Hauptsätze werden meist durch Komma voneinander getrennt. Nur bei der Verwendung der Konjunktionen *und* oder *oder* ist die Verwendung des Kommas freigestellt, z. B.:
Viele Schüler haben sich schon für die Reise angemeldet(,) und einige kämpfen noch um die Erlaubnis ihrer Eltern.

2

a Suche in den Sätzen der Aufgabe 1 a (S. 121) Beispiele für verbundene und unverbundene Hauptsätze.

b Begründe, warum das Komma in Satz 2 der Aufgabe 1 a in Klammern steht.

!

Hauptsätze kann man durch folgende sprachliche Mittel verbinden:
- **nebenordnende Konjunktionen,** wie *und, oder, aber, denn, doch,*
- **Adverbien,** wie *dann, danach, deshalb, darum,* z. B.:
  Ewald wollte nicht mit ins Sprachlager fahren, denn er liebt solche Unternehmungen nicht besonders.
  Ewald liebt solche Unternehmungen nicht besonders, deshalb wollte er nicht mit ins Sprachlager fahren.

→ **S. 112** Nicht veränderbare (nicht flektierbare) Wortarten

3 Verbinde die einfachen Sätze jeweils zu einer Satzreihe. Orientiere dich im Merkkasten, welche Möglichkeiten du dafür hast.

1 Meine Mutter will mich unbedingt nach Oxford schicken. Ich werde es zu verhindern wissen.
2 Ein Oxford-Aufenthalt soll meinen Wortschatz und meine Aussprache verbessern. Im nächsten Schuljahr würde ich dann spielend eine Eins oder Zwei erreichen.
3 Indirekt warf mir meine Mutter Undankbarkeit vor. Andere Kinder wären froh über so eine Möglichkeit.
4 Mein Vater hält Freunde für das Wichtigste im Leben. Auch er redete mir zu, diese Reise zu machen.

Satzgefüge

Achtung, Fehler!

1

a Schreibe die folgenden Satzgefüge ab. Setze die fehlenden Kommas zwischen Haupt- und Nebensätzen. Unterstreiche die Nebensätze.

Ewalds Überlegungen:

1 Ich mag überhaupt nichts wo ein Haufen Schüler unter Obhut von ein paar Lehrern rund um die Uhr leben muss.

2 Skikurse und Schullandwochen haben wenigstens das Gute dass während ihrer qualvollen Dauer der Unterricht entfällt.

3 Aber ein Oxford-Aufenthalt bei dem es mieses Essen gibt findet in der Freizeit statt.

4 Ich weiß noch nicht einmal ob über mir im Doppelstockbett ein Schnarcher schläft.

5 Wenn du auch nur hundert Schritt hinter dem Rudel hergehst wirst du gleich angezählt.

6 Ich nehme das nicht freiwillig auf mich weil ich in den Ferien etwas Besseres vorhabe.

1. Ich mag überhaupt nichts, wo ein Haufen Schüler unter Obhut von ein paar Lehrern rund um die Uhr leben muss.
2. …

b Rahme in jedem Nebensatz das Einleitewort ein und unterstreiche die finite Verbform doppelt.

1. Ich mag überhaupt nichts, wo ein Haufen Schüler unter Obhut von ein paar Lehrern rund um die Uhr leben muss.
2. …

!

Wenn zwei Teilsätze so miteinander verbunden werden, dass der eine dem anderen untergeordnet ist, entsteht ein **Satzgefüge.** Es besteht aus Hauptsatz und untergeordnetem Nebensatz.
Man kann den **Nebensatz** an folgenden Merkmalen erkennen:

- die finite Verbform steht an letzter Stelle,
- er beginnt mit einem Einleitewort.

Ewald möchte nicht zum Sprachkurs, weil er in den Ferien etwas Besseres vorhat.

Achtung, Fehler!

2

a Schreibe die folgenden Satzgefüge ab. Setze die fehlenden Kommas.

1 Ewalds Mutter wollte unbedingt dass er an dem Sprachlager teilnimmt.
2 Auch sein Vater befürwortete die Reise weil Ewald neue Freunde finden sollte.
3 Als Ewald von dem Gespräch seiner Mutter mit dem Englischlehrer erfuhr war er sehr wütend.
4 Seine Mitschüler die gern auf diese Reise gehen wollten konnte er nicht so richtig verstehen.
5 Andere Kinder wären sehr dankbar wenn ihnen ihre Eltern so eine Fahrt ermöglichten.
6 Ewalds Eltern konnten nicht verstehen warum ihr Sohn diese Chance nicht nutzen wollte.

b Suche die Nebensätze. Unterstreiche die Einleitewörter einmal und die finiten Verbformen zweimal.

1. Ewalds Mutter wollte unbedingt, dass er an dem Sprachlager teilnimmt.
2. ...

3

TIPP
Achte auf die inhaltliche Beziehung zwischen den Sätzen.

a Verwandle jeweils einen der beiden Sätze in einen Nebensatz. Wähle ein passendes Einleitewort aus und verbinde ihn mit dem Hauptsatz.

sodass – weil – obwohl – als – indem

1 Meine Eltern wollten mich nach Oxford schicken. Ich protestierte heftig dagegen.
2 Meine Schwester Sybille kam mir zu Hilfe. Sie ist ein enorm kluges Mädchen.
3 Sie hat ein grandioses Kurzzeitgedächtnis. Sie kann sich in kürzester Zeit den fadesten Lernstoff merken.
4 Ich wehrte mich verzweifelt und erfolglos gegen die Englandtour. Sibylle versprach mir sofort Hilfe.
5 Sie wollte meinen Eltern das Sommercamp in England vermiesen. Sie sprach von Saufereien und heftigem Liebesleben.

1. Obwohl ich heftig dagegen ...

TIPP
Beachte, dass der NS voran-, nachgestellt oder eingeschoben sein kann.

b Schreibe die entstandenen Satzgefüge auf. Setze die Kommas, unterstreiche die Nebensätze und rahme die Einleitewörter ein.

1. Obwohl ich heftig dagegen protestierte, wollten mich …

c Bilde Satzreihen (Satzverbindungen) und schreibe sie auf.

!

Nebensätze kann man nach ihrem **Einleitewort** unterscheiden:

- **Konjunktionalsatz:** durch eine unterordnende Konjunktion eingeleitet, z. B.: *weil, dass, sodass, als, da, nachdem, bevor, seit, wenn, obwohl,*
- **Relativsatz:** durch ein Relativpronomen eingeleitet, z. B.: *der, die, das, welcher, welche, welches,*
- **Fragewortsatz:** durch ein Fragewort eingeleitet, z. B.: *wo, wie, was, warum.*

4

a Ermittle die Nebensätze und schreibe sie untereinander auf. Unterstreiche die Einleitewörter.

1 Am nächsten Morgen teilte mir meine Mutter mit, dass sie mich doch nicht nach Oxford schicken wolle.
2 Nachdem sie mit Papa darüber gesprochen habe, hätten sie gemeinsam diesen Entschluss gefasst.
3 Sibylle, die über ihren Kaffeetassenrand schielte, fragte nach dem Grund.
4 Ich solle nicht mitfahren, weil ich dafür noch zu jung sei.
5 Sibylle fragte, warum ich gestern nicht zu jung gewesen sei.
6 Mein Vater, dem die Diskussion allmählich zu bunt wurde, beendete das Gespräch.
7 Bevor Sibylle das Haus verließ, schimpfte sie auf unsere »verkorksten« Eltern.

1. dass sie mich doch nicht nach Oxford schicken wolle

b Bestimme die Art des Nebensatzes und schreibe sie dahinter.

1. dass sie mich doch nicht nach Oxford schicken wolle (Konjunktionalsatz)

5 Bilde Satzgefüge, indem du die beiden Sätze mithilfe der in Klammer stehenden Einleitewörter verbindest. Schreibe sie auf und achte auf die Kommasetzung.

1 Papa hatte mich aufklären wollen. Wir waren vor einem Jahr einmal allein zu Hause. (als)
2 Beim Anblick seines Gesichtes habe ich gedacht. Es muss etwas Furchtbares geschehen sein. (dass)
3 Papa erklärte, ich sei nun in einem Alter. Man müsse über die »geschlechtlichen Vorgänge der Menschen« Bescheid wissen. (in dem)
4 Ich behauptete, wir hätten das in der Schule sowieso schon besprochen. Papa brauchte mich nicht aufzuklären. (sodass)
5 Großzügig schenkte mir Papa einen nagelneuen Silber-Hunderter[1]. Ich hatte der Peinlichkeit mit meiner Lüge ein Ende gesetzt. (nachdem)
6 Ich dachte noch lange darüber nach. Aufklärungsgespräche sind für Erwachsene so unangenehm. (warum)

[1] alte österreichische Schilling-Münze

1. Papa hatte mich aufklären wollen, als wir ...

6 Schreibe die folgenden Sätze ab und setze die Kommas. Begründe deine Entscheidungen.

TIPP
Es sind Satzreihen und Satzgefüge enthalten.

Achtung, Fehler!

Ewald erzählt über die Vorbereitungen für Toms Aufenthalt:

1 Meine Mutter bereitete alles für den Tom vor und sie kaufte sogar einen Kaffeetopf mit dem Namen TOM.
2 Den hatte sie extra beschriften lassen weil wir nämlich alle einen Kaffeetopf mit unserem Namen haben.
3 Mein Zimmer räumte meine Mutter komplett um sodass Platz für ein zweites Bett entstand.
4 Bevor sie den alten Küchentisch vor das Fenster stellte malte sie ihn blau an.
5 Mein Vater fragte mich jeden Tag ob ich »meinem neuen Freund Tom« schon eine Antwort auf seinen lieben Brief geschrieben hätte.
6 Ich fand einen Antwortbrief zwar unnötig weil aber mein Vater mich gar so sehr löcherte tat ich ihm den Gefallen.
7 Der Brief den ich nach London schickte war unheimlich blöd denn mein Vater hatte ihn mir diktiert.

Mehrfach zusammengesetzte Sätze

1 An einem der letzten Schultage bekommt Ewald folgenden Zettel.

Nehmt ihr ihn nun? Oder nicht? Meine Mama muss das bald wissen! Sie hat gestern hundertmal bei euch angerufen, aber es war immer besetzt!
Lene

a Hier erfährst du Näheres über diese geheimnisvolle Botschaft. Schreibe die Sätze ab (eventuell am Computer).

1 Das Einzige, was mir an dieser Botschaft nicht rätselhaft war, war unser besetztes Telefon, denn meine Schwester hatte Streit mit ihrer Freundin Irene.
2 In der nächsten Pause ging ich mit dem Zettel, dessen Sinn ich sehr rätselhaft fand, zu Lene, die mich fragend ansah.
3 Als die Schulglocke die Pause ausbimmelte, wusste ich, dass dieser »Engländer« ein dreizehnjähriger Junge aus London ist, der sechs Ferienwochen bei Lenes Familie verbringen sollte.
4 Bei diesem Jungen, der schwarzhaarig und sehr nett sein sollte, hatte Lenes Bruder im vergangenen Sommer sechs Wochen verbracht, doch Lenes Familie konnte ihn in diesem Jahr nicht aufnehmen, weil der Opa sehr krank geworden war.
5 Deshalb hatte Lenes Mama mit meiner Mama gesprochen, ob wir das Austauschkind nehmen könnten, aber wir sollten uns schnell entscheiden.

b Unterstreiche die Hauptsätze mit einer Linie und die Nebensätze mit einer Wellenlinie. Zeichne das Satzbild dazu.

1. Das Einzige, was mir …, war unser … Telefon, denn … .
HS (Teil 1), NS, 1. HS (Teil 2), 2. HS.

! Sind drei oder mehr Haupt- und Nebensätze miteinander verbunden, spricht man von **mehrfach zusammengesetzten Sätzen.** Die Teilsätze werden in der Regel durch **Komma** voneinander getrennt, z. B.:
Als Ewald etwas von einem geheimnisvollen »Engländer« erfährt, weiß er noch nicht, dass es sich um ein Austauschkind aus London handelt.

Kommasetzung bei Aufzählungen

Achtung, Fehler!

1 Schreibe die folgenden Sätze ab, unterstreiche die Aufzählungen und setze die notwendigen Kommas.

1. Weil Lenes Opa sehr krank geworden war große Schmerzen hatte und laut stöhnte, konnte Tom aus London nicht in ihre Familie aufgenommen werden.
2. Sollte Ewald das Austauschkind freudig begrüßen völlig ignorieren oder gänzlich ablehnen?
3. Manchmal setzte Sibylle sich sowohl morgens als auch beim Abendessen die Kopfhörer auf, weil sie in Ruhe gelassen werden wollte.
4. Nach einem regelrechten Kampf um die Kopfhörer zwischen Mama und Sibylle heulte die Schwester nicht nur sondern drohte damit, als Kindermädchen ins Ausland zu gehen.
5. Mama wollte also den englischen Kerl aus London aufnehmen Ewald wollte seine Ruhe haben und Sibylle hatte im Moment ganz andere Sorgen.

!

Wörter, Wortgruppen und Teilsätze können aufgezählt werden. Die Glieder einer **Aufzählung** werden in der Regel durch **Komma** voneinander getrennt.
Vor **aufzählenden Konjunktionen,** wie *und, oder, sowie* oder *sowohl … als auch,* entfällt das Komma, z. B.:
Sebastian gefiel sowohl Sibylle als auch ihrer Freundin Irene sehr gut.
Werden Teilsätze aufgezählt, so ist es freigestellt, ob man vor *und* oder *oder* ein Komma setzt, z. B.:
Ewald hatte kein Interesse an einem Austauschkind, Sibylle dachte im Moment gar nicht darüber nach(,) und Papa wollte für Ewald unbedingt einen neuen Freund organisieren.
Vor **entgegenstellenden Konjunktionen,** wie *aber, doch, jedoch* oder *nicht nur …, sondern (auch) …,* muss ein Komma gesetzt werden, z. B.:
Ewald wollte seine Ferien ganz in Ruhe verbringen, aber nicht mit einem Austauschkind.

2 Begründe deine Entscheidungen für die Kommasetzung in Aufgabe 1 mithilfe des Merkkastens.

Zeichensetzung bei der direkten (wörtlichen) Rede

1 Im folgenden Text ist direkte Rede enthalten. Lies den Text vor und verdeutliche den Unterschied zwischen der wörtlichen Rede und den anderen Textteilen.

1 Ewalds Wunsch, in den Ferien ganz allein zu sein, weckte den Protest seiner Eltern.
2 Der Vater rief: »Jetzt spinnt er wirklich komplett! Allein im Schrebergarten!«
3 Auch Mama war entsetzt. »Nie im Leben«, versicherte sie, »werde ich dir das gestatten!«
4 »Du bist zum Alleinleben noch viel zu jung«, fügte Papa hinzu, und er schloss seine Rede so ab: »Bevor du zum Schrebergartenzwerg wirst, nehme ich lieber noch sieben fremde Austauschkinder ins Haus! Wenn du so verschroben bist, dann muss man dich eben an andere Kinder gewöhnen! Basta!«
5 Einen gewissen Trost spendete Lenes Bruder Peter, der Freund des englischen Tom. »Der Tom ist ein klasse Bursche. Still und zurückgezogen, fast ein Bücherwurm. Aber wenn du ihn dann näher kennst«, sagte Peter zu Ewald, »dann magst du ihn sehr.«

!

Direkte (wörtliche) **Rede** kennzeichnet man am Anfang und am Ende durch **Anführungszeichen.**
Oft steht vor, zwischen oder nach der direkten Rede ein **Begleitsatz,** der die Sprecherin / den Sprecher nennt oder die Art und Weise beschreibt, wie etwas gesagt wird, z. B.:
Sibylle fand Toms Foto süß und sagte bedauernd: »Ein Jammer, dass der Kerl gerade erst dreizehn ist!«
»Ein paar Jahre älter«, seufzte sie, »und er wäre was für mich.«
»Das wäre dann ein ansprechender Sommer!«, schwärmte sie.
Wenn der Begleitsatz vor der direkten Rede steht, folgt ihm ein Doppelpunkt. Steht der Begleitsatz nach der direkten Rede oder ist er eingeschoben, wird er durch **Kommas** abgetrennt.
Ausrufe- und Fragezeichen, die zur direkten Rede gehören, stehen innerhalb der Anführungszeichen.

2 Erkläre die Zeichensetzung in den Sätzen der Aufgabe 1 mithilfe des Merkkastens.

3 Nachdem Tom der Familie einen Brief mit einem Foto geschickt hat, unterhalten sich Ewald und Sibylle.

Achtung, Fehler!

a Schreibe das Gespräch ab und kennzeichne die direkte Rede.

1 Ewald hielt seiner Schwester vor du bist doch auch gerade erst 15 Jahre alt.
2 Aber Waldilein sagte sie zu Ewald wir Frauen sind viel früher entwickelt. Sogar gleichaltrige Jungen erscheinen uns wie Kindergartenbabys.
3 In unserem Bekanntenkreis gibt es ein paar Ehepaare, wo die Frau zwei, drei Jahre älter ist als der Mann, und die leben sehr gut zusammen entgegnete Ewald seiner Schwester.
4 Für mich kommt nur ein Mann von 18, 19 aufwärts in Betracht behauptete Sibylle.
5 Warte erst mal ab kicherte Ewald ob dich überhaupt einer will.

b Lies das Gespräch vor und verdeutliche beim Lesen durch deine Stimme die wörtliche Rede.

c Überlege, wie das Gespräch weitergehen könnte. Schreibe eine Fortsetzung in dein Heft.

4

TIPP Gestalte das Gespräch anschaulich, z. B. besonders spannend oder lustig.

a Erfinde ein Gespräch zwischen dir und deinen Eltern, in dem du sie überzeugen möchtest, in den Ferien allein zu Hause bleiben zu dürfen. Verwende möglichst viel wörtliche Rede. Schreibe das Gespräch in dein Heft.

Ich hatte mich vorbereitet, extra Frühstück gemacht und begrüßte meine Eltern freundlich: „Guten Morgen!" …

b Kontrolliere die Zeichensetzung bei wörtlicher Rede mithilfe des Merkkastens (S. 129).

c Überprüfe, ob du Begleitsätze abwechslungsreich verwendet hast (Stellung des Begleitsatzes, Verben). Überarbeite deinen Text, wenn nötig.

Kommasetzung bei der Datumsangabe

1 Die Eltern der Austauschkinder erhielten eine Einladung.

a Lies die Einladung und überlege, wie sich die Wortwiederholungen vermeiden lassen.

Wir laden Sie für Mittwoch zu einer Besprechung über den Aufenthalt unserer Austauschkinder ein.
Mittwoch ist der 25. Juni.
Am Donnerstag kommen unsere Gäste 19:45 Uhr auf dem Bahnhof an.
Donnerstag ist der 3. Juli.

b Informiere dich im Merkkasten über die Kommasetzung und verbinde die Sätze aus der Einladung sinnvoll. Schreibe sie in dein Heft.

!

Steht eine **Datumsangabe nach einem Wochentag,** so setzt man vor dem Datum ein **Komma.** Nach der Datumsangabe kann man ein Komma setzen, muss aber nicht, z. B.:
Die Kinder trafen sich am Donnerstag, dem 3. Juli(,) in der Schule.
Die nachgestellte Datumsangabe steht in der Regel im gleichen Fall wie der Wochentag, auf den sie sich bezieht, z. B.:
Die »Austauschkinder« sollten vom Donnerstag, dem 3. Juli(,) bis Mittwoch, den 15. August(,) bei uns zu Gast sein.
Dabei gilt die folgende Regel:
ab, am, von/vom, zum → Dativ
bis → Akkusativ

2 Setze die Kommas in den folgenden Sätzen.

TIPP
Beachte, dass nur vor Datumsangaben nach einem Wochentag ein Komma gesetzt werden muss.

1 Bis Sonntag den 6. Juli bleiben unsere Kinder in den Gastfamilien.
2 Am Montag dem 7. Juli machen wir einen Ausflug ins Gebirge.
3 Die Stadt und unsere Schule wollen wir ihnen am 8. Juli zeigen.
4 Vom Mittwoch dem 9. Juli bis Freitag den 11. Juli werden wir in unser Schullandheim fahren.
5 Bis zum Dienstag dem 15. Juli können die Familien etwas planen.
6 Ab Mittwoch den 16. Juli findet täglich ein Sprachkurs statt.

1. Bis Sonntag, den 6. Juli(,) bleiben ...

Kommasetzung bei der Infinitivgruppe

1 Sibylle und Ewald bekommen ihre Zeugnisse.

a Lies die folgenden zusammengesetzten Sätze.

1 Ewalds Englisch-Leistungen gestatteten es nicht, dass er eine bessere Note als eine Drei erhielt.
2 Sibylle hatte nicht verhindern können, dass sie in Zeichnen eine Zwei bekam.
3 Papa war eigentlich dagegen, dass man für gute Zeugnisse Geld bezahlt.
4 Aber Ewald und Sibylle freuten sich trotzdem, dass sie für ihre Einsen und Zweien eine finanzielle Belohnung bekamen.

b Zeichne die Satzbilder und bestimme die Teilsätze.

c Überlege, warum es manchmal sinnvoll sein kann, zusammengesetzte Sätze in einfache Sätze umzuwandeln.

d Wandle die Sätze der Aufgabe a so in einfache Sätze um, dass keine Informationen verloren gehen. Verändere dazu jeweils den Nebensatz, indem du das Wörtchen *zu* und einen Infinitiv benutzt.

1. Ewalds Englisch-Leistungen gestatteten es nicht, eine bessere Note als eine Drei zu erhalten. 2. ...

!

Infinitivgruppen (erweiterte Infinitive mit *zu*) müssen meist durch ein **Komma** abgegrenzt werden. Ist ein Infinitiv nicht erweitert, kann man ein Komma setzen, um die Gliederung des Satzes zu verdeutlichen, z. B.:
Sibylle versprach(,) zu helfen.
Sibylle versprach, bei der Betreuung des Austauschkindes zu helfen.
Mama tauchte plötzlich in der Schule auf, um mit dem Englischlehrer über Ewalds Drei zu verhandeln.
Die Geschwister hatten es satt, immer als Musterschüler hingestellt zu werden.
Man kann Fehler vermeiden, indem man beim Infinitiv mit *zu* immer ein Komma setzt.

e Prüfe, ob du in deinen Sätzen das Komma richtig gesetzt hast.

2

Achtung, Fehler!

a Schreibe die folgenden Sätze ab.

1 Am Sonntag fuhr die ganze Familie zum Flughafen um Tom abzuholen.
2 Die Eltern hatten ausgemacht den Start zum Flughafen für zwölf Uhr anzusetzen.

3 Wir rechneten damit Tom um 15:10 Uhr in Empfang zu nehmen.
4 Wir hatten die Absicht pünktlich zu sein.
5 Es war geplant Peter zum Flughafen mitzunehmen.
6 Wir mussten aber eine Weile auf Peter warten anstatt zügig loszufahren.
7 Außerdem hatten wir noch die Verpflichtung nach unserer plötzlich erkrankten Großmutter zu sehen.
8 Nun würde der arme englische Tom wohl am Flughafen stehen ohne seine Gastfamilie zu finden.

b Unterstreiche die Infinitivgruppen. Setze die Kommas.

1. Am Sonntag fuhr die ganze Familie zum Flughafen, <u>um Tom abzuholen</u>. 2. ...

3

a In den folgenden Sätzen mit Infinitivgruppen könnte das Komma an unterschiedlichen Stellen gesetzt werden. Tauscht euch darüber aus, wo die möglichen Stellen sind und wie sich der Sinn der Sätze verändert, wenn ihr das Komma anders setzt.

1 Ewald versprach Tom zu schreiben.
2 Ewald versicherte seinem Vater einen Brief geschrieben zu haben.
3 Sie beschlossen bereits heute Morgen vor dem Frühstück zum Flughafen zu fahren.
4 Peter riet uns zu folgen.
5 Wir empfahlen ihm ein Stück Kuchen abzugeben.

b Sucht gemeinsam nach weiteren Sätzen mit Infinitivgruppen, in denen das Komma gesetzt werden muss, um Missverständnisse zu vermeiden.

Textgestaltung durch Satzverknüpfung

1

a Lies den Text über die Ankunft des lange erwarteten Austauschkinds.

1 Die Familie und Peter waren noch pünktlich auf dem Flughafen angekommen, um Tom in Empfang zu nehmen. **2** Sie sahen nun zu, wie Leute auf ihr Gepäck warteten. **3** Dann wurde die Maschine aus London endlich gemeldet. **4** Ein paar Minuten später kamen viele Kinder und Jugendliche in den Raum mit dem Kofferkarussell. **5** Peter schaute sich die Jungen und Mädchen an, er konnte aber den schwarzhaarigen Tom nicht entdecken. **6** Dann kniff er plötzlich die Augen zusammen und murmelte: »Mich trifft der Schlag!« **7** Auf dem Band kamen jetzt eine feuerrote Reisetasche und ein froschgrüner Koffer herangerollt. **8** Ein korpulenter, rotblonder, sommersprossiger Junge stürzte auf das Fließband zu, packte das bunte Gepäck und watschelte dem Ausgang zu. **9** Peter stöhnte fassungslos: »Um Himmels willen, das ist Jasper, der Teufel!«

b Überprüfe, wie die unterstrichenen Wörter jeweils den Zusammenhang zum vorangegangenen Text herstellen.

!

Um die Sätze eines Textes inhaltlich miteinander zu verbinden, häufige Wortwiederholungen zu vermeiden und den Text flüssiger und verständlicher zu gestalten, werden **sprachliche Verknüpfungsmittel** verwendet, z. B.:

- **Pronomen,** wie *sie, diese, das,*
- **Adverbien,** wie *dort, dann, danach, deshalb,*
- **bedeutungsähnliche Wörter** (aus einem Wortfeld), wie *Gepäck* für *Koffer und Reisetasche.*

Außerdem kann man den Textfluss durch das **Umstellen von Satzgliedern** verbessern.
Die Verknüpfungsmittel stehen oft an der ersten Satzgliedstelle (vor der finiten Verbform), im **Vorfeld** des Satzes, z. B.:

Die Familie und Peter	*wollten*	*Tom*	*abholen.*	
Deshalb	*fuhren*	*sie*	*pünktlich*	*zum Flughafen.*
Vorfeld	finite Verbform			

TIPP In Satz 5 gibt es zwei Hauptsätze.

2

a Schreibe die Sätze 3 bis 5 und 8 der Aufgabe 1a (S. 134) untereinander in dein Heft.

b Ermittle mithilfe der Umstellprobe die Satzglieder. Grenze sie durch einen senkrechten Strich voneinander ab. Bestimme, welche sprachlichen Verknüpfungsmittel verwendet wurden.

3. Dann | wurde | die Maschine ... (Adverb im Vorfeld)

3 Ewald erzählt, wie es mit dem Austauschkind weiterging.

a Überprüfe, ob die Sätze gut miteinander verknüpft sind und ob sich der Text flüssig lesen lässt.

1 Der nette Tom hatte sich ein Bein gebrochen. **2** Tom konnte nicht zu uns kommen. **3** Der korpulente Jasper stand mit seinen Gepäckstücken wie ein Fels in dem Gewühl von Gasteltern und Austauschkindern.
4 Ich war irgendwie von Jasper fasziniert. **5** Jasper zog ein Foto aus der Hosentasche. **6** Jasper betrachtete kurz das Foto. **7** Jasper schaute sich in der Halle um. **8** Jasper entdeckte uns. **9** Dicht vor uns blieb Jasper stehen, ließ seine Gepäckstücke fallen und verglich die Personen auf dem Foto mit den Personen, die vor ihm standen. **10** Jasper sah uns unheimlich griesgrämig an und sagte: »I am Jasper.« **11** Der erste Tag mit dem untergeschobenen Austauschkind Jasper war angebrochen.
12 In mir kam ein ungutes Gefühl auf.

b Verändere den Text so, dass Wiederholungen vermieden werden und die inhaltliche Verknüpfung der Sätze verbessert wird. Verwende dazu Pronomen und Wörter, wie *deshalb, dann, nun, schließlich, aber.* Schreibe den verbesserten Text in dein Heft.

c Versuche, den Text interessanter und spannender zu gestalten, indem du Satzglieder umstellst. Probiere verschiedene Varianten aus.

4 Wenn ihr nun wissen wollt, wie die Geschichte mit Jasper weitergeht, dann besorgt euch das Buch von Christine Nöstlinger »Das Austauschkind« in der Bibliothek.

Wortbildung

1

a Lest die Antworten, die Jungschauspielerin Lucie Hollmann gibt.

– Das Fahrrad? Fürs Radfahren ist mir nie zu kalt. Und Sweatshirt und Wollmütze sind jetzt meine Lieblingsklamotten.
– Neidische Blicke? Gibt es von meinen Freunden nicht. Und auch keine komischen Bemerkungen wegen dieser Filmrolle. In »Mein Freund aus Faro« spiele ich ja diese impulsive 14-Jährige, die sich in Miguel verliebt, der eigentlich Melanie heißt und nur so tut, als sei er ein Junge.
– Nein, zum ersten Casting kannte ich das Drehbuch noch nicht. Dann wollte ich absagen, aber die Regisseurin hat mich überzeugt.
– Seit 2005. Da wurde ich für die Filmrolle der Gaby Glockner im Kinofilm TKKG gecastet. Außerdem habe ich in drei Produktionen der »Wilden Hühner« mitgespielt.
– Von wegen wahnsinnig viel Geld. Für den Kurzfilm »Mit 16 bin ich weg« habe ich gar keine Gage erhalten, das ist bei Abschlussfilmen an Filmhochschulen nicht üblich. Von meinem ersten Filmgeld habe ich mir einen iPod gekauft, alles andere spare ich.
– Ja, jetzt nehme ich Schauspielunterricht. Da lerne ich das genaue Sprechen und das Bewegen auf der Bühne und bekomme Feedback.

b Welche Fragen könnten gestellt worden sein? Formuliert sie.

!

Unser **Wortschatz erweitert sich** ständig durch
- die **Übernahme von Wörtern** aus anderen Sprachen:
  aus dem Englischen, z. B.: *chatten, der Soundtrack, der Stuntman,*
  aus dem Französischen, z. B.: *die Blamage, das Cabriolet,*
- die **Nominalisierung** von Wörtern (Verben und Adjektive), z. B.:
  filmen → das/beim Filmen; neu → der Neue,
- die **Wortbildung:**
  Zusammensetzung, z. B.: *vor+führen → vorführen,*
  Ableitung, z. B.: *ver-+arbeiten → verarbeiten,*
  verarbeiten+-ung → die Verarbeitung.

c Belege die drei Möglichkeiten der Wortschatzerweiterung aus dem Merkkasten mit Beispielen aus Lucies Antworten (Aufgabe a).

Zusammensetzungen

1

a Bilde aus folgenden Einzelwörtern zusammengesetzte Wörter, die mit der Film- und Kinobranche zu tun haben, und notiere sie in deinem Heft. Schreibe Nomen mit dem bestimmten Artikel auf.

spielen – Zeit – Plan – Rolle – vor – ab – drehen – Buch – arbeiten – Film – Publikum – Gespräch – Wettbewerb – Leistung – fähig

die Spielzeit, ...

b Lies im Merkkasten nach, was Grundwörter leisten. Unterstreiche die Grundwörter in den Zusammensetzungen in deinem Heft.

!

Zusammensetzungen bestehen aus einem **Bestimmungswort,** das manchmal selbst eine Zusammensetzung sein kann, und einem **Grundwort,** z. B.:

das Dreh|buch	+	*der Autor*	→	*der Drehbuchautor.*
Bestimmungswort		Grundwort		Zusammensetzung

Das Grundwort entscheidet über die **Wortart** der Zusammensetzung und damit auch über seine Groß- oder Kleinschreibung, z. B.:
der Film + reif → filmreif; drehen + das Buch → das Drehbuch.

Manchmal muss ein **Fugenelement,** wie *-e-*, *-(e)s-*, *-(e)n-* oder *-er-* eingefügt werden, z. B.:
die Bühne + das Bild → das Bühnenbild,
die Animation + der Film → der Animationsfilm.

2 Was ist das? Sage es in einem Wort. Schreibe die mehrfach zusammengesetzten Wörter in dein Heft. Zerlege sie durch senkrechte Striche in ihre Bestandteile.

1 eine Sendung für Kinder im Radio
2 ein Wettbewerb, in dem nur Dokumentarfilme gezeigt werden
3 das Fernsehprogramm, das zum Frühstück gesendet wird
4 eine Person, die Filme vorführt
5 ein Schauspieler, der zum Nachwuchs gehört
6 eine Veranstaltung, auf der für Filme Preise verliehen werden

1. Kinder|radio|sendung, 2. ...

3 Schreibe die folgenden Zusammensetzungen in dein Heft und zerlege sie durch senkrechte Striche in Grund- und Bestimmungswort sowie Fugenelement. Schreibe Nomen mit großem Anfangsbuchstaben und passendem Artikel auf.

Achtung, Fehler!

internetzugang – unterhaltungssendung – fernsehprogramm – erfolgreich – starbesetzung – vorspielen – abschminken – liebevoll – nebenrolle – temporeich – stillschweigend – schulalltag – zweifelsfrei – kinostart – fantasievoll – lebensgeschichten

→ S. 177 Getrennt- und Zusammenschreibung

4 In den folgenden Sätzen sind zusammengesetzte Verben enthalten.

a Schreibe sie heraus und ergänze die Infinitive und die Partizipien II.

1 Nach der Vorstellung schminkt sie sich ab.
2 Zwischen seinen Auftritten zieht er sich schnell um.
3 Die Vorstellung wiederholt man im Oktober.
4 Er übertreibt es mal wieder mit der Lautstärke.
5 Die Premiere fand am Sonntag statt.
6 Das Stück führen wir im Sommer auf.

1. schminkt sich ab – sich abschminken – abgeschminkt

b Stelle fest, was die Verben – abgesehen von der Bedeutung – voneinander unterscheidet. Untersuche die Wortbildung und die Betonung.

5

a Lies den Merkkasten und fasse zusammen, wie man trennbar und untrennbar zusammengesetzte Verben unterscheiden kann.

!

Die meisten **zusammengesetzten Verben** sind **trennbar** (unfest) zusammengesetzt, z. B.:
mitspielen → *Er spielte im Film mit.*
ansagen → *Sie sagt den Sänger an.*
Bei Zusammensetzungen mit *unter-, durch-, wieder-, über-* entscheiden Bedeutung und **Betonung,** ob das Verb trennbar ist, z. B.:

wiederholen → *er wiederholt die Ansage* (er sagt es noch einmal, **Grundwort betont**)	untrennbar (fest zusammengesetzt)
wiederholen → *er holt den Film wieder* (er holt ihn zurück, **Bestimmungswort betont**)	trennbar (unfest zusammengesetzt)

b Ergänze die folgenden Sätze. Verwende die Infinitive in Klammern im Präsens oder Präteritum und schreibe die Sätze auf.

1 Hilfe, das Boot ___ gleich ___! (untergehen)
2 Den Mordfall ___ der Kommissar. (untersuchen)
3 Du ___ zunächst den Stadtkern und biegst dann auf die Hauptstraße ein. (umfahren)
4 Pass auf! Du ___ noch das Kind ___! (umfahren)
5 Wir ___ im Dunkeln den Wald. (durchqueren)
6 Wir ___ ohne Halt bis Leipzig ___. (durchfahren)

1. Hilfe, das Boot geht gleich unter!
2. …

c Markiere in deinem Heft die trennbaren und die untrennbaren Verben verschiedenfarbig.

6 Suche die zusammengesetzten Verben in folgenden Gedichten und entscheide, ob sie fest oder unfest zusammengesetzt sind.

TIPP
Bilde geeignete Sätze. (Achtung! Drei der Verben gibt es fest und unfest zusammengesetzt.)

Hans Manz
Begegnungsformen

Aneinander vorbeigehen.
Aufeinander zugehen.

Aufeinander zugehen,
aneinander vorbeireden.

Aufeinander zugehen,
aufeinander einreden.

Aufeinander zugehen,
miteinander reden.

Bewegungsformen

Etwas umschleichen,
umgehen,
umlaufen,
umrunden,
umrennen,

umstoßen –
und wieder aufstellen.

b Schreibe ähnliche Sprachgedichte, z. B. mit *über-*, *unter-* oder *durch-*.

Ableitungen

1 Übertrage die Tabelle in dein Heft. Bilde aus folgenden Wortbestandteilen abgeleitete Wörter und ordne sie der richtigen Wortart zu.

ver- miss- ent- er- -ig -lich -isch -keit

-heit -nis -ung -(e)n -(er)n besser fallen klären

stehen stürmen warten klein krank neu

Nomen	Adjektiv	Verb
Verbesserung	...	...

!

Ableitungen entstehen durch Anfügen von Präfixen (Vorsilben) oder Suffixen (Nachsilben) an einen Wortstamm. Präfixe und Suffixe sind keine selbstständigen Wörter.
Typische **Präfixe** sind z. B.: *be-, er-, ent-, ver-, zer-, un-, miss-.*
Folgende **Suffixe** (Nachsilben) sind typisch für:
Nomen/Substantive: *-ung, -heit, -keit, -nis, -(t)ion, -ik, -ine,*
Adjektive: *-lich, -ig, -isch, -sam, -bar, -haft, -iv,*
Verben: *-ier(en).*

2 Bilde von folgenden Wörtern abgeleitete Adjektive.

der Verstand – die Vernunft – die Vorsicht – die Furcht – der Nebel – der Winkel – die Chemie – die Mathematik – streiten – lachen – sorgen

3 Von welchen Nomen sind folgende Adjektive abgeleitet? Schreibe sie zusammen mit dem Adjektiv in dein Heft.

kritisch – problematisch – technisch – lyrisch – maschinell – grammatisch – massiv – musikalisch

4 Wie heißen die Verben? Schreibe sie mit den dazugehörigen Nomen in dein Heft.

der Lack – die Operation – das Amt – die Addition – das Diktat – die Spende – die Frisur – der Stolz

Wortbedeutung

Wortfelder

1 Jennifer schreibt ihren Großeltern aus dem Sommerurlaub einen Brief. Sie hat den Text entworfen und die Mutter hat einiges unterstrichen.

a Lies den Text.

Während der Fahrt habe ich stundenlang aus dem Fenster gesehen. Kurz vor Hamburg habe ich zum ersten Mal die Elbe gesehen. Bei einem Zwischenstopp haben wir uns natürlich Hamburg angesehen. Da gab es viel Interessantes zu sehen: die Alster, das Rathaus oder das Hafengelände. Zum Schluss sind wir auf den „Michel" gestiegen und haben auf diese tolle Stadt von oben gesehen.

b Überarbeite Jennifers Text. Wähle passende Verben mit ähnlicher Bedeutung aus, um Wiederholungen zu vermeiden.

blicken – schauen – gucken – sich ansehen – erblicken – sich anschauen

! Wörter einer Wortart, die eine ähnliche Bedeutung (teils gleiche, teils unterschiedliche Merkmale) haben, sind **Synonyme.** Sie bilden ein **Wortfeld.**

2

a Vergleiche die folgenden Synonyme miteinander. Verwende sie dazu in Wortgruppen oder Sätzen.

flink – schnell – eilig – rasant – stürmisch – hastig

b Ermittle, welche Bedeutungsmerkmale bei allen Synonymen gleich sind und welche bei einzelnen unterschiedlich.

3

a Ergänzt weitere Synonyme zu der folgenden Reihe.

essen – futtern – speisen

b Tauscht euch darüber aus, in welchen Texten und Situationen ihr die einzelnen Synonyme verwenden würdet und in welchen nicht. Begründet eure Meinung.

! Auch ein Oberbegriff und dazugehörige Unterbegriffe bilden ein **Wortfeld.** Ein **Oberbegriff** hat eine allgemeine Bedeutung (fasst Einzelnes unter einem Merkmal zusammen), **Unterbegriffe** haben eine spezielle Bedeutung (bezeichnen Einzelnes mit unterschiedlichen Merkmalen).

4

TIPP
Manchmal gehören auch zwei der vorgegebenen Wörter zu einem Wortfeld.

a Suche jeweils zu einem Wort den Oberbegriff sowie weitere dazugehörige Unterbegriffe.

Kraulen – Erzählung – Trompete – Euro – Klarinette – Kurzgeschichte

Schwimmart: Kraulen, ...

b Erkläre, welche allgemeine Bedeutung der Oberbegriff jeweils hat und welche speziellen Bedeutungen die dazugehörigen Unterbegriffe haben.

5

a Sucht alle euch bekannten Unterbegriffe zum Wortfeld »Gewässer«.

b Ordnet alle gefundenen Unterbegriffe den folgenden Gruppen zu.

fließend: ... *stehend: ...*
natürlich: ... *künstlich angelegt: ...*

→ S. 60 Eine Mindmap anlegen

c Stellt das Wortfeld »Gewässer« mit den Gruppen aus Aufgabe b als Mindmap dar.

6 In Kreuzworträtseln werden meist Synonyme oder Unterbegriffe gesucht.

a Unterscheide, welche der folgenden Wortpaare Synonyme sind und welche Ober- und Unterbegriff.

1 hüpfen – springen **2** Farbe – schwarz **3** Telefon – Fernsprecher
4 Teil – Stück **5** Meeresfisch – Hering **6** schieben – schubsen
7 Fahrzeug – Fahrrad **8** Staat in Europa – Island **9** stehlen – klauen
10 Haustier – Hund **11** Kinderkrankheit – Masern **12** Lärm – Krach
13 lachen – kichern **14** Computer – Rechner

b Übertrage die Tabelle in dein Heft und ordne die Wortpaare richtig ein.

Synonyme	**Oberbegriff – Unterbegriff**
hüpfen – springen	…

7

TIPP
Überlege, wo du ggf. nachschlagen könntest.

a Suche Synonyme zu folgenden Wörtern und schreibe sie in dein Heft.

1 fliederfarben – □□l□
2 Flasche – □u□□e *(umgangssprachlich)*
3 Unterstützung – □i□□□
4 gelingen – □□ap□□□ *(umgangssprachlich)*
5 Fachmann – □x□e□□□
6 vermuten – □h□□n

b Suche Unterbegriffe zu den folgenden Wörtern und schreibe sie in dein Heft.

1 Farbe – □l□u
2 Möbel(stück) – □ie□□
3 Niederschlag – □□□el
4 Süßwasserfisch – □□r□l□e
5 Nadelbaum – □□□□er
6 Geschirr(teil) – U□t□r□a□□e
7 Vogel – R□t□e□□c□□n

Redewendungen

1

a Ergänzt die folgenden Redewendungen. Erklärt, was sie bedeuten.

Suppe – Hand – Topf – Feuer – Glocke

1 alles in einen ____ werfen **2** jemandem die ____ versalzen **3** etwas an die große ____ hängen **4** für jemanden die ____ ins ____ legen

b Tauscht euch darüber aus, in welchen Situationen, zu welchen Themen und wem gegenüber ihr diese und andere Redewendungen verwenden würdet. Tragt die Ergebnisse in der Klasse vor.

!

Redewendungen sind feste Wortverbindungen, mit denen man etwas anschaulich (bildhaft) ausdrücken kann. Ihre Bedeutung ist oft nicht direkt aus der Bedeutung der Einzelwörter erklärbar, z. B. *große Augen machen (sich wundern).*
Manche Redewendungen sind umgangssprachlich und deshalb nicht in allen Situationen bzw. Texten verwendbar, z. B. *die Beine in die Hand nehmen.*

2 Ordne den nicht bildhaften Ausdrücken (Zahl) jeweils die passende Redewendung (Buchstabe) zu.

1 sich wundern/staunen
2 sehr schnell (weg)laufen
3 etwas Notwendiges verschieben / nicht rechtzeitig tun
4 etwas ahnen/vermuten
5 sich sehr ärgern
6 arm werden

A sich die Haare raufen
B etwas auf die lange Bank schieben
C die Beine in die Hand nehmen
D auf den Hund kommen
E den Braten riechen
F große Augen machen

3

a Schreibe auf, was die folgenden Redewendungen bedeuten.

1 Schlange stehen
2 den Kopf in den Sand stecken
3 die Katze aus dem Sack lassen
4 etwas/alles über den Haufen werfen
5 jemandem einen Bären aufbinden

TIPP
Überlege, welche Nachschlagewerke du ggf. nutzen könntest.

b Vergleiche jeweils die Redewendungen mit dem gleichbedeutenden, aber nicht bildhaften Ausdruck. Erkläre, auf welche Weise die Redewendung die Bedeutung anders ausdrückt.

4 Denkt über einige Redewendungen genauer nach. Stellt Vermutungen an, welcher Zusammenhang zwischen dem bildhaften Ausdruck und der Bedeutung der Redewendung besteht.

TIPP
In allen Redewendungen fehlt dasselbe Wort.

5 Ergänze die folgenden Redewendungen und erkläre ihre Bedeutung. Was ist dabei jeweils mit dem ergänzten Wort gemeint?

1 jemanden beim ____ nehmen
2 ____ halten
3 auf dein/sein ____ bauen
4 jemandem sein ____ geben
5 über etwas viele / nicht viel(e) ____ machen
6 ums ____ bitten
7 das letzte ____ haben

6

a Sucht so viele Redewendungen wie möglich, in denen die folgenden Körperteile enthalten sind. Schreibt sie auf. Vergleicht, welche Gruppe die meisten gefunden hat.

Kopf – Bein – Arm – Fuß – Bauch – Haar – Hand

Kopf: sich keinen Kopf machen, …

b Erläutert ihre Bedeutung und verwendet sie jeweils in einem Satz.

sich keinen Kopf machen – sich keine Gedanken machen / nicht nachdenken
Leider hat sich Jan darüber keinen Kopf gemacht.

7 Vergleiche die deutschen Redewendungen und ihre englischen Entsprechungen miteinander.

1 (großes) Schwein haben – be (very) lucky
2 die Nase vorn haben – be ahead
3 den Kopf in den Sand stecken – bury your head in the sand
4 seinen Kopf durchsetzen – get your own way

Sprichwörter

1 Ermittle, welche Sprichwörter sich in den Zeichnungen verstecken.

1 Wenn zwei sich streiten, freut sich der Dritte.
2 Der Apfel fällt nicht weit vom Stamm.
3 Eine Hand wäscht die andere.
4 Ein blindes Huhn findet auch mal ein Korn.
5 Den Letzten beißen die Hunde.

! **Sprichwörter** sind feste Sätze, die Einsichten und Erfahrungen von Menschen verallgemeinernd, knapp, oft anschaulich (bildhaft) und deshalb einprägsam ausdrücken, z. B.:
Lügen haben kurze Beine.

2

TIPP
Überlege, welche Hilfen du ggf. nutzen könntest.

a Ergänze die folgenden Sprichwörter. Erkläre, was sie bedeuten.

1 Hunde, die bellen, ...
2 Lügen haben ...
3 Stille Wasser sind ...
4 Wer zuletzt lacht, ...
5 Ende gut, ...
6 Wer nicht hören will, ...
7 Der Klügere ...
8 Wer wagt, ...

b Wähle ein Sprichwort aus und erzähle mithilfe von Stichpunkten eine kurze Geschichte dazu.

c Erkläre, warum dich das Sprichwort zu dieser Geschichte angeregt hat.

3 Diskutiert miteinander, inwieweit ihr der Aussage der folgenden Sprichwörter zustimmt.

1 Was Hänschen nicht lernt, lernt Hans nimmermehr.
2 Wer einmal lügt, dem glaubt man nicht.

Stimmt das eigentlich?

4

a Stelle gegenüber, was die beiden Sprichwörter aussagen.

1. Viele Köche verderben den Brei.
2. Viele Hände machen der Arbeit ein schnelles Ende.

b Denke dir Situationen aus, auf die die Sprichwörter zutreffen oder nicht zutreffen.

5 Beurteilt in gleicher Weise die folgenden Paare von Sprichwörtern.

a Stellt gegenüber, was die Sprichwörter ausdrücken, und beschreibt, in welchen Situationen ihr sie anwenden würdet.

1. Geld allein macht nicht glücklich. – Geld regiert die Welt.
2. Man lebt nur einmal. – Erst die Arbeit, dann das Vergnügen.
3. Was du heute kannst besorgen, das verschiebe nicht auf morgen. – Aufgeschoben ist nicht aufgehoben.
4. Morgenstunde hat Gold im Munde. – Man soll den Tag nicht vor dem Abend loben.

b Erläutert, welches Sprichwort jeweils eure Erfahrung bzw. euren Standpunkt wiedergibt.

! **Aufgrund unterschiedlicher Erfahrungen der Menschen sind manche Sprichwörter nicht allgemeingültig. Manchmal stehen sie sogar im Widerspruch zu anderen Sprichwörtern.**

TIPP
Du kannst auch ein Poster gestalten.

6 Wer sammelt die meisten Sprichwörter?

a Sammle in Gesprächen mit deinen Eltern, Großeltern und anderen Erwachsenen Sprichwörter, die sie kennen bzw. die sie oft benutzen. Kläre mit ihnen gemeinsam die Bedeutung.

b Stelle die Sammlung in deiner Klasse vor. Gehe besonders auf die Sprichwörter ein, die du bisher nicht kanntest.

c Benutzt du persönlich Sprichwörter oft, selten oder nie? Überlege, woran das liegen könnte.

Zur Geschichte unserer Sprache

Martin Luther und die deutsche Sprache im 16. Jahrhundert

1

a Lies den folgenden Text.

Im 16. Jahrhundert hatte der Mönch und Theologe[1] Martin Luther (1483–1546) großen Einfluss auf die Entwicklung der deutschen Sprache. Luther kämpfte gegen Missstände in der damaligen katholischen Kirche, z. B. gegen den Ablasshandel. Im Jahr 1517 schlug er in Wittenberg an die Tür der Schlosskirche 95 Thesen[2] an, in denen er Veränderungen (Reformen) forderte. Durch das Wirken des Reformators Martin Luther entstand eine neue Kirche, die evangelische (protestantische) Kirche.
Großen Einfluss auf das Deutsche hatte Martin Luther durch seine Werke: die Übersetzung der Bibel aus dem Griechischen bzw. dem Hebräischen (Neues Testament 1521 auf der Wartburg bei Eisenach, gedruckt 1522; Altes und Neues Testament, gedruckt 1534), seine Streitschriften (Flugschriften), Predigten, Lieder und Dichtungen. Die Luther-Bibel konnte durch den Buchdruck, der um 1440 von Johann Gutenberg in Mainz erfunden worden war, in großen Auflagen[3] hergestellt und verbreitet werden. Sie wurde in den protestantischen Gebieten Deutschlands bald zu einem Volkslesebuch.

[1] Religionswissenschaftler, Religionslehrer
[2] Lehrsätze, Hauptgedanken einer Lehre
[3] Anzahl von Exemplaren beim Druck eines Werkes

→ S. 73 Informationen sammeln

b Finde heraus, was beim Ablasshandel geschah und warum Luther ihn verurteilte.

c Suche nach Informationen über den Aufenthalt Luthers auf der Wartburg.

d Informiere dich darüber, wie vor der Erfindung des Buchdrucks durch Johann Gutenberg Buchstaben auf Papier gebracht wurden. Stelle dar, was das Neue an Gutenbergs Erfindung war.

e Gestalte ein übersichtliches Informationsblatt über die wichtigsten Stationen im Leben Martin Luthers.

2

a Lies den folgenden Text zuerst still. Lies anschließend den zweiten Abschnitt laut vor.

Die Luther-Bibel

Luther wollte mit seinen Werken viele Menschen erreichen. Damals gab es noch keine einheitliche deutsche Sprache, sondern in den Regionen verschiedene Dialekte (Mundarten). Deshalb musste er eine Sprache benutzen, die von vielen verstanden wurde. Das war das Ostmitteldeutsche. Es war im 11./12. Jahrhundert im heutigen Sachsen (im Raum Leipzig – Meißen – Dresden) entstanden, als sich Menschen aus dem Norden, der Mitte und dem Süden Deutschlands dort neu ansiedelten. Luther verwendete bewusst sehr viele Mittel dieser Sprache und schuf auch neue Ausdrücke. Das hat er selbst so beschrieben:
»... denn man mus nicht die buchstaben jnn der Lateinischen sprachen fragen / wie man sol Deudsch reden / wie diese Esel thun / Sondern man mus die mutter jhm hause / die Kinder auff der gassen / den gemeinen man auff dem marckt drümb fragen / vnd den selbigen auff das maul sehen / wie sie reden / vnd darnach dolmetschen / so verstehen sie es denn / vnd mercken / das man Deutsch mit jn redet.«

(Luther: Sendbrief vom Dolmetschen)

TIPP
Dabei hilft dir der Textzusammenhang.

b Kläre Wörter und Wortformen, die du nicht verstanden hast.

c Vergleiche, wie sich die damalige Rechtschreibung von der heutigen unterscheidet. Suche Beispiele heraus. Welche Unterschiede zum heutigen Deutsch findest du noch?

man mus – man muss, ...

d Erkläre mit eigenen Worten, wie Luther Texte ins Deutsche übersetzt hat.

TIPP
Nutze geeignete Nachschlagewerke.

3 In seinen Schriften verwendete Luther regelmäßig Fremdwörter, die dadurch im Deutschen sehr bekannt wurden.
Erkläre die Bedeutung der folgenden Fremdwörter, die nicht nur in der Bibel verwendet werden, sondern teilweise auch im alltäglichen Sprachgebrauch.

Apostel – Evangelium – Psalm – Prophet – Testament – Tyrann – regieren

TIPP
Nutze geeignete Nachschlagewerke.

4 Luther benutzte oft mitteldeutsche Wörter anstelle gleichbedeutender oberdeutscher (süddeutscher) Wörter. Prüfe, ob die oberdeutschen Wörter der Luther-Zeit heute noch existieren. Wenn ja, wo und mit welcher Bedeutung?

Mitteldeutsch	Oberdeutsch (Süddeutsch)
Blüte, Blume	Bluome
Fliege	Mucke
Hügel	Bühel
Pflaster	Est(e)rich
Scheune	Scheuer
Töpfer	Hafner

5 Außerdem schuf Luther selbst neue Wörter.

TIPP
Manchmal kann man ein Synonym zur Erklärung nutzen.

a Versuche zunächst, die Bedeutung der folgenden Zusammensetzungen aus ihren Bestandteilen (Grund-, Bestimmungswort) zu erklären.

Bubenstück – Feuereifer – kleingläubig – geistreich – nacheifern

TIPP
Suche die Wörterbücher im Internet.

b Schlage die Wörter in einem Synonym- oder Bedeutungswörterbuch nach. Vergleiche die Bedeutungserklärungen mit deinen (Aufgabe a).

6 Auch Redewendungen bzw. Sprichwörter wurden von Luther geprägt und verbreitet. Erläutere die Bedeutung der folgenden Redewendungen bzw. Sprichwörter und verwende sie in einem Satz.

→ S. 144 Redewendungen
→ S. 146 Sprichwörter

1 jemandem ein Dorn im Auge sein
2 sein Licht unter den Scheffel stellen
3 Wer andern eine Grube gräbt, fällt selbst hinein.
4 Wes das Herz voll ist, des gehet der Mund über.
(heute: Wem das Herz ..., dem geht ...)

! Durch die weite Verbreitung seiner Werke (v. a. der Bibelübersetzung) mit ihrer klaren, lebendigen, bildhaften und volksnahen Ausdrucksweise hat Martin Luther im 16. Jahrhundert einen wichtigen Beitrag zur Entwicklung einer einheitlichen deutschen Nationalsprache geleistet.

Entwicklungen in der deutschen Gegenwartssprache

! Auch in der Gegenwart entwickelt sich unsere Sprache – in kleinen Schritten und oft unbemerkt. Auffällig sind Veränderungen vor allem im Wortschatz, z. B. durch **regionale Varianten, Kurzwörter** oder **Fremdwörter.**

Regionale Varianten suchen

1

a Suche regionale Varianten für die folgenden Beispiele.

1 Wie nennst du den sechsten Tag der Woche? Welche andere Bezeichnung dafür kennst du?
2 Wie bezeichnest du jemanden, der Fleisch und Wurst herstellt und verkauft, und wie das entsprechende Geschäft? Welche weiteren Bezeichnungen dafür gibt es in Deutschland?
3 Wie formulierst du folgende Uhrzeiten: 7:15 Uhr, 8:45 Uhr? Welche anderen Ausdrucksweisen dafür sind dir bekannt?
4 Welche Präposition gebrauchst du in folgenden Sätzen? Welche andere Präposition ist in Teilen Deutschlands gebräuchlich?
Wir treffen uns immer ___ Weihnachten. Tom kommt erst ___ Ostern.

b Sammelt weitere regionale Bezeichnungen. Fragt auch Freunde und Verwandte danach. Tragt die Ergebnisse in der Klasse vor.

c Tauscht euch darüber aus, warum Varianten existieren und sich ausbreiten und welche in eurer Gegend üblich sind. Überlegt auch, warum meist nur eine Variante gebraucht wird.

Kurzwörter untersuchen

2 Unser Wortschatz ändert sich auch durch Kurzwörter.

TIPP
Schlage, wenn nötig, in einem Wörterbuch nach.

a Viele Kurzwörter finden sich z. B. im Bereich des Sports. Nenne die Vollformen der folgenden Kurzwörter.

WM – EM – IOC – SC – SV – FC – FSV – VfB – VfL – TSV – (Hertha) BSC

b Auch rund ums Auto sind zahlreiche Kurzwörter gebräuchlich geworden. Ermittle zu folgenden Kurzwörtern die Vollform und erläutere ihre Bedeutung.

Kfz – Pkw – Lkw – VW – PS – TÜV – ADAC – HU – AU

c Die Namen von Fernsehsendern sind zumeist als Kurzwörter bekannt. Suche solche Sendernamen aus einer Programmzeitschrift heraus und ergänze die Vollformen.

ZDF – Zweites Deutsches Fernsehen, ...

d Auch Namen von Zeitungen werden oft mit einem Kurzwort wiedergegeben. Ermittle die Vollformen der folgenden Zeitungsnamen.

Tageszeitungen werden nach ihrem Verbreitungsgebiet in überregionale und regionale Zeitungen eingeteilt. Zu den überregionalen Tageszeitungen gehören die FAZ (Frankfurt/M.), die SZ (München), die Welt (Hamburg), der Tagesspiegel (Berlin) und das ND (Berlin). Regionale Tageszeitungen dagegen sind die BZ (Berlin), die LVZ (Leipzig), die SZ (Dresden), die MZ (Halle), die TA (Erfurt), die OTZ (Gera) oder die OZ (Rostock).

TIPP
Bildet Beispielsätze, um die Verwendung der Kurzwörter zu verdeutlichen.

e Sammelt Kurzwörter aus weiteren Sachgebieten. Stellt sie euch gegenseitig vor. Nennt dazu auch die Vollformen und erklärt ihre Bedeutungen.

3 Tauscht euch darüber aus, warum Kurzwörter gebildet und häufig gebraucht werden. Besprecht auch, in welchen Situationen man besser die Vollformen verwenden sollte.

Fremdwörter untersuchen
→ S. 182

4 Im gegenwärtigen Sprachgebrauch finden sich auch zahlreiche neue Fremdwörter. Unverzichtbar sind sie z. B. im Zusammenhang mit Computer und Internet.

a Schreibe aus Sophies Erzählung alle Fremdwörter heraus und erkläre ihre Bedeutung.

Gestern Abend wollte ich noch schnell meine Freunde in der Chatgroup erreichen, habe aber keine Verbindung bekommen. Dann habe ich ein Update versucht, das hat aber auch nicht geholfen. Beim Surfen habe ich im Net eine Software gefunden, mit der ein Chatroom neu aufgebaut werden kann. Aber da gab es beim Downloaden auch wieder Schwierigkeiten. Schließlich hat mir mein Bruder für eine halbe Stunde sein Notebook gegeben.

Chatgroup – ...

b Überlegt, für welche Fremdwörter es deutsche Wörter gibt. Prüft und bewertet mehrere Möglichkeiten.

Chatgroup – Chatgruppe, Gesprächsgruppe, ...

c Erläutere den Unterschied zwischen den folgenden Arten der Informationsübermittlung.

chatten – bloggen – twittern – simsen

d Sammle weitere Fremdwörter aus dem Bereich Computer, Internet und Handy. Ordne sie nach Sachgruppen. Erkläre ihre Bedeutung, indem du sie in einem Satz oder kurzen Text verwendest.

5 Auch für neue Sportarten (v.a. im Freizeitbereich) haben sich Fremdwörter sehr ausgebreitet.

a Erläutere die Merkmale der folgenden Sportarten.

Snowboarding – Nordic Walking – Jogging – Aquajogging – Rafting

b Erkläre, was an der Form dieser Fremdwörter auffällt. Was sagt das über ihre Herkunft aus?

c Ermittle, welche weiteren Sportarten mit Fremdwörtern bezeichnet werden. Schreibe sie auf und überprüfe die Schreibung. Erläutere das Besondere dieser Sportarten.

Basketball (engl.): Mannschaftsspiel, in dem ...

6 Viele Leute interessieren sich für moderne Musik. Auch auf diesem Gebiet werden Fremdwörter gebraucht.
Stellt Fremdwörter zu moderner Musik, Musikrichtungen usw. zusammen. Erläutert euch gegenseitig die Bedeutung dieser Bezeichnungen.

7 Tauscht euch darüber aus, wann es notwendig oder angemessen ist, Fremdwörter zu verwenden, und wann man darauf verzichten sollte. Formuliert eure Meinungen und begründet sie mit Beispielen.

Teste dich selbst!

1 Lies den folgenden Text.

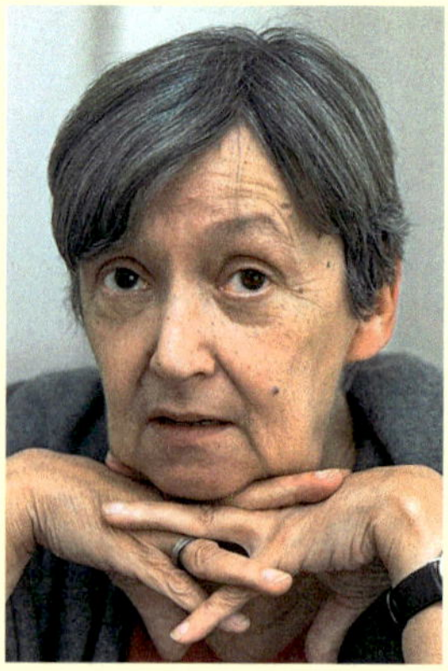

1 Wer zu Christine Nöstlinger kommt, muss sich nicht die Schuhe ausziehen, weil sie übertriebene Ordnungsliebe hasst. Vor Spinnen hat sie Angst, und auch Schlangen und Mäuse mag sie nicht.

2 Christine Nöstlinger ist eine österreichische Schriftstellerin, die weit über 100 Bücher und Geschichten veröffentlicht hat. Die meisten wurden für Kinder geschrieben, aber manche hat sie auch für Erwachsene verfasst. Einige ihrer Bücher sind verfilmt worden.

3 Sie wurde 1936 in Wien geboren. Ihr Vater war Uhrmacher, die Mutter Kindergärtnerin. Sie ist mit dem Journalisten Ernst Nöstlinger verheiratet und hat zwei Töchter, die beide schon Bücher von ihr illustriert haben. Christine Nöstlinger lebt abwechselnd in Wien oder auf einem Bauernhof. Sie liebt das Pendeln zwischen Großstadt und Land.

4 Christine Nöstlinger ging zunächst auf die Kunstuniversität, um das Malen richtig zu erlernen. Dort stellte sie jedoch fest, dass sie nicht genug Talent hatte. 1970 zeichnete sie trotzdem ein Bilderbuch, und dazu schrieb sie eine Geschichte. Die nannte sie »Die feuerrote Friederike«. Friederike hat rote Haare, weshalb sie von anderen Kindern nicht nur ausgelacht, sondern sogar gequält wird. In ihren Haaren aber stecken Zauberkräfte. Mit Freunden bricht sie schließlich in ein utopisches Land auf, wo alle Menschen glücklich sind.

5 Christine Nöstlinger hat die feste Überzeugung, dass Kinder beim Lesen gern lachen. Sie will Kinder unterhalten und ihnen gleichzeitig erklären, dass sie mit ihren Schwierigkeiten nicht alleine dastehen.

2

a Schreibe fünf Satzgefüge heraus.

b Unterstreiche die Nebensätze, markiere die Einleitewörter und die finiten Verformen verschiedenfarbig.

c Bestimme, ob es sich bei den Einleitewörtern um eine Konjunktion, ein Relativpronomen oder ein Fragewort handelt.

3 Schreibe die Satzreihen (Satzverbindungen) heraus.
Setze die Kommas in Klammern, die man weglassen könnte.

4 Schreibe einen mehrfach zusammengesetzten Satz heraus.

5

a Schreibe einen Satz mit einem Infinitiv mit *zu* heraus.

b Formuliere den Nebensatz in einen Infinitiv mit *zu* um.

Christine Nöstlinger schreibt, damit sie Kindern Mut macht.

6

Achtung, Fehler!

a Schreibe den folgenden Satz orthografisch richtig auf.

Die österreichische schriftstellerin, die 1936 geboren wurde, ist für ihr humorvolles und fantasiereiches erzählen bekannt.

b Die Attribute (als Nomensignale) sind unterstrichen. Markiere mit einem Pfeil, auf welche Nomen/Nominalisierungen sie sich beziehen.

c Notiere zwei nominalisierte Verben aus dem Text.

7 Schreibe je eine Zeitform heraus, die eine abgeschlossene bzw. eine noch andauernde Handlung bezeichnet.

8

a Schreibe aus den Absätzen 2 bis 4 die Passivformen heraus.

b Forme die folgenden Sätze mithilfe von Passivformen um.

1 Man hat einige Nöstlinger-Bücher verfilmt.
2 Kinder haben die feuerrote Friederike ausgelacht.

TIPP
Lege eine Tabelle an oder gestalte eine Übersicht.

9 Schreibe aus dem Text für jede veränderbare Wortart (Nomen, Verb, Adjektiv, Pronomen) und jede nicht veränderbare Wortart (Adverb, Konjunktion, Präposition) mindestens zwei Beispiele heraus.

Mit dem Wörterbuch arbeiten

Wörter nachschlagen

1 Es kommt vor, dass man nicht genau weiß, was ein Wort bedeutet oder wie es geschrieben wird.

a Tauscht euch darüber aus, wo man Informationen über diese Wörter erhalten kann.

Welcher Artikel ist richtig?
der/die/das Dschungel, der/das Nougat, der/das Laptop, die/das Mail

Gibt es eine Pluralform?
die Butter – die Butters? die Buttern?

Wie schreibt man das Wort richtig?
Interesse, Interresse oder Intresse?

Was bedeutet dieses Wort?
Tohuwabohu

b Beantworte die Fragen, ohne nachzuschlagen.

c Schlage jetzt in einem Wörterbuch nach und vergleiche die Ergebnisse mit deinen Antworten.

Das Alphabet festigen

2 Damit man Wörter schnell findet, muss man das deutsche Alphabet sicher beherrschen.

a Wiederhole das Alphabet. Sprich es mehrmals halblaut vor dich hin.

b Für Spezialisten: Versuche es nun auch rückwärts.

c Ordne die Buchstaben und Buchstabengruppen nach dem Alphabet.

m – g – b – s – i – z – a – k – y – c – w

fa – or – c – vi – ha – op – z – qu – hi – dar – b – lö – y – daz – scha – vo

> **!** In einem Wörterbuch stehen die **Stichwörter** in **alphabetischer Reihenfolge.** Beim Nachschlagen geht man vom ersten Buchstaben des gesuchten Wortes aus und beachtet danach den zweiten, dritten und die folgenden Buchstaben, die ebenfalls alphabetisch geordnet werden, z. B.:
> *Aal, Abart, Abbau, abbeißen, abbestellen, ...*
> **Seitenleitwörter** helfen bei der Orientierung. Sie geben das erste und letzte Wort einer Seite oder Doppelseite an.

3

a Suche diejenigen Wörter aus jeder Reihe heraus, die alphabetisch falsch eingeordnet wurden und ordne die Reihen neu.

1 Ananas – Mandarine – Banane – Birne – Erdbeere – Orange – Pflaume
2 Cent – Creme – Chance – Chemie – Chor – Chronik – Cockpit – Computer
3 schwarz – schwer – Schwester – schweigen – schwören – Schwung

b Ordne die Wörter jeder Zeile alphabetisch und schreibe sie auf.

1 Mammut – Giraffe – Saurier – Aal – Reh – Wildschwein – Hase – Bär
2 Ball – Buch – Brunnen – Beruf – Banane – Boden – Brille – Birke – Baum
3 Sportartikel – Sportplatz – Sportschau – Sportdress – Sportlerin

c Schreibe die Seitenleitwörter der folgenden Seiten aus dem Rechtschreibwörterbuch heraus.

S. 179 – S. 204 – S. 246 – S. 382 – S. 508 – S. 783 – S. 864 – S. 1036

4

Wörter nachschlagen

a Zu den einzelnen Stichwörtern enthält ein Wörterbuch sehr viele Informationen. Sieh dir das folgende Beispiel an.

Betonung — Silbentrennung — Aussprache in Lautschrift — Herkunft

Rạl|lye [...li, *auch* ˈrɛli], die; -, -s ‹engl.-franz.› (Autorennen [in einer od. mehreren Etappen] mit Sonderprüfungen)

Geschlecht — Genitiv — Plural — Wortbedeutung

b Nenne die Informationen, die du bei folgenden Stichwörtern erhältst.

Me|dail|lon [... dal'jõ:], das; -s, -s (Bildkapsel; Rundbild[chen]; *Kunstwiss.* rundes od. ovales Relief; kleine, runde Fleischschnitte)

down|loa|den ['da͜unlo͜udn̩] ‹engl.› (*EDV* Daten von einem Computer, aus dem Internet herunterladen); ich downloade, ich habe downgeloadet

in̩|dis|kret [*auch* ...'kre:t] ‹franz.› (nicht verschwiegen; taktlos; zudringlich)

! Die meisten Wörterbücher oder Lexika (Singular: Lexikon) enthalten eine Vielzahl von Informationen. Sie geben nicht nur Auskunft über die Bedeutung und Schreibung des **Stichworts,** sondern informieren auch über die Silbentrennung, die Aussprache, die Betonung, die Herkunft sowie bei Nomen/Substantiven auch über das Geschlecht (den Artikel), den Genitiv Singular und den Nominativ Plural.

TIPP
Die Angaben in den Wörterbüchern können sich unterscheiden.

5 Lies den folgenden Text und schreibe auf, was du aus dem Wörterbuch über die markierten Wörter erfährst.

Die Hauptstadt der Schweiz
Was für ein Malheur: Die Schweiz hat keine Hauptstadt. Das liegt an der Geschichte der Eidgenossen[1] und ihrer Demokratie. Man scheute sich, einen Kanton explizit herauszuheben. Seit 1803 wechselte der Regierungssitz in einem ein- bis zweijährlichen Rhythmus. Ab 1848 wurde dieses Prinzip der Rotation abgeschafft. Es kam zu turbulenten und leidenschaftlichen Diskussionen um die künftige Hauptstadt. Große Chancen hatte Zürich. Aber schließlich setzte sich Bern als ständiger Sitz der Regierung durch. Bern fungiert also de facto als Hauptstadt, obwohl die Schweiz eigentlich keine Hauptstadt hat.

[1] so werden die Schweizer auch bezeichnet

Malheur
Silbentrennung: Mal-heur
Aussprache: ...

TIPP
Wiederhole mithilfe des Merkwissens, was starke Verben sind.

6 Bei starken Verben gibt es in den Wörterbüchern weitere Hinweise.

a In welcher Reihenfolge stehen die Verbformen? Schreibe die folgenden Verbformen in dein Heft und bestimme sie.

fah|ren
– du fährst; er fährt
– du fuhrst; du führest
– gefahren; fahr[e]!

fahren: Infinitiv
du fährst: 2. Person Singular Präsens
er fährt: ...

b Untersuche nun genauso die Angaben im Wörterbuch zu den folgenden Verben.

gehen – laufen – fließen – schreien – fliegen – wachsen

7 Vervollständige die Lückenwörter, schreibe sie in dein Heft und überprüfe ihre Schreibung mit dem Wörterbuch.

Annon■e – Ba■ance – Barri■re – Bibliot■ek – Cha■c■ – Mil■■arde – C■ao■ – Dif■erenz – Kom■is■ion – Ko■itee – Mane■e – inte■es■ant – Marionet■e – Meda■l■e – Roula■e – Inter■ity – hof■en■lich – allmä■lich – vi■■leicht

8 Paul schreibt aus dem Sportlager an seine Eltern einen Brief, der nicht ganz fehlerfrei ist. Lies diesen kurzen Ausschnitt und berichtige die unterstrichenen Fehlerwörter mithilfe eines Wörterbuchs. Schreibe alle Informationen zu den Wörtern heraus.

Achtung, Fehler!

... Wir spielen hier viel Fußball. Deshalb gehe ich regelmäßig zum Träning. Alle spielen sehr fähr, spetsiell die Älteren. Nur Manuel wurde akresiv, obwohl ich ihn nur ganz leicht gefault hatte.

Regeln nachschlagen

> **!** Die meisten Rechtschreib-Wörterbücher enthalten neben dem Wörterverzeichnis auch eine Übersicht über die gültigen **Rechtschreibregelungen.** Die Regeln in diesem Teil sind meist mit K (Kennziffer) oder R (Regel) und einer Nummer gekennzeichnet und befinden sich am Anfang des Wörterbuchs.

1

a Lies die folgenden Informationen zur Schreibung von *ss* und *ß*.

K 159	
1. Für den stimmlosen s-Laut nach langem Vokal oder Doppellaut (Diphthong) schreibt man ß.	**1.** Blöße, Maße, Maß, grüßen, grüßte, Gruß außer, reißen, es reißt, Fleiß, Preußen *Ausnahmen:* aus, heraus usw.
2. Dies gilt jedoch nur, wenn der s-Laut in allen Beugungsformen stimmlos bleibt und wenn im Wortstamm kein weiterer Konsonant folgt. ‹§ 23 u. 25›.	**2.** Haus (*stimmhaftes s in* Häuser) ▪ Gras (*stimmhaftes s in* Gräser) ▪ sauste (*stimmhaftes s in* sausen) ▪ meistens *(folgender Konsonant im Wortstamm)*
3. Für den stimmlosen s-Laut nach kurzem Vokal schreibt man ss. Das gilt auch im Auslaut der Wortstämme ‹§ 2›.	**3.** Masse, Kongress, wässrig, Erstklässler, dass (Konjunktion) ▪ hassen, ihr hasst ▪ Fluss, Flüsse ▪ essen, du isst, iss! ▪ Missetat, missachten *Ausnahmen:* das (Pronomen, Artikel), was, des, wes, bis
4. Wörter auf „-nis" und bestimmte Fremdwörter werden nur mit einem s geschrieben, obwohl ihr Plural mit Doppel-s gebildet wird ‹§ 4 u. 5›.	**4.** Zeugnis (*trotz:* Zeugnisse) ▪ Geheimnis (*trotz:* Geheimnisse) ▪ Bus (*trotz:* Busse) ▪ Atlas (*trotz:* Atlasse)
In Personennamen oder geografischen Namen kann die Schreibung des stimmlosen s-Lauts von den amtlichen Regeln abweichen.	▪ Theodor Heuss (erster deutscher Bundespräsident) ▪ Neuss (Stadt am Niederrhein)

b Setze in die Lückenwörter *ss* oder *ß* ein. Schreibe die Wörter in dein Heft, ordne sie nach der Schreibung des *s*-Lauts.

Fü■e – Kü■e – rei■en – geri■en – wu■te – au■erdem – blo■ – So■e – wi■begierig – Spa■ – Spä■e – spa■ig – gie■en – go■ – gego■en – hei■en – hei■t – hie■ – sto■en – stie■ – gesto■en – verge■en – vergi■t – verga■ – e■en – i■ – gege■en – a■

2 Um Auskünfte über bestimmte Rechtschreibregeln zu erhalten, kannst du auch dein Sprachbuch als Nachschlagewerk nutzen.

a Wiederhole, wie man bei der Suche im Sprachbuch vorgehen sollte.

b Suche in deinem Sprachbuch nach Informationen zur Schreibung von Tageszeiten.

3

a Gestalte ein Poster mit allen Regeln zur Schreibung von Tageszeiten und entsprechenden Beispielen. Nutze dazu auch den Regelteil in deinem Wörterbuch.

TIPP
Du findest diesen Abschnitt im Duden unter K 69.

b Wende die Regel jetzt an und schreibe die folgenden Formen richtig auf.

MORGEN NACHMITTAG   HEUTE ABEND   VORGESTERN NACHT

ÜBERMORGEN VORMITTAG   HEUTE FRÜH   MORGEN MITTAG

HEUTE NACHT   GESTERN FRÜH   VORGESTERN VORMITTAG

4

a Tauscht euch darüber aus, welche anderen Nachschlagewerke man nutzen kann,
- um sich über richtige Schreibungen zu informieren,
- um Wortbedeutungen nachzuschlagen,
- um bedeutungsgleiche oder bedeutungsähnliche Wörter zu finden,
- um Auskünfte über seltene Redewendungen einzuholen.

b Probiert einige der Nachschlagewerke aus und besprecht deren Vor- und Nachteile.

Häufig vorkommende Wortstämme richtig schreiben

Wörter mit *h* und ohne *h*

!

Wörter bestehen aus einzelnen **Bauteilen:**
Präfix (Vorsilbe), Wortstamm, Suffix (Nachsilbe), z. B.:

Er	*fahr*	*ung*
Präfix	Stamm	Suffix

Diese Bauteile haben große Bedeutung für die Rechtschreibung im Deutschen, weil sie **fast immer gleich geschrieben** werden, z. B. wird der Wortstamm *fahr* stets mit einem Dehnungs-*h* geschrieben. Die Schreibung wird praktisch von Wort zu Wort »vererbt«. Deshalb spricht man auch von der **Wortstammschreibung** und von **stammverwandten Wörtern** (Wortfamilien).

Rechtschreibhilfe: Verwandtschaftsprobe

TIPP
silbenöffnendes *h:* am Anfang der zweiten Silbe, z. B.: *se-hen*
einsilbige Wörter verlängern, z. B.: *sah – sa-hen*

1

a Schreibe aus einem Wörterbuch alle Wörter mit dem Wortstamm *fahr* heraus und markiere das Dehnungs-*h*.

b Prüfe nun, ob auch in Wörtern mit silbenöffnendem *h* die Wortstammschreibung gleich ist. Bilde dazu von folgenden Wörtern
- die 2. Person Singular Präsens,
- die 1. Person Singular Präteritum,
- das Partizip II sowie
- ein zusammengesetztes Nomen/Substantiv.

Markiere in allen Formen das *h*.

sehen – wehen – fliehen – drehen – mähen – nähen

du siehst, ich sah, gesehen, die Sehkraft; ...

c Prüfe mit den folgenden Wörtern, ob die Stammschreibung auch bei Wörtern ohne *h* wirksam ist. Gehe dabei vor wie in Aufgabe b.

sparen – schälen – klären – spüren – schämen – quälen – toben – kramen

du sparst, ich sparte, gespart, die Sparkasse;
du schälst, ...

d Schreibe zu den folgenden Wörtern möglichst viele stammverwandte Wörter auf. Nutze dazu ein Wörterbuch.

drehen – Schuhe – Schule – schwören – spülen – nahen – drohen – Mühe

2 Bilde mit diesen Wortbausteinen möglichst viele stammverwandte Wörter.

ab- an- er- klär führ zähl -bar -en

aus- ent- zieh geh -ung

3

a Ordne die Wörter nach ihren Wortstämmen.

ruhig – wahrhaft – zähmbar – sich bewahrheiten – ruhend – ruhelos – dehnbar – Wahrung – gespurt – Unruhe – Wahrheit – gedehnt – beruhigen – Dehnbarkeit – spurlos – gezähmt – unwahr – Dehnung – geruht – wahrlich – Zähmung

b Suche dir fünf Wörter aus und bilde damit jeweils einen kurzen Satz.

4

a Diktiert euch gegenseitig diesen Text. Vergleicht und korrigiert ihn anschließend gemeinsam.

Vorläufer der Eisenbahnen gab es schon im 17. Jahrhundert. Sie wurden viele Jahre vorwiegend in Bergwerken eingesetzt. Auf Holzschienen liefen dort ziemlich schwere Wagen, die Pferde ziehen mussten. 1804 feierte die Eisenbahn in England ihre Premiere. Eine Dampflokomotive zog einen Wagen samt Ladung und Passagieren 15 Kilometer weit. 1825 fuhr der erste Personenzug auf schmalen Stahlschienen. 1835 wurde die erste Eisenbahnstrecke in Deutschland eingeweiht, und zwar die Verbindung von Nürnberg nach Fürth.

→ S. 187 Einprägen fehlergefährdeter Wörter

b Schreibe deine Fehlerwörter richtig auf. Markiere die schwierigen Stellen. Suche dazu verwandte abgeleitete oder zusammengesetzte Wörter.

Konsonantenverdopplung nach kurzem Stammvokal

!

Konsonanten werden nur nach kurzem Stammvokal **verdoppelt,** z. B.: *der Ball, die Puppe, die Tanne, die Kanne.*
Der Konsonant verbindet in diesem Fall zwei Silben wie ein Gelenk (Silbengelenk), z. B.:
die Wel le, der Him mel, der Schim mel.
Einsilbige Wörter muss man verlängern, um zu entscheiden, ob ein doppelter Konsonant geschrieben werden muss, z. B.:
der Ka■ – die Kämme → der Kamm.
Entsteht kein Silbengelenk, muss auch nicht verdoppelt werden, z. B.:
die Tan te, die Wol ke.
Kann man ein Wort nicht verlängern, erfolgt keine Verdopplung, z. B.:
an, bis, mit, plus, von, zum.
Ausnahmen sind *wann, wenn, dann, denn,* weil sie früher zweisilbig waren (*wanne, wenne, danne, denne*).

1

a Bilde von den folgenden Wörtern verwandte Wörter (Wortfamilie) und unterstreiche die Konsonanten nach dem Stammvokal.

Sonne – hoffst – Herz – Luft – sammelst – handlich – glatt

Sonne: sonnig, gesonnt, Sonnabend, …

b Schreibe zu den Verben die Leitformen auf und unterstreiche die Konsonanten nach dem Stammvokal.

hoffen – brummen – sammeln – halten – finden – stoppen – wollen

hoffen – hoffte – gehofft, …

2 Schreibe die folgenden Merkhilfen ab, vervollständige sie und ergänze jeweils drei Beispielwörter.

1. Die Konsonantenverdopplung erfolgt nur nach ■■■ Vokal, z. B.: ■■■
2. Nach einem ■■■ Vokal wird nie ein Konsonant verdoppelt, z. B.: ■■■

!

Das Prinzip der **Stammschreibung** gilt auch **bei der Konsonantenverdopplung.** Die Verdopplung nach kurzem Stammvokal bleibt in allen verwandten Wörtern bestehen, z. B.:
hell – heller – am hellsten – aufgehellt – Helligkeit.
Achte auf die Länge des Stammvokals, z. B.: *kommen – er kam.*
Folgen nach kurzem Vokal zwei unterschiedliche Konsonanten, dann werden diese auch in allen verwandten Wörtern geschrieben, z. B.:
halten – hält – hältst – Halt – Haltepunkt – haltlos – haltbar.

3

a Begründe, weshalb die Verdopplung hier nicht durchgehend ist.

1 kommen – kam – gekommen
2 fallen – fiel – gefallen
3 bitten – bat – gebeten

b Schreibe die 1. und die 3. Person Singular Präsens und Präteritum der folgenden Verben auf. Begründe die Schreibung.

kommen – fallen – bitten – treffen

4

Ein Dosendiktat schreiben

a Übe mit einem Dosendiktat: Schreibe die Sätze einzeln auf Papierstreifen, wirf sie in eine Dose und mische. Entnimm die Streifen und ordne sie. Präge sie dir Satz für Satz ein, wirf sie zurück in die Dose und schreibe die Sätze aus dem Gedächtnis auf.

Wieso klappern Klapperschlangen?

Das Klappern der Klapperschlange ist ein Warnsignal. Sie klappert meist nur dann, wenn sie gestört wird. Das ist ein Signal, das man sehr ernst nehmen muss. Trifft man auf eine Schlange, sollte man die Stelle schnellstens verlassen. Denn ihr Biss kann tödlich sein.
Die Schlange setzt das Klappern aber nur als letztes Mittel der Selbstverteidigung ein. Sie klappert mit einer Rassel. Diese besteht aus einer dünnen Haut. Jedes Mal, wenn sie sich häutet, bleibt am Schwanzende ein Stückchen Haut zurück. Daraus entsteht die Rassel.

→ S. 187 Einprägen fehlergefährdeter Wörter

b Schreibe deine Fehlerwörter richtig auf und markiere die schwierigen Stellen farbig. Suche zu jedem Fehlerwort weitere verwandte abgeleitete oder zusammengesetzte Wörter.

Wörter mit *s, ss, ß* im Wortstamm

1 Prüfe, ob die Stammschreibung auch bei Wörtern mit *s, ss* und *ß* im Wortstamm wirkt.

a Bilde von folgenden Verben jeweils
- die 3. Person Singular Präsens,
- die 1. Person Plural Präteritum,
- Partizip I und II und
- ein Nomen/Substantiv.

lesen – lassen – essen – schließen – beißen

lesen: er liest, wir lasen, lesend, gelesen, der Leser; lassen: ...

b Kontrolliert die Schreibung der Wörter und korrigiert sie, wenn nötig.

c Fasst zusammen, welche Regeln und Rechtschreibhilfen ihr angewendet habt.

! Enthält ein Wort **im Stamm** ein ***s, ss*** oder ***ß,*** bleibt dieses in allen stammverwandten Wörtern **erhalten,** z. B.:
liest, las, lies; Wasser, wässrig, wässern; grüßen, grüßt, gegrüßt, Gruß.
Aber: Manchmal wechseln *ss* und *ß*, und zwar nach folgender Regel:
Nach kurzem Vokal schreibt man ***ss.*** **Nach langem Vokal** oder **Diphthong** (Zwielaut) schreibt man ***ß,*** z. B.:
essen – aß, schließen – schloss, beißen – Biss.

Rechtschreibhilfen: Verwandtschaftsprobe, Regeln anwenden

TIPP
Ein bisschen kommt von *Biss.*

2 Schreibe die Lückenwörter richtig auf. Setze *s, ss* oder *ß* ein. Ergänze möglichst viele stammverwandte Wörter.

Sehr häufig gehe ich mit meinem Hund am Flu■ auf dem Ra■en spazieren. Rex, so hei■t er, hat zwar ein gro■es wei■es Gebi■, aber er bei■t nur in Fu■bälle. Sobald er einen Ball sieht, ra■t er über die Wie■e oder rei■t mich mit der Leine beinahe von den Fü■en. Dann rufe ich laut: »Schlu■ jetzt! Komm zurück!«. Meistens hört er dann auch. Wenn nicht, dann mu■ ich ganz fest an der Leine ziehen. Jetzt wei■ er, dass das kein Spa■ mehr ist. Dann ist er zwar ein bi■chen beleidigt. Aber schlie■lich beruhigt er sich wieder, bis der nächste Ball in Sicht ist.

3 Finde die Besonderheit der Schreibung dieser Wortstämme heraus, indem du Wortformen zu diesen Wörtern zusammenstellst.

essen – schließen – lassen – reißen – beißen – vergessen – wissen

4

a Diktiert euch gegenseitig diesen Text. Vergleicht und korrigiert gemeinsam.

Viel trinken

Nicht nur im Sommer, wenn es heiß ist, auch im Winter sollte man jeden Tag mindestens zwei Liter Wasser trinken. Etwa so viel Flüssigkeit verliert der Körper nämlich jeden Tag. Selbst beim Atmen wird Flüssigkeit benötigt, um die Luft anzufeuchten, bevor sie den Körper wieder verlässt. Zu empfehlen sind Mineralwässer, Tees oder Säfte ohne Zuckerzusatz. Alles andere führt dem Körper wieder Nährstoffe zu. Natürlich kann man schon einmal ein Glas Limonade trinken. Man sollte aber schon aufpassen, nicht zu viel Zucker zu sich zu nehmen. Davon ist in Limo und Cola wirklich jede Menge drin.

→ S. 187 Einprägen fehlergefährdeter Wörter

b Schreibe deine Fehlerwörter richtig auf, markiere die schwierigen Stelle(n) farbig und suche dazu verwandte abgeleitete oder zusammengesetzte Wörter.

→ S. 98 Wortarten und Wortformen

5

a Wiederhole, wovon abhängt, ob man *das* oder *dass* schreibt.

b Die Ersatzprobe kann bei der Schreibentscheidung helfen. Erkläre anhand von Beispielen, wie sie funktioniert.

c Ergänze die folgenden Sätze. Schreibe sie in dein Heft.

1 Da■ man viel trinken soll, da■ wissen die meisten.
2 Aber manchmal ist da■ gar nicht so einfach.
3 Vor allem ältere Leute vergessen da■ Trinken oft.
4 Man weiß inzwischen, da■ sie weniger Durst verspüren als jüngere und da■ da■ sogar ziemlich gefährlich sein kann.
5 Aber auch bei Arbeit, Sport und Spiel kann es passieren, da■ wir nicht ans Trinken denken.

Wörter mit *b, d, g* am Stammende

!

Im Auslaut (*gab, Hund, Berg*) werden *b, d, g* wie *p, t, k* gesprochen.
Bei der Schreibentscheidung hilft die **Verlängerungsprobe.** Man bildet
- von Verben den Infinitiv, z. B.: *schraubt – schrauben,*
- von Adjektiven eine Steigerungsform, z. B.: *klug – klüger,*
- von Nomen/Substantiven den Plural oder den Genitiv Singular, z. B.: *die Hand – die Hände, das Pferd – des Pferdes.*

Außerdem kann man die **Verwandtschaftsprobe** nutzen, denn auch hier setzt sich die Stammschreibung durch: Wörter mit *b, d, g* am Stammende werden in allen Wortformen und verwandten Wörtern mit *b, d, g* geschrieben, z. B.: *die Hand, die Hände, handlich, Handschuh.*

Rechtschreibhilfen: Verlängerungsprobe, Verwandtschaftsprobe

1

a Schreibe die Wörter ab und füge in die Lücken die fehlenden Buchstaben ein.

b oder *p*?	*d* oder *t*?	*g* oder *k*?
Lo■ – Sta■	Han■ – Wan■	Bur■ – Wer■
Die■ – Kor■	Pfer■ – Jag■	Zwei■ – Schla■
plum■ – glau■t	Mun■ – bun■	Zwer■ – Flu■zeu■
schrau■t – Kal■	Bil■ – Lif■	star■ – klu■ – Ber■

b Die Verlängerungsprobe kannst du auch bei Zusammensetzungen und Ableitungen nutzen. Schreibe die verlängerten Wortstämme auf und setze *b, d, g* oder *p, t, k* richtig in die Lücken ein.

Fahrzeu■teil – schä■lich – Ber■wer■ – Bin■faden – Lan■schaft – Gel■schein – tä■lich – Urlau■sbild – frie■lich – Schu■karre – Ra■weg – Gewan■haus

Fahrzeuge – Fahrzeugteil, Schäden – schädlich, …

c Erfinde zu den Wörtern aus Aufgabe b eine spannende oder lustige Geschichte und schreibe sie auf.

TIPP
Stellt fest, wer die meisten Wörter in seiner Geschichte untergebracht hat.

Gleich und ähnlich klingende Stammvokale

1 Mit dem Stamm *kauf* kann man viele verwandte Wörter bilden. Sie gehören alle zu einer Wortfamilie. Bilde möglichst viele Wortformen und Wörter mit den folgenden Wortbausteinen.

ver-	kauf	-en
an-	käuf	-lich
ge-		-er(in)
		-t
		-e

2 Füge *e* oder *ä* ein und schreibe die Sätze ab.

1 Wir lagen in unserem Z■lt und klapperten vor K■lte.
2 Alle hatten kalte H■nde und Reif bed■ckte die W■nde.
3 Deshalb hüllten wir uns in w■rmende D■cken und warteten auf b■sseres W■tter.

!

Beim Sprechen sind ***e*** und ***ä*** kaum zu unterscheiden. Um richtig schreiben zu können, muss man deshalb den Wortstamm kennen. Dabei hilft die **Verwandtschaftsprobe:** Man prüft, ob es ein stammverwandtes Wort mit *a* gibt, z. B.:
K■lte – kalt → Kälte; *N■he – nah → Nähe.*

Rechtschreibhilfe: Verwandtschaftsprobe

3 Begründe, weshalb die folgenden Wörter mit *ä* geschrieben werden.

gefährlich – Gelände – vierblättrig – lächerlich – Händler – gekämmt – hässlich – verändern – länglich – Gegenstände – Rechtshänder – Behälter – nämlich – einfältig

gefährlich – Gefahr, Gelände – …

4 Begründe die Schreibung der folgenden Wörter mit *äu.*

träumen – Bäume – schäumen – beräumen – Häute – säubern

5 Setze *äu* oder *eu* ein. Überprüfe zuerst, ob es zu den Wörtern ein stammverwandtes Wort mit *au* gibt. Schreibe die Wörter in dein Heft.

bl■lich – Ger■sch – K■le – ger■chert – h■fig – Str■cher – h■len – Verk■ferin – bet■ben – ges■bert – l■chten – aufr■men

blau – bläulich, …

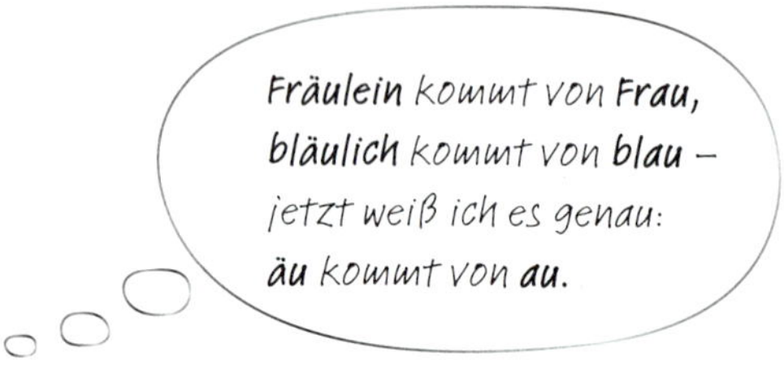

6

a Diktiert euch gegenseitig den folgenden Text. Vergleicht und korrigiert gemeinsam.

Das Rätsel von den Gummibärchen

In der Bärchenfabrik wird zunächst Zuckerwasser erhitzt. Dann wird Gelatine[1] dazugegeben. Gelatine wird aus den Knochen von Tieren hergestellt. Dieses Gemisch muss etwa 15 Minuten lang quellen, bis eine Temperatur von 75 Grad Celsius erreicht ist. Jetzt kommen noch Apfelsäure, Fruchtaroma und Färbemittel hinzu. Die Farben kann man ganz nach Belieben auswählen. Man könnte sogar gelbe Gummibärchen mit Erdbeergeschmack herstellen. Jetzt kann die flüssige Masse in einen Plastiktrichter gegeben und in Bärenformen gegossen werden. Wichtig ist, dass der Trichter immer wieder zuverlässig mit heißem Wasser durchgespült wird. Sonst lässt sich die Masse nicht richtig in die Form bringen. Nach ungefähr 10 Stunden sind die Gummibärchen richtig fest. Sie werden dann in Bienenwachs gebadet, damit sie in der Tüte nicht zusammenkleben. Dann kommen sie zum Händler und man kann sie für wenig Geld kaufen. Wichtig für die Ernährung sind die kleinen Bären allerdings nicht.

[1] Substanz zum Eindicken von Speisen

→ S. 187 Einprägen fehlergefährdeter Wörter

b Schreibe deine Fehlerwörter richtig auf, markiere die schwierigen Stellen farbig und suche dazu verwandte abgeleitete und zusammengesetzte Wörter.

Die Wortbausteine *-end-*, *-ent-* und *-t-*

! So wie Wortstämme werden auch Präfixe (Vorsilben) und Suffixe (Nachsilben) immer gleich geschrieben. So wird das **Präfix *ent-*** immer mit *t* geschrieben, der **Stamm *-end-*** dagegen stets mit *d*. Man kann sich folgende Regel merken: Der Stamm *-end-* wird stets betont, das Präfix *ent-* stets unbetont gesprochen, z. B.: *der Endspurt, beenden; entdecken, die Entscheidung.*

Rechtschreibhilfe: Wortbausteine erkennen

TIPP
Prüfe die Betonung der Wörter.

1 Vervollständige die Lückenwörter mit *d* oder *t*. Übertrage die Tabelle in dein Heft und ordne die Wörter in die richtige Spalte ein.

En■spiel – en■ziffern – En■spurt – en■scheiden – en■laden – been■en – en■zückend – en■decken – En■station – en■gültig – En■täuschung – en■los – En■schuldigung – unen■schlossen – En■ung – en■lang – En■fernung – en■lich

Präfix *ent-*	Stamm *-end-*
…	Endspiel

! Auch **Fugenelemente** sind Wortbausteine, wie z. B. das ***t*** in:
hoffen + t + lich → hoffentlich,
wesen + t + lich → wesentlich.
Das *t* wird eingefügt, damit man das Wort besser sprechen kann.

2 Schreibe den Text ab und füge die folgenden Wörter sinnvoll ein. Hebe das Fugenelement farbig hervor.

eigentlich – gelegentlich – wöchentlich – versehentlich – öffentlich

1 ■ ist Lena immer pünktlich. **2** Nur ■ verspätet sie sich. **3** Aber das liegt an den ■ Verkehrsmitteln. **4** Mindestens einmal ■ kommt der Zug verspätet. **5** Nur ein einziges Mal kam sie sehr viel später. Sie war ■ in den falschen Zug eingestiegen.

Groß- und Kleinschreibung

Die Schreibung von Eigennamen

TIPP
Schlage im Regelteil eines Wörterbuchs nach.

→ S. 160 Regeln nachschlagen

1

a Schreibe die unterstrichenen Wörter und Wortgruppen heraus und erkläre die Unterschiede in der Groß- und Kleinschreibung.

Das Internationale Olympische Komitee (IOC) wählt im Abstand von vier Jahren die Austragungsorte für die Olympischen Spiele. Sowohl bei den Sommerspielen als auch bei den Winterspielen haben deutsche Sportler schon viele olympische Medaillen errungen und damit höchste internationale Anerkennung erzielt. Als erfolgreichste deutsche Sportlerin bei Olympia gilt die Ruderin Birgit Fischer aus Potsdam mit acht Goldmedaillen.

b Schreibe in dein Heft, was du unter Eigennamen verstehst.

c Vergleiche deine Erklärung mit dem folgenden Merkkasten und vervollständige deine Aufzeichnungen, wenn es nötig ist.

!

Eigennamen sind Wörter und Wortgruppen, die z. B. Personen, Orte, Veranstaltungen, Organisationen und Institutionen als einmalig bezeichnen. Eigennamen werden **immer großgeschrieben,** z. B.:
Emilia, Deutsche Meisterschaften im Schwimmen, Dirk Neumann, Bahnhofstraße, Potsdam, Sachsen-Anhalt, Europa, Deutsches Rotes Kreuz, Freie Universität.
Wenn Adjektive, Partizipien oder Numeralien (Zahlwörter) Teil eines Eigennamens sind, werden auch diese großgeschrieben, z. B.:
die Olympischen Spiele, die Vereinigten Staaten, Friedrich der Zweite.

2 Übertrage die Tabelle in dein Heft. Ordne die Eigennamen aus dem Text auf der nächsten Seite richtig ein.

Orte	Personen	Veranstaltungen	Organisationen, Institutionen, Marken
...	...	...	...

[1] sprich: ['rali] oder ['rɛli]

Die Rallye[1] Dakar

Die Rallye Dakar gilt mit ihren Schlamm- und Flussdurchfahrten, Wüstendurchquerungen, Sandstürmen und wilden Bergpisten als die härteste Rallye der Welt. Der Start dieses internationalen Rennens erfolgte zum ersten Mal 1978 in Paris, der Hauptstadt Frankreichs. Das Ziel lag nach fast 10 000 km in Dakar, der Hauptstadt von Senegal (Afrika). 2009 fand sie aus Sicherheitsgründen erstmals in Südamerika statt. Sie wurde in Argentinien, und zwar in Buenos Aires, gestartet. Dort endete sie auch, nachdem eine große Strecke unter schwierigsten Bedingungen in Chile durch die Atacama, das ist die trockenste Wüste der Welt, zurückgelegt wurde. Unter anderem mussten auch die Anden in fast 5000 m Höhe überquert werden. Gewonnen hat, wer die 16 Etappen mit ihren Sonderprüfungen jeweils am schnellsten bewältigt.

Übrigens gewann Jutta Kleinschmidt aus Deutschland mit ihrem VW Tuareg im Jahre 2001 als erste Frau die Rallye Dakar. Zu den bisherigen Siegern gehört mit Ari Vatanen (Finnland) sogar ein Abgeordneter aus dem Parlament der Europäischen Union. Obwohl die Rallye aufgrund der vielen schweren Unfälle und der Belastung der Umwelt in harter Kritik steht, z. B. bei Greenpeace, einer internationalen Umweltorganisation, wird dieses spektakuläre Rennen nach Ansicht des Internationalen Automobilverbandes FIA auch in den kommenden Jahren stattfinden.

3 Eigenname oder nicht?

a Schreibt alle Wortgruppen richtig auf, die einen Eigennamen enthalten. Begründet die Schreibung.

1 Eröffnung der g/Grünen Woche in Berlin
2 wieder g/Großer Stau auf Autobahnen
3 der a/Allgemeine d/Deutsche Automobilklub (ADAC) half
4 im r/Roten Meer tauchen
5 auf der g/Grünen Wiese spielen
6 die Wand mit r/Roter Farbe streichen
7 einen h/Hohen Turm besteigen
8 den s/Schiefen Turm von Pisa fotografieren
9 in der h/Hohen Tatra wandern
10 in den f/Fernen Osten reisen

b Groß oder klein? Schreibt die unterstrichenen Wortgruppen heraus und begründet eure Schreibentscheidung.

Die o/Olympischen Ringe

Die o/Olympischen Ringe dienen als Symbol der i/Internationalen o/Olympischen Bewegung und als Emblem des i/Internationalen o/Olympischen Komitees (IOC). Es war Baron de Coubertin, der Gründer der o/Olympischen Spiele der Neuzeit, der die Fahne mit den fünf Ringen 1913 dem IOC vorstellte. Die fünf ineinander verschlungenen blauen, schwarzen, roten, gelben und grünen Ringe sollen das Miteinander der fünf Kontinente im Zeichen des o/Olympischen Friedens ausdrücken. Zum ersten Mal wurde die o/Olympische Flagge bei den o/Olympischen Spielen von 1920 im b/Belgischen Antwerpen gehisst.

c Schreibe die folgenden Sätze in richtiger Groß- und Kleinschreibung ab. Unterstreiche die Eigennamen und begründe ihre Schreibung.

Achtung, Fehler!

1. Das blaue wunder in dresden ist eine berühmte sehenswürdigkeit.
2. Das rote rathaus steht mit seiner roten fassade mitten in berlin.
3. Die technische universität in dresden verfügt über eine moderne technische ausstattung.
4. Auf der grünen woche in berlin werden grüner salat und viele andere gemüse- und obstsorten angeboten.
5. Der sicherheitsrat der vereinten nationen löst internationale probleme mit vereinten kräften.
6. Die große mauer ist ein berühmtes großes chinesisches bauwerk.
7. Der große wagen (sternbild) sieht tatsächlich aus wie ein großer wagen.
8. Im fernen osten kann man viele ferne länder besuchen.

4

a Leite aus der folgenden Übersicht Rechtschreibregeln ab.
Schlage dazu auch im Regelteil eines Rechtschreibwörterbuchs nach.

Geografische Eigennamen

- **-isch**
  - Teil eines Eigennamens: Sächsische Schweiz, Atlantischer Ozean, Schwäbische Alb
  - nicht Teil eines Eigennamens: sächsische Städte, atlantische Inseln, schwäbische Kinder
- **-er**
  - Thüringer Wald, Berliner Museen, Dresdener Stollen

Rechtschreibhilfe: Regeln anwenden

b Bilde aus den Ländernamen Adjektive auf *-isch* und *-er* und ordne diese der Übersicht von Aufgabe a zu.

Rostbratwurst aus Thüringen – Tee aus China – Käse aus Holland – Weintrauben aus Griechenland – Schinken aus Südtirol – Klöße aus Thüringen – Gänse aus Polen – Heidelbeeren aus dem Vogtland – Schokolade aus der Schweiz – Lachs aus Norwegen – Kaviar aus Russland – Spagetti aus Italien

Thüringer Rostbratwurst, ...

c Übertrage die Übersicht von Aufgabe a in dein Heft und ordne die folgenden von Eigennamen abgeleiteten Adjektive mit ihrem Bezugswort zu.

1 Die s/Sächsische Schweiz ist ein Anziehungspunkt für Bergsteiger.
2 In der l/Lüneburger Heide trifft man viele Wanderer.
3 Der längste Kammweg im t/Thüringer Wald ist der Rennsteig.
4 Das h/Havelländische Obst schmeckt lecker und enthält viele Vitamine.
5 Der Sachsenring in Hohenstein-Ernstthal ist die bekannteste s/Sächsische Rennstrecke für Autos und Motorräder.
6 Unsere Klassenfahrt führt in diesem Jahr in den b/Bayerischen Wald.
7 Zu meinen Lieblingsspeisen gehören t/Thüringer Klöße.
8 Der k/Kölner Dom steht nur 250 m vom Rhein entfernt.

Die Schreibung von Zeitangaben (Tageszeiten)

TIPP
Du kannst auch dein Poster von Aufgabe 3 a (S. 161) nutzen.

1 Die Schreibung der Angabe von Tageszeiten ist ziemlich gut geregelt.

a Wiederhole die Regeln. Schlage im Regelteil eines Wörterbuchs nach.

b Vergleiche jetzt die Regeln mit dieser Kurzfassung.

> **!** Die Angabe von **Tageszeiten** schreibt man
> - **groß (Nomen):** 1. nach Artikeln und Präpositionen (+ Artikel), z. B.: *der Abend, zum (zu dem) Mittag, am Morgen,*
>   2. nach Adverbien *(gestern, heute)*, z. B.: *vorgestern Abend, gestern Morgen.*
> - **klein (Adverb):** wenn ein *-s* folgt, z. B.: *abends, dienstags.*

TIPP
Hilfe findet man auch in Wörterbüchern unter den Stichwörtern *Abend* und *Dienstag*.

c Begründe die Groß- bzw. Kleinschreibung der Zeitangaben.

1 Gestern Abend waren wir im Kino. Wir trafen uns abends am Kino.
2 Heute Morgen war ich noch müde. Ich stehe morgens zeitig auf.
3 Bis zum Mittag hatten wir Unterricht. Tom kommt mittags zu mir.
4 Der Nachmittag ist heute frei. Wir gehen nachmittags in den Zoo.

d Schreibe die Sätze so um, dass die Zeitangabe im ersten Satz klein- und im zweiten großgeschrieben wird.

1. Wir waren abends im Kino. Wir trafen uns am Abend …

> **!** **Zusammensetzungen** aus **Wochentag** und **Tageszeit** schreibt man **groß,** z. B.:
> *Montag + Abend → (der) Montagabend,*
> *Mittwoch + Morgen → (am) Mittwochmorgen.*
> Aber Zeitangaben auf *-s* schreibt man klein, z. B.:
> *dienstagabends,* auch: *dienstags abends.*

Rechtschreibhilfe: Regeln anwenden

TIPP
Erfinde eine kurze Geschichte.

2 Verwende die folgenden Zeitangaben in Sätzen. Achte auf die richtige Groß- und Kleinschreibung.

MORGEN VORMITTAG | HEUTE ABEND | GESTERN MITTAG | (AM) MITTWOCHNACHMITTAG | SPÄT NACHTS | FREITAGS

Getrennt- und Zusammenschreibung

Fest und unfest zusammengesetzte Verben

1

→ S. 138 Wortbildung

a Schreibe die Infinitive der im Text unterstrichenen Verben auf und bilde davon die 3. Person Singular Präsens. Was stellst du fest?

Wie immer fand das Sportfest im Sportpark statt. Einige aus unserer Klasse vollbrachten hervorragende Leistungen. Danny übersprang im Hochsprung 1,40 m und Luisa durchlief die 60 m schneller als der beste Junge aus unserer Klasse. Leider überzogen dunkle Wolken den vorher strahlend blauen Himmel. Wegen eines Gewitters mussten die Wettkämpfe unterbrochen werden. Wir konnten leider nichts gegen das viele Wasser unternehmen. Die Sprunggrube war vollgelaufen. Wir mussten sogar die Feuerwehr darüber unterrichten. Sie kam mit Blaulicht und Tatütata herangebraust und untersuchte zunächst die Abflussmöglichkeiten für das Wasser. Aber bald schien wieder die Sonne und das Sportfest konnte weitergehen.

stattfinden: (es) findet statt, ...

b Konjugiere die Verben *eintreten* und *unterbrechen* im Präsens und schreibe die Formen in dein Heft. Welche Unterschiede erkennst du?

eintreten: ich ... *unterbrechen: ich ...*

!

Bei zusammengesetzten Verben gibt es
- **fest zusammengesetzte Verben,** z. B.: *unterrichten – (er) unterrichtet,*
- **unfest zusammengesetzte Verben,** z. B.: *teilnehmen – (er) nimmt teil.*

Man kann sie an der **Betonung** unterscheiden:
- fest zusammengesetzt: Betonung auf dem Grundwort, z. B.: *unterrichten,*
- unfest zusammengesetzt: Betonung auf dem Bestimmungswort, z. B.: *teilnehmen.*

Rechtschreibhilfe: Betonungsprobe

2 Übertrage die folgende Tabelle in dein Heft und ordne die Verben aus Aufgabe 1 a (S. 177) in der 3. Person Singular Präsens ein.

fest zusammengesetzte Verben	**unfest zusammengesetzte Verben**
(er) vollbringt …	(es) findet statt …

3

a Vervollständige die Sätze durch zusammengesetzte Verben mit *um-, aus-, ab-, über-, durch-, ein-* und dem Grundwort *setzen.*

1. Im Frühjahr werden wir im Garten einige Bäume ▬.
2. Wildtiere sind im Winter Schnee und Frost ▬.
3. Conny hat ihre tolle Mütze im Zimmer ▬.
4. Über das Wochenende müssen wir einen Englisch-Text ins Deutsche ▬.
5. Man sollte sich nicht immer mit allen Mitteln ▬ wollen.
6. Ich werde mich immer für meine Freunde ▬.

1. umsetzen
2. …

b Schreibe die Leitformen/Stammformen der zusammengesetzten Verben aus Aufgabe a in dein Heft. Markiere das fest zusammengesetzte Verb.

1. umsetzen – setzte um – umgesetzt
2. …

! Einige Verben bilden in Verbindung mit ***durch, wieder, über, unter*** und ***um*** sowohl **feste** als auch **unfeste Zusammensetzungen** mit unterschiedlichen Bedeutungen, wie z. B.:
Franz wollte während der Fahrradrallye mit Geschick alle aufgestellten Kegel umfahren und dabei nicht einen einzigen umfahren.
umfahren = vorbeifahren (ohne zu berühren)
umfahren = anfahren und umwerfen
Die **Betonung** liegt bei den unfesten Verbindungen auf dem ersten Bestandteil (Bestimmungswort), bei den festen Verbindungen auf dem zweiten Bestandteil (Grundwort).

Rechtschreibhilfe: Betonungsprobe

4

a Achte auf die Bedeutung und setze das Verb in Klammern richtig in die Lücken ein.

1 Danny passt nicht auf und ___ einen Kegel ___. Luisa dagegen ___ den Kegel vorsichtig. (umfahren)
2 Der Fährmann ___ uns ans andere Ufer ___. Ich ___ oft die Briefe meiner Schwester an ihre Brieffreundin. (übersetzen)
3 Hoffentlich ___ ihr den Mathe-Test gut. Dieser Felsen ___ zwei Meter ___, sodass das Klettern gefährlich ist. (überstehen)
4 Er ___ zu einem anderen Glauben ___. ___ er beim Staffellauf die Markierung, wird er disqualifiziert. (übertreten)
5 Durch das Elfmeterschießen ___ sie die Sendezeit. Wegen der Kälte ___ sie sich dicke Pullover ___ (überziehen)
6 Wir ___ die Möbel im Keller ___. Wir ___ dir keine bösen Absichten. (unterstellen)

b Schreibe die Verbformen in dein Heft, ergänze jeweils die Leitformen/Stammformen. Unterstreiche den betonten Wortteil.

1. fährt um (<u>um</u>fahren, fuhr um, umgefahren); ...

5

TIPP
Du kannst im Sprachbuch nachschlagen.

a Beschreibe, wie sich die fest und unfest zusammengesetzten Verben in einer Infinitivgruppe verhalten.

1 *übersetzen:*
Mir gelang es, die Briefe **zu** übersetzen. (fest)
Der Fährmann versprach, uns über**zu**setzen. (unfest)

2 *unterstellen:*
Bitte versuche nicht, mir etwas **zu** unterstellen. (fest)
Wir schafften es, uns bei dem Regen unter**zu**stellen. (unfest)

b Vervollständige die folgende Regel und schreibe sie in dein Heft.

1 Bei ___ zusammengesetzten Verben steht *zu* in der Wortfuge und die Betonung liegt auf dem Bestimmungswort. Das Wort wird zusammengeschrieben, z. B.: *<u>über</u>zusetzen.*
2 Bei ___ zusammengesetzten Verben steht *zu* vor dem Verb und die Betonung liegt auf dem Grundwort. Das Verb und *zu* werden getrennt geschrieben, z. B.: *zu über<u>setzen</u>.*

Rechtschreibhilfe: Betonungsprobe

6 Schreibe die Sätze ab und setze den Infinitiv mit *zu* richtig ein. Überlege, ob *zu* vor dem Verb oder in der Wortfuge steht.

1 Der Fernsehmoderator versprach, die Sendung nicht ___. (überziehen)
2 Es ist nicht einfach, einen supermodernen Schwimmanzug ___. (überziehen)
3 Er hat versucht, das Fremdwort ___. (umschreiben)
4 Dabei war es nicht nötig, den Text ___. (umschreiben)
5 Anna gelang es, die Strecke in neuem Rekord ___. (durchlaufen)
6 Die meisten hatten aber Mühe, ohne einen Zwischenstopp ___. (durchlaufen)
7 Wir haben versucht, für den Deutsch-Test den gesamten Stoff ___. (wiederholen)
8 Karl hat uns versprochen, den in den Fluss gefallenen Ball ___. (wiederholen)

!

Bei **Infinitivgruppen** muss man besonders auf die Schreibung von Verben achten, die **mit *zu* zusammengesetzt** sind, z. B.: *zusehen, zustimmen, zustellen, zutreffen.*
Die Fans versuchten, ihre Band vor dem Hotel zu sehen.
Es war schon immer mein Wunsch, einem Flugzeug bei der Landung zuzusehen.
Das *zu-* verändert die Bedeutung. Bei der Schreibung hilft die Betonungsprobe:
Wird das **Verb betont** → **Getrenntschreibung,** z. B.: *zu sehen.*
Wird ***zu* betont** → **Zusammenschreibung,** z. B.: *zusehen.*

7 Lies die folgenden Hinweisschilder. Begründe die verschiedenen Schreibungen von *zu* und *schließen.*

Bitte abends die Haustür zuschließen.

Wir bitten Sie, die Haustür abends zu schließen.

Die Haustür ist abends zuzuschließen.

8

Rechtschreibhilfe: Betonungsprobe

a Setze ein und schreibe die Sätze in dein Heft. Achte auf die unterschiedliche Bedeutung.

1 *zu setzen* oder *zusetzen?*
Beim Versuch, die große Blumenvase auf den Tisch ___,
zerbrach diese in tausend Stücke.
Da werden ihm die Eltern ganz schön ___.

2 *zu gehen* oder *zugehen?*
Haben Sie Lust, am Wochenende ins Theater ___?
Die Eintrittskarten werden Ihnen heute noch ___.

3 *zu machen* oder *zumachen?*
Der Laden wird heute schon um 12 Uhr ___.
Da ist halt nichts ___.

b Wähle das treffende Verb aus, setze es in der richtigen Form ein und schreibe die Sätze auf. Achte auf die Kommas bei der Infinitivgruppe.

TIPP
Zusammengesetzte Verben mit *zu* werden immer zusammengeschrieben.

zuhören – hören – zuschauen – zuwenden – vernehmen – geben – aufmerksam machen – zugeben – zuhören – zuteilen – sprechen – zusprechen – einschalten

1 Wir wollten der Theatergruppe bei der Probe ___. **2** Aber über die Lautsprecher war nichts ___. **3** So blieb uns nur übrig, den Akteuren ___. **4** Nur wenn sie sich uns beim Sprechen ___, war etwas ___. **5** Der Regisseur versuchte, einige wichtige Hinweise ___ und auf Fehler ___. **6** Die Jungen mussten ___, dass sie zu leise sprachen. **7** Es war schwer, ihnen ___. **8** Mia bekam sogar die Rolle eines Jungen ___, weil es ihr möglich war, viel deutlicher ___. **9** Allerdings war es nötig, ihr viel Mut ___. **10** Erst gegen Ende der Probe funktionierte der Ton wieder. Der Techniker hatte einfach vergessen, das Mikrofon ___.

Fremdwörter

1

a Lies den folgenden Witz.

Franz kommt in den Blumenladen. »Ich hätte gern sechs Gladiatoren. Meine Mutti hat nämlich Geburtstag.« »Du meinst bestimmt Gladiolen?«, fragt die Verkäuferin. Franz überlegt einen Moment und erwidert: »Ach ja, Gladiatoren sind ja diese Heizkörper.«

b Prüfe, ob Franz alle Fremdwörter richtig verwendet. Was will er kaufen?

c Schlage im Wörterbuch die beiden Begriffe *Gladiolen* und *Gladiatoren* nach und schreibe die Erläuterung in dein Heft.

d Wie heißt das richtige Fremdwort für *Heizkörper*? Notiere es.

! Wörter aus anderen Sprachen sind eine wertvolle Bereicherung für die deutsche Sprache. Man sollte aber nur solche **Fremdwörter** verwenden, die man genau kennt und von denen man annimmt, dass sie auch die Gesprächs- und Schreibpartner kennen.

2 Was sagst du zu diesen Angeboten?

a Lies und übersetze, was hier angepriesen wird.

Sitness[1] – die coole Alternative

Hightecstuhl – *Topstar for Juniors*

Mountainbike – superlight and superfast

Cool: Spiele-Konsole mit 40 Games inklusive Metallbox

Sweatshirt brand-new – im poppigen Design for kids

[1] *engl.* Drehhocker

→ **S.16** Eine Diskussion vorbereiten und durchführen

b Diskutiert in der Klasse, was ihr von solchen Werbesprüchen haltet.

!

Gegenwärtig kommen viele **Fremdwörter aus dem Englischen** (Anglizismen) in die deutsche Sprache.
Manche sind notwendig, weil sie sich nur sehr umständlich übersetzen lassen (z. B. *Scanner, Boygroup*), einige sind kürzer und präziser (z. B. *Pool, Stress, Gameboy*), andere sind aber absolut überflüssig (z. B. *Kids* für *Kinder, brand-new* für *brandneu, superlight* für *sehr leicht*).

3 Kennst du diese Wörter? Erkläre sie in einem Satz.

Notebook – Outdoor-Event – Snowboard – Dream-Team – Boygroup

Ein Notebook ist ein …

!

Viele Fremdwörter haben typische Bauteile, die immer gleich geschrieben werden. Das sind z. B. die **Suffixe *-ier(en), -ine, -iv/-ive, -ik*** und ***-(t)ion.***
Das Suffix ***-ier(en)*** gehört zu den häufigsten Fremdwortsuffixen im Deutschen. Mit ihm werden aus anderen Fremdwörtern (Nomen/Substantive, Adjektive) Verben gebildet, z. B.:
sortieren, produzieren, organisieren.

4 Verben auf *-ier(en)*

TIPP
-ier(en) wird immer mit *ie* geschrieben.

a Bilde von diesen Wörtern Verben mit dem Suffix *-ier(en)* und schreibe sie in dein Heft. Markiere das Suffix. Schlage dir unbekannte Wörter nach.

Export – aktiv – Fotograf – Telefon – Fantasie – Transport – Asphalt – Interesse – Konjugation – spezial – Frisur – Kontrolle – Automat – Dressur – real

exportieren, …

b Bilde auch von diesen Wörtern Verben mit dem Suffix *-ier(en)* und schreibe sie zu den Verben aus Aufgabe a. Schlage dir unbekannte Wörter nach.

elektrisch – Fabrik – Charakter – Favorit – Therapie

5

a Suche entsprechende Fremdwörter, die auf *-ier(en)* enden, und schreibe sie auf.

1	etwas vorbereiten	or ____
2	einen Raum ausschmücken	dek ____
3	etwas herstellen, erzeugen	pro ____
4	Geld einnehmen	ka ____
5	etwas Kaputtes wieder in Gang setzen	rep ____
6	jemanden beglückwünschen	gra ____
7	etwas hervorheben, kennzeichnen	mar ____
8	Verben beugen	kon ____
9	malnehmen	mul ____
10	Versuche durchführen	exp ____

b Bilde aus diesen Verben, wenn möglich, ein passendes Nomen/Substantiv mit dem Suffix *-ion* bzw. *-tion*. Schreibe jeweils Verb und Substantiv nebeneinander.

organisieren – Organisation, …

6 Nomen/Substantive auf *-(t)ion*

a Lass dir die folgenden Fremdwörter diktieren und schreibe sie untereinander in dein Heft.

die Addition – die Kombination – die Sensation – die Invasion – die Mission – die Deklaration – die Redaktion – die Position – die Intonation – die Subtraktion – die Föderation – die Aktion – die Kanalisation – die Aggression – die Operation – die Diskussion – die Tradition

b Lies sie anschließend laut vor und schreibe ihre Bedeutung dazu. Nimm ein Wörterbuch zu Hilfe.

die Addition – das Zusammenzählen, …

c Schreibe zu den folgenden Wörtern jeweils das passende Adjektiv auf.

die Sensation – die Aggression – die Operation – die Tradition

die Sensation – sensationell, …

7 Nomen/Substantive auf *-ine*

Suche die entsprechenden Wörter mit dem Suffix *-ine* und schreibe sie mit dem Artikel auf. Markiere das Suffix farbig.

1 von den Bergen herabstürzende Schneemassen — L______
2 vitaminreiche Südfrucht — A______
3 Fensterdekoration, Vorhang — G______
4 Gerät zur Herstellung von Produkten — Ma______
5 Kraftmaschine zur Energiegewinnung — Tu______
6 getrocknete Weintraube — Ro______
7 Ausstellungsschrank — Vi______
8 Pflanzenfett — Mar______

1. die Lawine, 2. …

8 Fremdwörter auf *-iv/-ive*

a Entscheide, welche Bedeutung die richtige ist. Verwende die entsprechende Wendung in einem ganzen Satz.

1 *kreativ*
a) nützlich
b) vorbildlich
c) schöpferisch

2 *negativ*
a) schlecht, ergebnislos
b) farbig
c) ganz gut

3 *objektiv*
a) durchlässig
b) sachlich
c) wichtig

4 *effektiv*
a) nützlich
b) tätig
c) wirksam

5 *attraktiv*
a) schlank
b) jung
c) anziehend

6 *intensiv*
a) innerlich
b) schwierig
c) gründlich

7 *passiv*
a) lebhaft
b) untätig
c) passend

8 *aggressiv*
a) angriffslustig
b) mutig
c) kräftig

9 *kursiv*
a) auffallend
b) schräg
c) gedruckt

Rechtschreibhilfe: Wörter nachschlagen

b Suche das entsprechende Fremdwort mit dem Suffix *-iv/-ive* und schreibe es in dein Heft. Markiere das Suffix farbig und kontrolliere die Schreibung mit einem Wörterbuch.

1	Befehlsform *(gramm.)*	Imp ▬
2	Fahrzeug, das einen Zug zieht	Lo ▬
3	Nennform, Grundform des Verbs *(gramm.)*	In ▬
4	der 4. Fall *(gramm.)*	Ak ▬
5	Meiststufe *(gramm.)*	Sup ▬
6	Angriff	Offen ▬
7	Entscheidung zwischen zwei Möglichkeiten	Alter ▬
8	Blickwinkel	Persp ▬

TIPP
Du kannst nicht von allen Nomen Verben bilden.

c Bilde aus den folgenden Nomen Adjektive mit dem Suffix *-iv* und Verben mit dem Suffix *-ier(en)*. Übertrage die Tabelle in dein Heft und ordne die gebildeten Wörter ein. Benutze ein Wörterbuch.

Dekoration – Demonstration – Depression – Explosion – Illustration – Information – Konstruktion – Kooperation – Operation – Produktion – Reaktion – Situation – Spekulation

Nomen	Adjektiv	Verb
Dekoration	dekorativ	...

9 Nomen/Substantive auf *-ik*

a Verbinde die Wortbauteile mit dem Suffix *-ik* und schreibe die Wörter in dein Heft. Kläre die Bedeutung der entstandenen Nomen mithilfe eines Wörterbuchs.

Phys   Krit   Statist   Akust   Takt   Grammat   Kom

Graf   Opt   Mus   Tourist   Hekt   Pan

b Leite von den Nomen entsprechende Adjektive ab und bilde mit diesen Adjektiven jeweils eine Wortgruppe.

Physik: physikalisch – ein physikalisches Experiment, ...

Fehlergefährdete Wörter einprägen

So kannst du fehlergefährdete Wörter üben
1. das Wort richtig aufschreiben und die Fehlerstellen markieren
2. das Wort laut lesen und in Silben sprechen (Robotersprache)
3. verwandte Wörter suchen
4. Wortgruppen bilden
5. Merkhilfen (z.B. Eselsbrücken) suchen

Merkhilfen einprägen

1 Präge dir die Merkhilfen für die folgenden Wörter gut ein.

a *stets*
Dieses Wort kann man nicht nur vorwärts und rückwärts lesen, sondern auch vorwärts und rückwärts schreiben.

b *vielleicht*
Das ist das einzige Wort im Deutschen, in dem nach einem *ie* ein Doppelkonsonant folgt, weil es zusammengesetzt ist: *viel-leicht*.

2 Übe besonders schwierige Wörter. Bearbeite dazu folgende Aufgaben.

a *Kommission – Komitee*
Merkhilfe: In *Kommission* die Konsonanten in der Wortmitte doppelt, in *Komitee* einfach.

1 Schlage in einem Wörterbuch die Bedeutung beider Wörter nach.
2 Bilde mindestens drei Zusammensetzungen mit jedem Wort.

Prüfungskommission, …

TIPP
Diese Merkhilfe trifft auch für *gar nichts* und *gar kein* zu.

b *gar nicht*
Merkhilfe: *Gar nicht* wird gar nicht zusammengeschrieben.

1 Setze *gar nicht, gar nichts* oder *gar keine* ein.
Der Bus kommt wegen der Eisglätte heute ___. Ich weiß deshalb ___, wie ich nach Hause kommen soll. Das macht ___, denn du kannst bei meiner Oma übernachten. Du brauchst daher ___ Angst zu haben.

Teste dich selbst!

1 Ordne die folgenden Wörter nach dem Alphabet.

Deutschunterricht – Deutschlehrerin – Deutschland – Deutschstunde – deutschsprachig – Deutschkurs

TIPP
Verwende eine geeignete Probe.

2 *end-* oder *ent-*? Bilde Wörter und verwende sie in kurzen Sätzen.

das ■spiel – die ■scheidung – ■gültig – ■los – die ■schuldigung – der ■schluss – das ■ergebnis – ■senden – der ■lauf – ■lich – ■laufen

TIPP
Verwende eine geeignete Probe.

Achtung, Fehler!

3 Berichtige die folgenden Sätze schriftlich. Achte auf die unterschiedliche Bedeutung der fest und unfest zusammengesetzten Verben und unterstreiche den betonten Wortteil.

1 Wir setzten den Brief aus London ins Deutsche über.
2 Die Gruppe übersetzte am Morgen mit der Fähre ans andere Ufer.
3 Der Beste hat das Ziel schon nach zwei Stunden durchgelaufen.
4 Das Kaffeewasser ist schon längst durchlaufen.
5 Wegen des starken Regens unterstellten sie sich bei uns.
6 Die Polizei stellt ihnen Diebstahl unter.
7 Der Trainer schrieb das peinliche Tor um als kleines Missgeschick.
8 Nun habe ich den Hausaufsatz schon das dritte Mal umschrieben.
9 Nach der Pause übergingen wir zur Tagesordnung.
10 Über meine Meinung gingen sie einfach.

4 Nur eine Behauptung ist jeweils richtig. Schreibe die richtige Behauptung in dein Heft und ergänze jeweils ein Beispiel.

1 Die Stammschreibung hilft beim Rechtschreiben, weil
a) Wortstämme fast immer gleich geschrieben werden.
b) die Stämme alle so schön kurz sind.

2 Ein Konsonant wird verdoppelt
a) nach kurzem Vokal.
b) nach langem Vokal.

3 Wenn es ein stammverwandtes Wort mit *au* gibt, schreibt man
a) manchmal auch *eu*.
b) immer *äu*.

4 Geografische Eigennamen auf *-er* werden
a) sehr selten großgeschrieben.
b) immer großgeschrieben.

5 Nach Wörtern, wie *gestern, heute, morgen,* schreibt man Zeitangaben, wie *Abend, Mittag, Nachmittag,*
a) immer groß.
b) immer klein.

6 Bei fest zusammengesetzten Verben liegt die Betonung
a) auf dem Grundwort.
b) auf dem Bestimmungswort.

7 Man macht bei Infinitivgruppen nichts falsch, wenn man
a) auf das Komma verzichtet.
b) immer ein Komma setzt.

5 Lies den Text und schreibe die unterstrichenen Wortgruppen in der richtigen Groß- oder Kleinschreibung heraus. Begründe deine Schreibentscheidung.

Die d/Deutsche Band Tokio Hotel erhielt schon viele i/Internationale Auszeichnungen, so zum Beispiel mehrmals die g/Goldene Kamera und die g/Goldene Stimmgabel, aber auch den b/Bayrischen Musiklöwen für die Kategorie »Exportschlager Deutschlands«. Sie konnte sich innerhalb kurzer Zeit in den meisten Ländern Europas, aber auch in Israel, Kanada und den v/Vereinigten s/Staaten von Amerika eine Fan-Basis aufbauen.
Trotz ihres n/Nationalen und i/Internationalen Ruhms essen die jungen Musiker um die Zwillinge Bill und Tom Kaulitz nicht mit g/Goldenen Messern und Gabeln von g/Goldenen Tellern. Sie sind, auch wenn es nicht nur in der n/Nationalen Presse einige negative Meldungen gab, die netten Jungen von nebenan geblieben.

Merkwissen

Ableitung	Form der **Wortbildung**: Ableitungen entstehen durch: ▪ das Anfügen von **Präfixen** (Vorsilben) und **Suffixen** (Nachsilben) an einen Wortstamm, z. B.: *beachten, achtsam, Achtung, Verachtung* ▪ **Änderung des Stammvokals**, z. B.: *fliegen – Flug, wählen – Wahl.*
Adjektiv (Eigenschaftswort)	**Wortart,** die **Eigenschaften** und **Merkmale** bezeichnet. Adjektive sind: ▪ **deklinierbar**, d. h. sie verändern ihre Form in Fall (Kasus), Zahl (Numerus) und Geschlecht (Genus), z. B.: *ein schönes Buch, mit schönen Bildern.* ▪ meist **komparierbar** (steigerbar). Man unterscheidet: – Positiv (Grundstufe), z. B.: *klein,* – Komparativ (Mehrstufe), z. B.: *kleiner,* – Superlativ (Meiststufe), z. B.: *am kleinsten.*
Adverb (Umstandswort)	**Wortart**, die angibt, **wann**, **wo**, **wie**, **warum** etwas geschieht. Man unterscheidet **Adverbien** ▪ **der Zeit** (Fragen: *Wann? Wie oft?*), z. B.: *morgens, heute,* ▪ **des Ortes** (Fragen: *Wo? Wohin?*), z. B.: *oben, dort,* ▪ **der Art und Weise** (Frage: *Wie?*), z. B.: *seltsamerweise,* ▪ **des Grundes** (Frage: *Warum?*), z. B.: *darum, deswegen.* Adverbien sind in der Regel **unveränderbar**. Oft ersetzen sie Wortgruppen oder Sätze (z. B.: *Auf dem Weg nach unten gingen wir vorsichtig. Abwärts gingen wir vorsichtig.*)
Adverbial-bestimmung (Umstands-bestimmung)	**Satzglied**, das Prädikate näher bestimmt. Man unterscheidet u. a.: ▪ **Temporalbestimmung** (Adverbialbestimmung der Zeit, Fragen: *Wann? Wie lange? Bis wann? Seit wann?*), z. B.: *Morgen wird von morgens bis mittags gelernt, ab 12 Uhr gibt es Mittagessen.* ▪ **Lokalbestimmung** (Adverbialbestimmung des Ortes, Fragen: *Wo? Woher? Wohin?*), z. B.: *Wir kommen aus Plauen, verbringen die Ferien in Binz und gehen jeden Tag zum Strand.* ▪ **Modalbestimmung** (Adverbialbestimmung der Art und Weise, Fragen: *Wie? Auf welche Art und Weise?*), z. B.: *Sie arbeiteten schnell. Mit viel Vergnügen planschten sie im Wasser.* ▪ **Kausalbestimmung** (Adverbialbestimmung des Grundes, Fragen: *Warum? Weshalb? Weswegen? Aus welchem Grund?*), z. B. *Wegen des Wetters bleiben wir hier. Wir kamen zu spät, weil wir verschlafen hatten.*
Anredepronomen	Die **persönlichen Anredepronomen** *du/dein, ihr/euer* können in Briefen und E-Mails **klein- oder großgeschrieben** werden. Die **höflichen Anredepronomen** *Sie* und *Ihr* und alle ihre Formen muss man **immer großschreiben**.

Argumentieren	Diskussionsstrategie, bei der Aussagen bzw. Behauptungen formuliert und durch **Argumente** (Begründung + Beispiel) gestützt werden, z. B.: *Ich brauche ein neues Fahrrad, weil das alte inzwischen zu klein ist. Wenn ich damit fahre, ist das sehr unbequem.*
Artikel	**Wortart**: **Begleiter** von Nomen/Substantiven, die Fall (Kasus), Zahl (Numerus) und Geschlecht (Genus) verdeutlichen. Artikel sind **deklinierbar**, d. h. sie verändern ihre Form in Fall (Kasus), Zahl (Numerus) und Geschlecht (Genus), z. B.: *das Haus, des Hauses, die Häuser, eine Straße, (in) einer Straße.* Man unterscheidet: ▪ **unbestimmte Artikel** (*ein, eine, einer*) ▪ **bestimmte Artikel** (*der, die, das*), z. B.: *Sie hat ein neues Fahrrad. Das alte Rad war zu klein.*
Artikelprobe	Probe zur Ermittlung der Groß- bzw. Kleinschreibung: Steht bei dem Wort ein Artikel oder lässt es sich mit einem Artikel verwenden? Ja → Nomen/Substantiv → Großschreibung Nein → kein Nomen/Substantiv → Kleinschreibung
Attribut (Beifügung)	**Satzgliedteil**, das Nomen/Substantive näher bestimmt (Fragen: *Welche(-r, -s)? Was für ein(e)?*). Attribute können nicht allein umgestellt werden. Sie bleiben immer bei dem Nomen, zu dem sie gehören, und sind ein Teil dieses Satzgliedes, z. B.: *Wir sahen | im Zimmer seines Bruders | einen lustigen Film.*
Aufzählung	Wörter, Wortgruppen oder Teilsätzen können aufgezählt werden. Zwischen den Gliedern einer Aufzählung **muss** man ein **Komma** setzen, wenn diese nicht durch eine **aufzählende Konjunktion** (*und, oder, sowie* oder *sowohl … als auch …*) verbunden sind, z. B.: *Wir sahen dichte Wälder, grüne Wiesen und hohe Berge.* Steht zwischen den Gliedern einer Aufzählung eine **entgegenstellende Konjunktion** (*aber, doch, jedoch oder nicht nur …, sondern (auch) …*), **muss** auch vor der Konjunktion ein **Komma** gesetzt werden, z. B.: *Sie kamen, sahen, aber blieben nicht. Wir sahen nicht nur Wälder, Wiesen und Berge, sondern auch seltene Pflanzen.*
Ballade	**Textsorte**: Mehrstrophiges, meist gereimtes Gedicht, das die Merkmale von Geschichten, Gedichten und Dramen in sich vereint (Erzählgedicht): ▪ ist wie ein Gedicht aufgebaut (Strophen, Reime), ▪ eine spannende Geschichte wird erzählt, ▪ meist gibt es einen dramatischen Höhepunkt, ▪ oft wird wörtliche Rede verwendet.

Berichten	Leser oder Hörer werden möglichst **knapp**, **sachlich** und **in der richtigen Reihenfolge** über einen Sachverhalt oder ein Ereignis informiert. Meist werden dazu die wichtigsten *W*-Fragen beantwortet: *Was? Wann? Wo? Warum? Wer? Welche Folgen ergaben/ergeben sich?* Die Auswahl der Informationen und die Gestaltung des Berichts hängen vom Anlass, vom Zweck und vom Empfänger ab. **Schriftliche Berichte** über vergangene Ereignisse werden meist im Präteritum verfasst. In **mündlichen Berichten** kann man das Präteritum oder das Perfekt verwenden. Berichte, in denen es unwichtig ist, wer handelt, werden in **unpersönlicher Ausdrucksweise** verfasst.
Beschreiben	Leser oder Hörer werden über Gegenstände, Lebewesen, Erscheinungen, Vorgänge, Handlungen u. Ä. so informiert, dass man sie wiedererkennen, nachvollziehen bzw. sich gut vorstellen kann. Welche Merkmale für die Beschreibung wichtig sind, hängt vom Anlass, vom Zweck und vom Empfänger ab. ▪ Beschreiben von **Gegenständen**: **allgemeine Merkmale** (z. B. Größe, Form, Farbe, Material) und **besondere Merkmale** (z. B. Besonderheiten der Größe, Form, Farbe, des Materials) ▪ Beschreiben von **Personen**: **Gesamterscheinung** (Geschlecht, Alter, Größe, Figur), **Einzelheiten** (z. B. Gesichtsform, Augen, Nase, Mund) und **besondere Merkmale** (z. B. Narben, Leberflecke) ▪ Beschreiben von **Tieren**: **Aussehen**, **Verhalten**, **Lebensweise**, **Lebensraum**, **Ernährung** und **besondere Fähigkeiten** ▪ Beschreiben von **Pflanzen**: **Bestandteile** (z. B. Wurzel, Stamm, Äste, Nadeln, Blüten, Früchte), **Vorkommen** (z. B. Juli, Mischwälder) und **Besonderheiten** (z. B. Essbarkeit, unter Naturschutz) ▪ Beschreiben von **Vorgängen**: **Materialien** (Materialliste), **Teilhandlungen** (Arbeitsschritte) in der richtigen Reihenfolge ▪ Beschreiben von **Bildern**: ***was*** ist ***wie*** dargestellt, **Wirkung** auf den Betrachter ▪ Beschreiben von **Experimenten**: **Ziel** bzw. Untersuchungsaufgabe, **Geräte und Materialien**, **Teilhandlungen**, **Ergebnisse**
Brainstorming (engl. *brain* – Gehirn, *storm* – Sturm)	**Methode zur Ideenfindung:** Schnell und ohne nachzudenken werden mit einem Bild, einem Begriff, einer Frage oder einem Problem verbundene Gedanken, Gefühle oder Erlebnisse geäußert und notiert.
Buchvorstellung	**Präsentation**, in der man Zuhörer mit einem Buch bekanntmacht, um sie dafür zu interessieren und zum Lesen anzuregen. Eine Buchvorstellung kann so aufgebaut sein: ▪ Autorin / Autor und Titel des Buches, ▪ handelnde Personen, ▪ kurze Zusammenfassung der Handlung, ▪ Vortrag einer besonders witzigen oder spannenden Stelle, ▪ Zusammenfassung, warum das Buch besonders gefallen hat

Cluster, Clustering (engl. *cluster* – Haufen, Schwarm, Anhäufung)	**Methode zum Sammeln von Ideen**: Sammlung von Begriffen, die mit einem Thema in Zusammenhang stehen. Man schreibt einen zentralen Begriff in die Mitte und ordnet ringsherum weitere Begriffe an. Dann verdeutlicht man die Beziehungen zwischen den Begriffen durch Verbindungslinien, sodass ein Netz (**Ideennetz**) entsteht.
Datumsangabe	Wenn eine Datumsangabe nach einem Wochentag steht, so setzt man vor dem Datum ein **Komma**. Man kann auch nach der Datumsangabe ein Komma setzen, z. B.: *Die Kinder trafen sich am Donnerstag, dem 3. Juli(,) in der Schule.* Die nachgestellte Datumsangabe steht in der Regel im gleichen Fall wie der Wochentag, auf den es sich bezieht.
Dehnungs-*h*	Als Dehnungs-*h* (silbenschließendes *h*) bezeichnet man das ***h* am Ende einer Silbe**. Das Dehnungs-*h* steht nur vor *l, m, n* und *r*, z. B.: *Höh-le, Müh-le, neh-men, seh-nen, fah-ren.* Beginnt ein Wort mit *kl, kr, qu, sp, t* und *sch*, steht *nie* ein Dehnungs-*h*, z. B.: *klar, Krone, Qual, Spur, Tal, Schal.*
Deklination	**Beugung** (Formveränderung) von Nomen/Substantiven, Artikeln, Adjektiven und Pronomen, d. h. diese Wortarten verändern sich in **Fall** (Kasus), **Zahl** (Numerus) und **Geschlecht** (Genus), z. B.: ▪ Nominativ: *das neue Haus, die neuen Häuser* ▪ Genitiv: *des neuen Hauses, der neuen Häuser* ▪ Dativ: *dem neuen Haus, den neuen Häusern* ▪ Akkusativ: *das neue Haus, die neuen Häuser*
direkte (wörtliche) **Rede**	Wörtliche Wiedergabe von Gesagtem oder Gedachtem, am Anfang und Ende durch **Anführungszeichen** gekennzeichnet. Auch Ausrufe- und Fragezeichen, die zur direkten Rede gehören, stehen innerhalb der Anführungszeichen. Oft steht vor, zwischen oder nach der direkten Rede ein **Begleitsatz**, der durch Doppelpunkt oder Komma(s) abgegrenzt wird, z. B: *Nils flüstert mir zu: »Bestimmt ist alles bald wieder in Ordnung.« »Das hoffe ich«, ruft Randi, »schließlich müssen wir heim!« »Dann lasst uns doch einfach gehen«, denke ich.*
Diskutieren, Diskussion	Austausch über strittige Fragen und Probleme. Größere Diskussionen sollten gründlich **vorbereitet** werden (Welches Problem ist zu besprechen? Welche Fragen sind zu klären? Welche Meinung habe ich? Wie kann ich diese sachlich begründen?). Ein **Diskussionsleiter** sollte die Diskussion eröffnen, die Reihenfolge der Redner festlegen, auf die Einhaltung der Diskussionsregeln achten und die Ergebnisse zusammenfassen. Die **Diskussionsteilnehmer** sollten sich mit den Meinungen anderer auseinandersetzen. Dazu muss man auf sie eingehen, das heißt: ▪ **zustimmen** (z. B.: *Ja, das stimmt. Dieser Meinung bin ich auch.*), ▪ **ablehnen** (z. B.: *Meinst du das wirklich? Das ist keine gute Idee!*) ▪ oder einen **Kompromiss vorschlagen** (man weicht von seiner Meinung etwas ab und einigt sich, z. B.: *Ich schlage vor, wir verbinden beides und fahren mit Fahrrädern an den See. Ich bin einverstanden, wenn …*).

Eigennamen	Wörter und Wortgruppen, die z. B. Personen, Orte, Veranstaltungen, Organisationen und Institutionen als einmalig bezeichnen. Eigennamen werden **immer großgeschrieben**, z. B.: *Emilia, Dirk Neumann, Bahnhofstraße, Potsdam, Sachsen-Anhalt, Europa, Deutsche Meisterschaften im Schwimmen, Deutsches Rotes Kreuz, Freie Universität.* Wenn Adjektive, Partizipien oder Numeralien (Zahlwörter) Teil eines Eigennamens sind, werden auch diese großgeschrieben, z. B.: *die Olympischen Spiele, die Vereinigten Staaten, Friedrich der Zweite.* Von geografischen Eigennamen abgeleitete **Adjektive auf *-isch*** werden kleingeschrieben, wenn sie nicht Teil eines Eigennamens sind, z. B. *eine sächsische Großstadt.* Als Teil eines Eigennamens werden sie dagegen großgeschrieben, z. B. *die Sächsische Schweiz.* Von geografischen Eigennamen abgeleitete **Adjektive auf *-er*** werden **immer großgeschrieben**, z. B. *Thüringer Bratwurst.*
Erbwort	Älteste Wörter unserer Sprache, die vor ungefähr 5000 Jahren entstanden und uns noch heute Auskunft über die Lebensweise der germanischen Stämme geben, z. B.: *Rind, Hund, Beil, weben.*
Ersatzprobe	Probe zur Unterscheidung von *das* und *dass:* ▪ Kann man *da*■ durch *dieses* ersetzen? → **Artikel** → *das.* ▪ Kann man *da*■ durch *welches* ersetzen? → **Relativpronomen** → *das.* ▪ Ergibt der Satz bei der Probe keinen Sinn → **Konjunktion** → *dass.*
Erweiterungsprobe	Probe zur Ermittlung der Groß- bzw. Kleinschreibung. Man erweitert eine **nominale Wortgruppe** (Nomen/Substantiv + Begleiter) durch Attribute, z. B.: *das Laufen, das schnelle Laufen, das anstrengende schnelle Laufen.* Das Wort, das ganz rechts steht, ist das Nomen/Substantiv bzw. eine Nominalisierung/Substantivierung und wird großgeschrieben.
Erzählen	Anschauliches und unterhaltsames Darstellen von Erlebnissen, Ereignissen oder Erfundenem (Fantasiegeschichten). Dazu lassen sich verschiedene **Gestaltungsmittel** nutzen, z. B.: die Figuren und deren Gedanken und Gefühle lebendig beschreiben, wörtliche Rede einbauen, anschauliche Vergleiche, treffende Verben und Adjektive verwenden. Geschichten lassen sich **aus verschiedenen Perspektiven** (aus der Sicht verschiedener Personen) erzählen: ▪ **Ich-Erzähler** (ist am Geschehen beteiligt, erzählt aus seiner Sicht, gibt seine Gedanken und Gefühle wieder), z. B.: *Heute ging ich besonders früh zu Bett, denn ich wollte …* ▪ **Sie-Erzählerin / Er-Erzähler** (ist nicht selbst beteiligt, beobachtet von außen), z. B.: *Heute ging Fanny besonders früh zu Bett, denn sie wollte …* Um **Ideen** für eine Geschichte zu **sammeln**, kann man z. B.: einen **Erzählplan** machen, einen **Erzählkern** ausgestalten, ein **Brainstorming** durchführen, eine **Reizwortkette** oder **Bilder** als Anregungen nutzen.
Erzählkern	Enthält Ort, Zeit, Personen und wichtige Handlungsschritte, zu denen man sich eine Geschichte ausdenkt.

Erzählplan	Vorbereitung einer **Erzählung**, mithilfe von Fragen, z. B.: ▪ **Worüber** soll erzählt werden? ▪ Welche **Handlungsschritte** sind wichtig? ▪ An welchen **Orten** und zu welcher **Zeit** geschieht etwas? ▪ Welche **Personen** spielen eine Rolle? ▪ Welche **Dialoge** sollen eingebaut werden? ▪ Welche **Einleitung** macht den Leser neugierig? ▪ Welcher **Schluss** rundet die Geschichte ab?
Fabel	**Textsorte**: Kurzer erzählender oder gereimter Text. Zu den **Merkmalen** einer Fabel gehören: ▪ Tiere denken, handeln und sprechen wie Menschen, ▪ Tieren sind bestimmte menschliche Eigenschaften zugeordnet, ▪ Fabeln enthalten eine Lehre (zentrale Aussage).
Fehlerkartei	Mithilfe einer Fehlerkartei kann man **fehlerhaft geschriebene Wörter üben**. Dazu geht man so vor: ▪ Fehlerwort in die Mitte einer Karteikarte schreiben, ▪ Fehlerstelle farbig kennzeichnen, ▪ verwandte Wörter auf die Karte schreiben, Fehlerstelle markieren, ▪ Wörter einprägen und aus dem Gedächtnis aufschreiben. Wenn ein Übungswort mehrmals fehlerfrei geschrieben wurde, kann die Karte aus der Kartei entfernt werden.
fester Vergleich	Anschauliche, oft bildhafte Wortgruppen mit dem Vergleichswort *wie*, z. B.: *arm wie eine Kirchenmaus.*
Fremdwort	Wort, das aus einer anderen Sprache übernommen wurde, sich aber in Aussprache, Schreibung und Betonung **nicht oder nur zum Teil dem Deutschen angepasst** hat, z. B.: *Sweatshirt, Ragout.* Typische Wortbauteile (Suffixe) sollte man sich einprägen, z. B.: *reparieren, Energie, Musik, positiv, Aktion, Aktivität.*
Gedicht	**Textsorte**, in der Gedanken und Gefühle eines **lyrischen Sprechers** (**lyrisches Ich**) mithilfe besonderer Gestaltungsmittel (z. B. sprachliche Bilder, Vergleiche) ausgedrückt werden. Gedichte sind oft in **Strophen** unterteilt, die aus **Versen** (Gedichtzeilen) bestehen. Gedichte haben einen bestimmten **Rhythmus** und können sich nach einem bestimmten Schema **reimen**.
Genus (Geschlecht)	Grammatisches Geschlecht: **männlich**, **weiblich** oder **sächlich**. Das grammatische Geschlecht erkennt man am **Artikel** (*der/einer, die/eine, das/ein*), z. B.: *der Regen, das Wetter, eine warme Jacke.*
germanische Sprachen	Die deutsche Sprache gehört zur Gruppe der germanischen Sprachen in der indoeuropäischen Sprachfamilie, wie auch das Englische, Friesische, Niederländische, Dänische, Isländische und Norwegische. Innerhalb der Gruppe der germanischen Sprachen können Wörter sich ähneln, z. B. *Mutter* – engl. *mother* – dän. *mor; drei* – engl. *three* – dän. *tre.*

Gesprächsregeln beachten	In Gesprächen sollte man einige Regeln beachten: ▪ sachlich und freundlich bleiben, andere zu Wort kommen lassen, ▪ aktiv zuhören und auf andere eingehen, ▪ Meinungen begründen, ggf. einen Kompromiss suchen.
Gruppenarbeit	Bei Gruppenarbeit sollte man einige **Regeln** beachten: ▪ geeignete Arbeitsplätze einrichten, ▪ Aufgaben planen und verteilen, Gruppensprecher/-leiter festlegen, ▪ Zeit einteilen, Zeitplanung beachten, ▪ alle einbeziehen und sich aktiv beteiligen, ▪ Arbeitsergebnisse festhalten.
Hauptsatz	**Teilsatz eines zusammengesetzten Satzes**. In Hauptsätzen steht die finite (gebeugte) Verbform an zweiter Stelle, z. B.: *Tim und Tom lächelten glücklich, als sie uns sahen.*
Hypertexte schreiben	Ein Hypertext ist ein Text, der nicht »der Reihe nach« (linear) gelesen wird, er ist ein durch Hyperlinks (Stichworte zum Anklicken) verknüpfter Text. So kann man Hypertexte verfassen: ▪ Anfang/Teil des Textes in eine Word-Datei schreiben, ▪ Stichwort für die Weiterführung der Geschichte markieren, ▪ in der Menüleiste auf »Einfügen« und dann auf »Hyperlink« klicken, ▪ einen Dateinamen eingeben, mit OK bestätigen, ▪ die Fortsetzung der Geschichte schreiben und eventuell gestalten.
Infinitivgruppe	Wortgruppe, die einen Infinitiv mit *zu* enthält (**erweiterter Infinitiv mit *zu***). Sie muss **meist** durch **Komma** abgegrenzt werden, z. B.: *Sibylle versprach, bei den Hausaufgaben zu helfen.* Ist ein Infinitiv nicht erweitert, kann man ein Komma setzen, um die Gliederung des Satzes zu verdeutlichen, z. B.: *Sibylle versprach(,) zu helfen.*
Informationen suchen	Um nach bestimmten Informationen zu suchen, kann man: ▪ im **alphabetischen**, **systematischen** oder **Onlinekatalog** einer **Bibliothek** nach Büchern und anderen Medien suchen, ▪ im **Inhaltsverzeichnis** von **Zeitschriften** nach Beiträgen suchen, ▪ in einem **Lexikon** (alphabetisches Nachschlagewerk) nachschlagen, ▪ im **Inhaltsverzeichnis**, **Klappentext** und **Register** von **Sachbüchern** nach geeigneten Inhalten suchen, ▪ **Suchmaschinen** und **Web-Kataloge** (nach Themen geordnete Sammlungen von Internetadressen) im **Internet** nutzen. Die **Beurteilung der Suchergebnisse** sollte nach folgenden Punkten erfolgen: ▪ **Autor** (Autor/Autorengruppe angegeben oder anonyme Seite?) ▪ **Herkunft** (Kontaktdaten/Impressum vorhanden? Von einer offiziellen Organisation oder privat? Ein Diskussionsforum?) ▪ **Aktualität** (Entstehungszeit? Letzte Aktualisierung?) ▪ **Inhalt** (Überprüfbarkeit der Fakten? Quellen genannt?)

	Entnimmt man Büchern oder Internetseiten Informationen und Textstellen, muss man die **Quellenangabe** exakt notieren.
Kasus (Fall)	**Fall** in der Grammatik. Es gibt **vier Fälle**: ▪ **Nominativ** (Fragen: *Wer? Was?*), z. B.: *Die Lehrerin liest vor. Langsam fließt das Wasser ab.* ▪ **Genitiv** (Frage: *Wessen?*), z. B.: *Er fragt den Bruder seines Freundes.* ▪ **Dativ** (Frage: *Wem? Wo?*), z. B.: *Er hilft seiner Mutter. Wir helfen ihm.* ▪ **Akkusativ** (Fragen: *Wen? Was? Wohin?*), z. B.: *Ihren kleinen Hund finden alle lustig. Wir spielen ein neues Spiel.*
Kommasetzung	Ein **Komma muss** gesetzt werden ▪ bei der **Aufzählung** von Wörtern, Wortgruppen und Teilsätzen, wenn diese nicht durch eine aufzählende Konjunktion (*und, oder, sowie* oder *sowohl ... als auch ...*) verbunden sind, z. B.: *Wir sahen dichte Wälder, grüne Wiesen und hohe Berge. Wir sahen dichte Wälder, grüne Wiesen, jedoch keine Berge.* ▪ in einer Satzreihe (Satzverbindung) **zwischen den Hauptsätzen**, wenn sie nicht durch eine aufzählende Konjunktion (*und, oder, sowie* oder *sowohl ... als auch ...*) verbunden sind, z. B.: *Wir wollten etwas unternehmen, aber wir konnten uns nicht einigen. Tom ging ins Kino, ich blieb zu Hause. Tom und ich gingen an den See (,) und die anderen spielten am PC.* ▪ in einem Satzgefüge **zwischen Haupt- und Nebensatz**, z. B.: *Wir packten gleich aus, als wir angekommen waren. Nachdem wir ausgepackt hatten, liefen wir zum See.* ▪ bei einer Wortgruppe, die einen **erweiterten Infinitiv mit *zu*** enthält, z. B.: *Sibylle versprach, bei den Hausaufgaben zu helfen.* ▪ wenn eine **Datumsangabe** nach einem Wochentag steht, z. B.: *Die Kinder trafen sich am Donnerstag, dem 3. Juli(,) in der Schule.*
Konjugation	**Beugung** (Formveränderung) von Verben nach **Person**, **Zahl** (Numerus), **Zeit** (Tempus) und **Handlungsform** (Aktiv, Passiv), z. B.: *(ich) schreibe, (wir) schrieben, (er) wurde geschrieben.*
Konjunktion (Bindewörter)	**Wortart**, die Wörter, Wortgruppen und Teilsätze miteinander verbindet. Nach ihrer **Bedeutung** unterscheidet man: ▪ **aufzählende Konjunktionen** (treten bei Aufzählungen auf, z. B.: *und, sowie, sowohl ... als auch, oder, weder ... noch*), ▪ **entgegenstellende Konjunktionen** (drücken einen Gegensatz aus, z. B.: *aber, doch, nicht nur ..., sondern auch ...*). Nach der **Funktion** unterscheidet man: ▪ **nebenordnende Konjunktionen** (verbinden gleichrangige Wörter, Wortgruppen und Teilsätze, z. B.: *aber, und, sondern, denn*), ▪ **unterordnende Konjunktionen** (leiten einen Nebensatz ein, z. B.: *als, weil, dass, wenn, falls, ehe, bevor, nachdem, sodass*).

Konsonanten-verdopplung	Konsonanten werden nur **nach kurzem Stammvokal** verdoppelt, z. B. *der Ball, die Puppe.* Der Konsonant verbindet in diesem Fall zwei Silben wie ein Gelenk (**Silbengelenk**), z. B.: *die Wel le, der Him mel.* Einsilbige Wörter muss man verlängern, z. B: *der Ka■ – die Kämme* → *der Kamm.* Kann man ein Wort nicht verlängern, erfolgt keine Verdopplung, z. B.: *an, bis, mit, plus, von, zum.* Ausnahmen sind *wann, wenn, dann, denn,* weil sie früher zweisilbig waren (*wanne, wenne, danne, denne*).
Lehnwort	Wort, das aus einer anderen Sprache »entliehen« wurde und sich im Laufe der Zeit in Aussprache, Schreibung und Beugung **der deutschen Sprache angepasst** hat, z. B.: *Fenster* (von lateinisch *fenestra).*
Leserbrief	**Schriftliche Stellungnahme** zu einem Artikel in einer Zeitung oder Zeitschrift. Ein Leserbrief besteht aus: ▪ Einleitung (knapp mitteilen, auf welchen Artikel man sich bezieht), ▪ Hauptteil (mit Bezug auf den Artikeln kurz die eigene Meinung formulieren und Begründungen nennen), ▪ Schluss (Standpunkt kurz zusammenfassen).
Märchen	**Textsorte** mit bestimmten **Merkmalen**, wie z. B.: gleicher oder ähnlicher Beginn und Schluss, Gegensatzpaare, magische Zahlen, Fantasiewesen, wiederkehrende Sprüche, Verwandlungen, Zaubereien, das Gute siegt über das Böse. **Volksmärchen** wurden meist mündlich überliefert. Der Autor sowie Zeit und Ort des Entstehens lassen sich nicht mehr eindeutig feststellen. **Kunstmärchen** sind die Schöpfung eines Dichters.
Medien	Mittel zur **Verständigung der Menschen** untereinander, wie z. B. Zeitung, Zeitschrift, Hörfunk, Film und Fernsehen, Computer. Man unterscheidet **Printmedien** (zum Lesen) und **audiovisuelle Medien** (zum Hören und Sehen). Wichtige Printmedien sind **Bücher** und **Zeitungen/Zeitschriften**. Sie dienen der Information, Wissensgewinnung, Unterhaltung und Entspannung. Vom Manuskript bis zum Erscheinen eines **Buches** vergeht meist ein langer Zeitraum, in dem viele verschiedene Berufe beteiligt sind (Autoren, Illustratoren, Lektoren, Drucker, Buchbinder). **Zeitungen** erscheinen meist täglich außer sonntags. Ein großer Teil der Informationen, Grafiken und Fotos kommt von **Nachrichtenagenturen**. **Zeitschriften** erscheinen in größeren Abständen: wöchentlich, alle zwei Wochen, monatlich oder sechs Mal im Jahr.
mehrdeutiges Wort	Wörter, die mehrere Bedeutungen haben, z. B.: *Hahn* (Tier, Wasserhahn), *Flügel* (Teil eines Vogels oder Flugzeugs, Musikinstrument). Welche der Bedeutungen gemeint ist, wird erst aus dem Textzusammenhang klar.

Mindmap (engl. *mind* – Gedanken, Gedächtnis; *map* – Landkarte)	**Methode zur Sammlung und logischen Strukturierung von Informationen** zu einem Thema. Ausgehend von dem zentralen Begriff, der in der Mitte steht, werden weiterführende Informationen ringsherum angeordnet. Linien (z. B. Haupt- und Nebenäste) verdeutlichen Beziehungen, z. B. zwischen Ober- und Unterbegriff oder Teil und Ganzem.
Mitschreiben	Schriftliches Festhalten von Gehörtem. Dabei muss man: ▪ genau und konzentriert zuhören, ▪ Wesentliches von Unwesentlichem unterscheiden, ▪ Aussagen genau zusammenfassen. Um schnell mitschreiben zu können, sollte man **Stichpunkte** formulieren und **Abkürzungen** benutzen, z. B.: *u., ca., usw.*
Mitteilungen verfassen	Es gibt verschiedene Anlässe und Möglichkeiten, Mitteilungen zu verfassen, z. B. als SMS, E-Mail oder Brief. Immer ist zu beachten, an wen und aus welchem Anlass man schreibt. Danach richtet sich die Gestaltung der Mitteilung. **Offizielle Briefe** bzw. **E-Mails** sind Mitteilungen an eine Institution oder ein Unternehmen, z. B. Anträge, Beschwerden und Bewerbungen, in denen bestimmten Regeln beachtet werden sollten: Man formuliert sachlich und knapp, aber höflich, verwendet die **Anredepronomen** *Sie, Ihr(-e),* achtet auf fehlerfreie Rechtschreibung und Zeichensetzung. Eine **Betreffzeile** enthält kurz den Anlass des Briefs, z. B.: *Bewerbung um einen Praktikumsplatz.* In der **Anrede** schreibt man: *Sehr geehrte Frau Müller, ... Sehr geehrter Herr Lehmann, ...* oder *Sehr geehrte Damen und Herren, ...* Nach dem Komma wird auf einer neuen Zeile klein weitergeschrieben. Die übliche **Grußformel** am Schluss ist: *Mit freundlichen Grüßen / Mit freundlichem Gruß* In Briefen folgt die **persönliche Unterschrift**.
Nacherzählen	**Wiedergabe** gelesener oder gehörter Geschichten **mit eigenen Worten**. Zur Vorbereitung kann man die Geschichte in Abschnitte einteilen und Stichpunkte zum Inhalt notieren. Besonders zu achten ist auf die zeitliche Abfolge der Handlung, auf die Orte und auf die Gedanken und Gefühle der handelnden Personen/Figuren.
Nebensatz	**Teilsatz eines zusammengesetzten Satzes**, der allein meist nicht verständlich ist. Er wird durch **Komma** vom **Hauptsatz** getrennt, z. B.: *Wir packten gleich aus, als wir angekommen waren. Nachdem wir ausgepackt hatten, liefen wir zum See.* Die meisten Nebensätze erkennt man an folgenden **Merkmalen**: ▪ die **finite** (gebeugte) **Verbform** steht an letzter Stelle, ▪ am Anfang steht ein **Einleitewort**. Nebensätze kann man nach ihrem Einleitewort unterscheiden: ▪ **Konjunktionalsatz**: durch eine unterordnende Konjunktion eingeleitet, z. B. *weil, dass, sodass, als, da, nachdem, bevor, seit, wenn,*

	▪ **Relativsatz**: durch ein Relativpronomen eingeleitet, z. B: *der, die, das, welcher, welche, welches,* ▪ **Fragewortsatz**: durch ein Fragewort eingeleitet, z. B.: *wo, wie, was, warum.*
Nomen/Substantiv	**Wortart**, die Lebewesen, Gegenstände, Gefühle, Vorstellungen, Vorgänge, Orte und Veranstaltungen bezeichnet. Nomen können einen Begleiter (Artikel, Possessivpronomen) und ein Attribut bei sich haben. An den Begleitern erkennt man Fall (Kasus), Zahl (Numerus) und Geschlecht (Genus), z. B.: *die Wiese, unser Garten.* Nomen sind **deklinierbar**, d. h. sie treten in einem bestimmten Fall (Kasus), einer bestimmten Zahl (Numerus) auf und haben ein bestimmtes Geschlecht (Genus), z. B.: *(das) Haus – (die) Häuser – (in den) Häusern.* Nomen werden **großgeschrieben**.
nominale Wortgruppe	**Nomen/Substantiv mit seinen Begleitern und Attributen**. Das Wort am Ende einer nominalen Wortgruppe ist ein Nomen und wird großgeschrieben, z. B. *das schöne hell leuchtende Blau.*
Nominalisierung/ Substantivierung	Im Deutschen kann jedes Wort **als Nomen gebraucht** – also nominalisiert/ substantiviert – werden. Es wird dann wie Nomen **großgeschrieben** und kann ebenfalls einen Begleiter und ein Attribut bei sich haben, z. B.: *das Blau, euer lautes Rufen.*
Numerale (Zahlwörter)	Wörter, die eine Menge oder eine Anzahl angeben. Man unterscheidet: ▪ **bestimmte Numeralien**, z. B.: *eins, zwei, erster,* ▪ **unbestimmte Numeralien**, z. B.: *einige, viele, alle.* Numeralien gehören zu **verschiedenen Wortarten**: ▪ Nomen/Substantiv, z. B.: *eine Million,* ▪ Adjektiv, z. B.: *zwei Schüler, in der sechsten Klasse,* ▪ Adverb, z. B.: *er rief dreimal.*
Numerus (Zahl)	**Zahl**, in der Nomen/Substantive, Artikel, Adjektive oder Pronomen auftreten können. Es gibt eine Form für den **Singular** (Einzahl) und eine andere Form für den **Plural** (Mehrzahl), z. B.: *(das) Kind – (die) Kinder.*
Objekt	**Satzglied**, das das Prädikat ergänzt. Der Fall des Objekts ist vom Verb oder einer Präposition abhängig. Man unterscheidet: ▪ **Dativobjekt** (Frage: *Wem?*), z. B.: *Sie hilft ihrer Oma.* ▪ **Akkusativobjekt** (Frage: *Wen? Was?*), z. B.: *Er liest ein Buch.* ▪ **Genitivobjekt** (Frage: *Wessen?*), z. B.: *Sie erfreut sich bester Gesundheit.* Genitivobjekte werden selten, meistens in der Schriftsprache gebraucht. ▪ **Präpositionalobjekt** (Objekt, dessen Fall von einer **Präposition** bestimmt wird), z. B. *Sie wartet auf ihn. Über das Buch freute sie sich.*

Prädikat	**Satzglied**, das etwas über das Subjekt aussagt (Satzaussage, Frage: *Was wird ausgesagt?*). **Subjekt** und **Prädikat** bilden den **Satzkern**. Wenn das Prädikat nur aus dem finiten (gebeugten) Verb besteht, nennt man es **einteiliges Prädikat**, z. B.: *(er) liest*. Das **mehrteilige Prädikat** besteht aus der finiten (gebeugten) Verbform und anderen, infiniten (ungebeugten) Verbformen (Partizip II, Infinitiv) oder weiteren Wörtern. Das mehrteilige Prädikat kann andere Satzglieder einrahmen. Dann bildet es einen **prädikativen Rahmen**, z. B.: *Er hat ein Buch gelesen. Trotz der Kälte ging sie ohne Mütze los.*
Präfix (Vorsilbe)	Dem Wortstamm vorangestellter **Wortbaustein**, der nicht selbstständig stehen kann. Wichtige Präfixe sind *be-, er-, ent-, ge-, miss-, ver-, zer-*. Durch das Anfügen von Präfixen entstehen neue Wörter (**Ableitung**) oft mit veränderter Bedeutung, z. B.: *fallen* → *gefallen, verfallen, zerfallen, befallen, entfallen.*
Präposition	**Wortart**, die räumliche, zeitliche oder andere Beziehungen zwischen Wörtern und Wortgruppen ausdrückt, z. B. *in, aus, bei, mit, nach, vor, hinter, über, zu*. Präpositionen stehen meist **vor dem Nomen/Substantiv** und seinen Begleitern und **fordern einen bestimmten Fall**, z. B.: *mit dem Ball* (Dativ); *für den Freund* (Akkusativ), *wegen des Wetters* (Genitiv), *auf dem Tisch* (*Wo?* → Dativ), *auf den Tisch* (*Wohin?* → Akkusativ)
Präsentieren	Man informiert Zuhörer über bestimmte Themen, Vorhaben oder Arbeitsergebnisse. Es kommt darauf an, die Aufmerksamkeit und das Interesse der Hörer zu gewinnen. Zur **Vorbereitung** sammelt und ordnet man Informationen und Anschauungsmaterial und fertigt übersichtliche Stichpunkte anfertigen (z. B. auf Karteikarten). Beim **Halten des Vortrags** ist auf freies, langsames und deutliches Sprechen sowie auf Blickkontakt zu den Zuhörern zu achten.
Pronomen	**Wortart**, die **Stellvertreter** oder **Begleiter** eines Nomens/Substantivs sein kann. Pronomen sind **deklinierbar**. ▪ **Personalpronomen** stehen stellvertretend für Nomen, z. B.: *ich, du, er, sie, es,* ▪ **Possessivpronomen** zeigen Besitz oder Zugehörigkeit an, z. B.: *mein, dein, sein, ihr,* ▪ **Demonstrativpronomen** weisen auf ein vorher genanntes Nomen hin, z. B.: *dieser, jene,* ▪ **Relativpronomen** leiten Nebensätze ein, die sich auf ein Nomen im Hauptsatz beziehen, z. B.: *der, welche,* ▪ **Interrogativpronomen** erfragen Personen, Sachen, Eigenschaften oder stehen für die Auswahl aus einer Menge, z. B.: *wer, was, welcher,* ▪ **Reflexivpronomen** weisen auf den Handlungsträger (sich selbst) zurück, z. B. *(ich) mich, (er) sich.*

Protokoll	Besondere **Form des Berichts**, mit dem kurz und genau informiert oder dokumentiert wird. Im **Verlaufsprotokoll** hält man den Ablauf und die Ergebnisse einer Veranstaltung, Diskussion oder eines Experiments fest. Im **Ergebnisprotokoll** werden nur die Ergebnisse bzw. Beschlüsse notiert. Ein **Versuchsprotokoll** ist eine besondere Form des Verlaufsprotokolls. Es sollte folgende Angaben enthalten: ▪ Name, Klasse, Datum, ▪ Aufgabe bzw. Fragestellung, ▪ Materialien und Geräte, ▪ Durchführung des Experiments, ▪ Beobachtungen, ▪ Entsorgung der Materialien, ▪ Auswertung der Beobachtungen.
Quellenangabe	Verwendet man Informationen und Material aus verschiedenen Medien, muss man die Quelle genau angeben. Die **Quellenangabe zu einem Buch** sollte Folgendes enthalten: ▪ Autorin/Autor: *Hasselblatt, Karin und Sonja Wagenbrenner:* ▪ Titel: *Was du schon immer über China wissen wolltest.* ▪ Ort, Verlag, Jahr: *Berlin: Berlin Verlag, 2008,* ▪ Seitenzahl, woher die Information stammt: *S. 54.* **Internetquellen** sollten so angegeben werden: ▪ Autorin/Autor (wenn möglich): *Schiefer, Kim:* ▪ Titel und Untertitel des Beitrags: *Die chinesische Sprache.* ▪ Internetadresse: *Online im Internet: http://www.chinaseite.de/china-kultur/chinesische-sprache.html* ▪ Abrufdatum, z. B.: *[03. 03. 2010]*
Redewendung	**Feste sprachliche Wendung** (Wortgruppe), mit der man etwas besonders anschaulich und einprägsam ausdrückt, z. B.: *auf die Nase fallen, sich den Kopf zerbrechen.*
Relativsatz	Ein **Nebensatz**, der durch ein **Relativpronomen** (*der, die, das, welcher, welches, welches*) **eingeleitet** wird. Das Relativpronomen bezieht sich auf ein Nomen im vorangehenden Hauptsatz (Bezugswort). Relativsätze werden durch **Komma** vom Hauptsatz abgegrenzt, z. B.: *Die Suppe, die wir morgens gekocht hatten, aßen wir zu Mittag.* *Dazu gab es Brot, welches wir selbst gebacken hatten.*
Sachtexte erschließen	Um Sachtexte zu erschließen, kann man die **5-Gang-Lesetechnik** nutzen: 1. Text überfliegen 2. Fragen an den Text stellen 3. Text gründlich lesen 4. Das Wichtigste zusammenfassen 5. Text noch einmal lesen

	In Sachtexten sind häufig grafische Schaubilder, z. B. **Tabellen** oder **Grafiken**, enthalten. Um sie auszuwerten, beantwortet man folgende Fragen: ▪ Welches Thema wird behandelt? ▪ Was wird auf den Achsen des Diagramms bzw. in den Spalten und Zeilen der Tabelle angegeben? ▪ Welche konkreten Werte sind angegeben? ▪ Was ergibt sich bei einem Vergleich der Werte? ▪ Welche Schlussfolgerungen kann man aus dem Vergleich ziehen?
Sage	**Textsorte** mit bestimmten **Merkmalen**, wie z. B.: Sie enthalten einen **wahren historischen Kern** (geschichtliche Begebenheiten, Personen, landschaftliche Eigenheiten, Gebäude und Naturerscheinungen). Sagen wurden über Generationen weitererzählt. Man unterscheidet **Orts-**, **Götter-** und **Heldensagen**.
Satzart	Man unterscheidet drei Satzarten: ▪ **Aussagesatz**: Man stellt etwas fest, informiert über etwas. Merkmale: finite (gebeugte) Verbform in der Regel an zweiter Stelle, Satzschlusszeichen: Punkt, z. B.: *Am Montag kommt eine neue Lehrerin.* ▪ **Fragesatz**: Man fragt, erkundigt sich nach etwas. Merkmale: oft durch ein Fragewort eingeleitet (z. B.: *wer, was, wie, wann, wo, warum*) oder finite (gebeugte) Verbform an erster Stelle, Satzschlusszeichen: Fragezeichen, z. B. *Wann beginnen wir? Kommst du mit?* ▪ **Aufforderungssatz**: Man fordert jemanden zum Handeln auf oder drückt Bitten, Wünsche, Hoffnungen aus. Merkmale: finite (gebeugte) Verbform an erster Stelle, Satzschlusszeichen: Ausrufezeichen oder Punkt, *z. B.: Holt bitte frisches Wasser! Sei einfach etwas freundlicher.*
Satzgefüge	siehe zusammengesetzter Satz
Satzglied	**Subjekt**, **Prädikat**, **Objekt** und **Adverbialbestimmung** sind Satzglieder. (Das Attribut ist ein Satzgliedteil.) Satzglieder kann man mithilfe der **Umstellprobe** ermitteln. Durch das Umstellen von Satzgliedern lassen sich auch verschiedene Aussageabsichten verwirklichen, z. B.: *Die Kinder / warten / am Morgen / auf den Bus.* *Am Morgen / warten / .... Auf den Bus / warten ....*
Satzreihe/ Satzverbindung	siehe zusammengesetzter Satz
Satzverknüpfung/ Textgestaltung	Um Sätze inhaltlich zu verbinden, Wortwiederholungen zu vermeiden und Texte flüssig und verständlich zu gestalten, verwendet man **sprachliche Verknüpfungsmittel**, z. B.: ▪ Pronomen, wie *sie, diese, das,* ▪ Adverbien, wie *dort, dann, danach, deshalb,* ▪ bedeutungsähnliche Wörter (aus einem Wortfeld), wie *Gepäck* für *Koffer und Reisetasche.*

	Außerdem kann man den Textfluss durch das **Umstellen von Satzgliedern** verbessern. Die Verknüpfungsmittel stehen oft an der ersten Satzgliedstelle (vor der finiten Verbform), im **Vorfeld** des Satzes.
Schreibkonferenz	In einer Schreibkonferenz werden **Texte gemeinsam** (in Gruppen) **überarbeitet**. Dazu kann man so vorgehen: 1. Arbeitsschritte festlegen (Karteikarten), Reihenfolge besprechen 2. Texte mehrfach laut vorlesen, gut zuhören, Notizen machen 3. Notizen vergleichen, Hinweise und Vorschläge für die Schreiber formulieren 4. den eigenen Text überarbeiten
Schreibwerkstatt	In einer Schreibwerkstatt steht der Spaß am gemeinsamen Schreiben im Mittelpunkt. Wie in einer Werkstatt wird **gemeinsam an Texten gearbeitet**. Die einzelnen Arbeitsschritte sind das Werkzeug und die Sprache ist das Material.
schriftliche Stellungnahme	siehe Leserbrief
silbenöffnendes *h*	Als silbenöffnendes *h* bezeichnet man das ***h* am Anfang der zweiten Silbe**, z. B.: *Schu-he, ge-hen*. Das silbenöffnende *h* hilft beim Lesen, indem es zwei Vokale voneinander trennt.
sprachliche Mittel	Sprachliche Mittel dienen der anschaulichen, einprägsamen und/oder zweckmäßigen **Satz- und Textgestaltung**, wie z. B. in der Werbung: ▪ Übertreibung, z. B.: *So wurden Sie noch nie erfrischt.* ▪ Aufzählung, z. B.: *Quadratisch. Praktisch. Gut.* ▪ Alliteration (gleicher Anfangsbuchstabe), z. B.: *Milch macht müde Männer munter.* ▪ Reime, z. B.: *Mars macht mobil, bei Arbeit, Sport und Spiel.* ▪ Wortspiel, z. B.: *Bemannte Räumfahrt.* ▪ Gegensatz, z. B.: *Sind sie zu stark, bist du zu schwach.* ▪ Ausruf, z. B.: *Wie gut, dass es Nivea gibt!* ▪ Wortneuschöpfungen, z. B.: *Los Wochos!* ▪ ungewöhnlicher Satzbau, z. B.: *Jetzt zuschlagen!* ▪ Abweichungen von der Grammatik, z. B.: *Hier werden Sie geholfen!*
Sprichwort	Ein Sprichwort gibt Erfahrungen, Beobachtungen und Einsichten der Menschen in Form eines Satzes besonders anschaulich und einprägsam wieder, z. B.: *Wer andern eine Grube gräbt, fällt selbst hinein.*
Subjekt	**Satzglied**, über das im Satz etwas ausgesagt wird (Satzgegenstand). Es steht in der Regel im **Nominativ** und kann mithilfe der Fragen *Wer?* oder *Was?* ermittelt werden, z. B.: *Am Abend trafen die Großeltern und mein Bruder ein. Der Schnee begann langsam zu tauen.* **Subjekt** und **Prädikat** bilden den **Satzkern**.

Suffix (Nachsilbe)	An den Wortstamm angehängter **Wortbaustein**, der in der Regel nicht selbstständig stehen kann. Durch das Anfügen von Suffixen entstehen Wortformen und neue Wörter (**Ableitung**), z. B.: *lernen, lernte, Lerner, Kindheit, kindlich, kindisch.* Typische Suffixe für Nomen/Substantive sind *-heit, -keit, -ung, -nis,* z. B.: *Dunkelheit, Hindernis.* Typische Suffixe für Adjektive sind: *-ig, -lich, -isch,* z. B.: *windig, heimlich, himmlisch.*
Synonyme	Wörter mit **sinngleicher oder -ähnlicher Bedeutung**, z. B.: *sprechen – reden – sagen – rufen.* Sie bilden ein **Wortfeld**.
Texte verfassen	Beim Verfassen von Texten sind verschiedene **Arbeitsphasen** und **Arbeitsschritte** nötig. So kann man vorgehen: ▪ **Schreibaufgabe bedenken** (Für wen, warum, was/worüber soll geschrieben werden?), ▪ **Text planen und gestalten** (Ideen/Informationen sammeln, ordnen und gliedern; Textteile formulieren, z. B. Einleitung, Schluss), ▪ **Textentwurf schreiben**, ▪ **Textentwurf überarbeiten** (Inhalt, Wortwahl, Satzbau, Rechtschreibung, Zeichensetzung; evtl. Schreibkonferenz), ▪ **Endfassung schreiben** (evtl. gestalten).
Umstellprobe	Probe zur Ermittlung der **Satzglieder** eines Satzes: Alle Wörter, die nur zusammenhängend umgestellt werden können, bilden ein Satzglied. Im Aussagesatz kann jedes Satzglied, außer Prädikat, die erste Stelle (vor der finiten Verbform) einnehmen. Die finite (gebeugte) Verbform nimmt immer die zweite Stelle ein. Vor der finiten Verbform, kann immer nur *ein* Satzglied stehen, z. B.: *Max und Moritz | spielten | den Erwachsenen häufig | böse Streiche.* *Den Erwachsenen | spielten | ….* *Häufig | spielten | ….*
unpersönliche Ausdrucksweise	Wenn es **unwichtig** ist, **wer handelt**, wird die unpersönliche Ausdrucksweise verwendet (z. B. in Berichten oder Beschreibungen). Es gibt zwei Formen der unpersönlichen Ausdrucksweise: ▪ Verbform im Passiv, z. B.: *Das Wasser wird dazugegeben.* ▪ *man*-Form, z. B.: *Man gibt das Wasser dazu.*
Verb	**Wortart**, die **Tätigkeiten** (was jemand tut), **Vorgänge** (was geschieht) und **Zustände** (was ist) bezeichnet. Es gibt infinite (ungebeugte) und finite (gebeugte) Verbformen. Die **infiniten Verbformen** sind ▪ der **Infinitiv** (Grund-/Nennform), z. B. *spielen, rennen,* ▪ das **Partizip I,** z. B. *spielend, rennend,* ▪ das **Partizip II,** z. B. *gespielt, gerannt.*

	Die **finiten Verbformen** (Personalformen) entstehen durch **Konjugation** (Beugung). Die finite Verbform stimmt in Person und Zahl immer mit dem Subjekt des Satzes überein, z. B.: *Ich springe zuerst. Du springst zuletzt.* Verben bilden **Zeitformen** (Tempusformen), die angeben, wann etwas stattfindet, ob etwas schon abgeschlossen ist, noch andauert oder in der Zukunft stattfinden wird und ob eine Aussage sicher ist oder nur vermutet wird. **Präsens** und **Präteritum** sind **einfache Zeitformen**, sie bestehen aus nur einer Verbform, z. B.: *Ich lese gern. Er las gestern ein Buch.* **Perfekt**, **Plusquamperfekt** und **Futur** sind **zusammengesetzte Zeitformen**, sie bestehen aus mindestens zwei Verbformen, z. B.: *Wir haben viel gelesen. Er hatte viele Bücher mitgebracht. Bald werden wir neue Bücher bestellen müssen.* Um alle Formen eines Verbs richtig bilden und schreiben zu können, kann man sich an den drei **Leitformen** (Stammformen) orientieren: **Infinitiv – Präteritum** (1./3. Person Singular) **– Partizip II,** z. B.: *lesen – las – gelesen.* An den Leitformen erkennt man starke und schwache Verben. Bei **starken Verben** ändert sich der Stammvokal, die 1./2. Person Präteritum ist endungslos und das Partizip II endet auf *-en,* z. B.: *schwimmen – schwamm – geschwommen.* Bei **schwachen Verben** ändert sich der Stammvokal nicht, die 1./2. Person Präteritum endet auf *-te* und das Partizip II endet auf *-t,* z. B.: *lachen – lachte – gelacht.* Von den meisten Verben kann man eine **Aktivform** (Betonung des Handelnden) und eine **Passivform** (Unwichtigkeit des Handelnden) bilden. Passivformen bildet man mit dem Hilfsverb *werden* + Partizip II eines anderen Verbs, z. B: *(ich) werde getragen, (du) wirst begleitet.*
Verlängerungs-probe	Probe zur Ermittlung der Schreibung eines einsilbigen Wortes. Man verlängert das einsilbige Wort, indem man z. B. folgende Formen bildet: ▪ die Pluralform (z. B. *Flu■ – Flüsse, Sta■ – Stäbe*), ▪ ein Verb (z. B. *Ba■ – baden*), ▪ ein Adjektiv (z. B.: *Gol■ – golden, goldig).*
Verwandtschafts-probe	Probe zur Ermittlung der Schreibung eines Wortes. Man sucht ein stammverwandtes Wort aus der Wortfamilie, z. B.: *mahlen – Mehl – Mühle; Biss – bissig.*
Weglassprobe	Probe, um zu ermitteln, ob ein Attribut weggelassen werden kann, ohne dass der Sinn des Satzes verlorengeht, z. B.: *Ich legte den (verhassten) (grünen) Wisch auf den Schrank (in der Küche) und spürte, wie mein (brodelnd) (heißes) Blut vom Kopf in den Bauch rann.*

Werbung	Werbung beeinflusst Menschen gezielt und bewusst. Sie ist nach der **AIDA-Formel** aufgebaut, denn sie soll: ▪ **Aufmerksamkeit** erregen, — **A** ttention ▪ **Interesse** wachrufen, — **I** nterest ▪ den **Wunsch** nach dem Produkt wecken, — **D** esire ▪ das **Handeln**, d.h. den Kauf, auslösen. — **A** ction Werbung muss in **einfacher**, aber **einprägsamer Sprache** verfasst sein. Dazu nutzt sie gern spezielle **sprachliche Mittel**.
Wortart	Wörter lassen sich verschiedenen Wortarten zuordnen. Es gibt ▪ **veränderbare Wortarten**: Nomen/Substantiv (deklinierbar), Verb (konjugierbar), Adjektiv (deklinierbar, komparierbar), Artikel (deklinierbar), Pronomen (deklinierbar), ▪ **nicht veränderbare Wortarten**: Präposition, Adverb, Konjunktion. ▪ Numerale (Zahlwörter) können zu verschiedenen Wortarten gehören.
Wörterbuch	Wörterbücher oder Lexika (Singular: Lexikon) enthalten meist eine Vielzahl von Informationen und sind so aufgebaut: Die **Stichwörter** stehen in **alphabetischer Reihenfolge**. **Seitenleitwörter** (das erste und letzte Wort einer Seite) helfen bei der Orientierung. Rechtschreib-Wörterbücher enthalten neben dem **Wörterverzeichnis** oft einen Anhang mit den gültigen **Rechtschreibregelungen**, meist mit K (Kennziffer) oder R (Regel) und einer Nummer gekennzeichnet.
Wortfamilie	Wörter, die einen **gemeinsamen Wortstamm** haben, bilden eine Wortfamilie. Wortfamilien entstehen durch **Ableitung** und **Zusammensetzung**, z.B.: *lehren – Lehrer – Lehrbuch – Lehrling – gelehrig ...*
Wortfeld	Bedeutungsgleiche oder -ähnliche Wörter (**Synonyme**) bilden ein Wortfeld. Wörter eines Wortfeldes lassen sich in **Oberbegriffe** (mit allgemeiner Bedeutung) und **Unterbegriffe** (mit spezieller Bedeutung) einteilen, z.B.: *Pflanze: Baum – Birke, Buche, Fichte, ...*
Wortschatzerweiterung	Unser Wortschatz erweitert sich ständig, z.B. durch ▪ **Wortbildung** mithilfe von **Zusammensetzung** und **Ableitung**, z.B.: *Hörbuch, wässrig,* ▪ **Übernahme** von Wörtern aus anderen Sprachen, z.B.: *Pizza, scannen,* ▪ **Nominalisierung** von Wörtern (Verben und Adjektive), z.B.: *filmen* → *das / beim Filmen, neu* → *der Neue.*
Worttrennung	Die wichtigsten **Regeln** der Worttrennung am Zeilenende sind: ▪ Mehrsilbige Wörter trennt man nach Sprechsilben, z.B.: *be-ra-ten.* ▪ Einzelne Vokale am Wortanfang oder -ende trennt man nicht ab. ▪ Die Buchstabenverbindungen *ch, ck, sch, ph, th* trennt man nicht, z.B.: *la-chen, Zu-cker.* ▪ Zusammengesetzte Wörter und Ableitungen mit Präfixen (Vorsilben) trennt man zwischen den einzelnen Wortbausteinen, z.B.: *ver-laufen, Fern-seh-turm.*

Zeitangaben	Die Angabe von **Tageszeiten** schreibt man ▪ **groß**: 1. nach Artikeln und Präpositionen, wie *zum, am,* 2. nach Adverbien, wie *gestern, heute, morgen,* z. B.: *der Abend, zum Mittag, vorgestern Abend,* ▪ **klein**: wenn ein *-s* folgt, z. B.: *abends, dienstags* (ohne Artikel!). **Zusammensetzungen aus Wochentag und Tageszeit** schreibt man groß, z. B.: *(der) Montagabend.* Aber wenn ein *-s* folgt, schreibt man klein, z. B.: *dienstagabends,* auch: *dienstags abends.*
Zerlegeprobe	Probe zur Ermittlung der Schreibung eines Wortes. Man zerlegt Wörter in **Sprechsilben**, um zu erkennen, ob es mit zwei gleichen oder zwei verschiedenen Konsonanten geschrieben wird, z. B.: *es-sen, lis-tig.* Man kann Wörter auch in ihre **Bauteile** zerlegen, um Sicherheit über deren Schreibung zu bekommen, z. B.: *Ver-kauf, du nasch-st.*
zusammen-gesetzter Satz	Satz, der aus zwei oder mehreren inhaltlich eng miteinander verbundenen **Teilsätzen** besteht. Die Teilsätze werden in der Regel durch **Komma** voneinander getrennt. Jeder Teilsatz enthält mindestens ein **Subjekt** und ein **Prädikat** (finite Verbform). Man unterscheidet: ▪ **Satzgefüge** (Haupt- und Nebensatz), z. B.: *Alle waren begeistert, als die Clowns auftraten.* ▪ **Satzreihe/Satzverbindung** (mindestens zwei Hauptsätze), z. B.: *Clown Tilo stand auf dem Kopf (,) und Clown Marek spielte Trompete.* ▪ **mehrfach zusammengesetzte Sätze** (drei oder mehrere Haupt- und Nebensätzen), z. B.: *Clown Tilo, der auf dem Kopf stand, konnte sich nicht wehren, als Clown Marek ihn umstieß.*
Zusammensetzung	Form der **Wortbildung**: Zusammensetzungen bestehen aus **Grund-** und **Bestimmungswort**. Manchmal ist ein **Fugenelement** eingefügt. Das Grundwort bestimmt die Wortart und das Geschlecht der Zusammensetzung, z. B.: *wunder|schön, die Mittag|s|zeit.* Bei zusammengesetzten Verben gibt es ▪ **fest zusammengesetzte Verben**, z. B.: *unterrichten – (er) unterrichtet,* ▪ **unfest zusammengesetzte Verben**, z. B.: *teilnehmen – (er) nimmt teil.* Man kann sie durch die **Betonung** unterscheiden: ▪ Betonung auf dem Grundwort → fest zusammengesetzt ▪ Betonung auf dem Bestimmungswort → unfest zusammengesetzt. Einige Verben bilden in Verbindung mit ***durch***, ***hinter***, ***über***, ***unter*** und ***um*** sowohl **feste** als auch **unfeste Zusammensetzungen** mit unterschiedlichen **Bedeutungen**, wie z. B.: *Franz wollte während der Fahrradrallye mit Geschick alle aufgestellten Kegel umfahren und nicht einen einzigen umfahren.*

Lösungen zu den Tests

Texte erschließen (S. 90–91)

1

b Der Text beschäftigt sich mit dem Thema der Energiegewinnung und dem Verbrauch von Energie.

c Stromerzeugung und Stromverbrauch
Wie weiter mit der Energie?
Ein Umdenken ist erforderlich

2

a **1. Abschnitt:** Einschränkungen im Alltag durch Stromausfall
2. Abschnitt: Nachfrage, woher der Strom kommt
3. Abschnitt: früher erfolgte Stromerzeugung ausschließlich in Kohlekraftwerken
4. Abschnitt: Notwendigkeit, mit abbaubaren Rohstoffen, wie Kohle oder Öl, sparsam umzugehen
5. Abschnitt: Bedeutung der erneuerbaren Energien
6. Abschnitt: Notwendigkeit, nach neuen Möglichkeiten der Energiegewinnung zu suchen

b **Schlussfolgerungen:**
Mit Rohstoffen, wie Öl, Kohle, Uran und Plutonium, die in der Natur gefunden und abgebaut werden, muss sparsam umgegangen werden, damit sie auch von späteren Generationen genutzt werden können.
Da erneuerbare Energien unbegrenzt zur Verfügung stehen, muss Energie verstärkt aus diesen Quellen erzeugt werden.
Darüber hinaus sollte weiterhin nach neuen Möglichkeiten der Energiegewinnung gesucht werden.

3

a Das Diagramm gibt Auskunft über die Stromerzeugung in Deutschland.

b **1** Den höchsten Anteil an der Energieerzeugung in Deutschland hat die Braunkohle.
2 Erneuerbare Energien decken 15 % der Stromerzeugung in Deutschland.
oder:
Durch erneuerbare Energien wird mehr Strom erzeugt als durch Erdgas.

c Reihenfolge absteigend: Braunkohle, Kernenergie, Steinkohle, erneuerbare Energien, Erdgas, Sonstige

d Text und Diagramm stehen in einem engen Zusammenhang. Das Diagramm untersetzt Aussagen des Textes durch konkrete Daten. Im Text wird die Gesamtmenge der Stromerzeugung genannt, nämlich 600 kWh. Das Diagramm vermittelt die prozentualen Anteile der Energieträger. Um die realen Anteile der Energieträger bestimmen zu können, müssen die Angaben des Diagramms auf die im Text genannte Gesamtmenge der Stromerzeugung in Deutschland bezogen werden.

e Gesamtmenge der Stromerzeugung in Deutschland: 600 kWh. Anteil der erneuerbare Energien: 15 % (rechnerische Lösung: 90 kWh).

Über Sprache nachdenken (S. 154–155)

2 Konjunktionen, Relativpronomen, Fragewort

1 Wer zu Christine Nöstlinger kommt, muss sich nicht die Schuhe ausziehen, weil sie übertriebene Ordnungsliebe hasst. Vor Spinnen hat sie Angst, und auch Schlangen und Mäuse mag sie nicht.

2 Christine Nöstlinger ist eine österreichische Schriftstellerin, die weit über 100 Bücher und Geschichten veröffentlicht hat. Die meisten wurden für Kinder geschrieben, aber manche hat sie auch für Erwachsene verfasst. Einige ihrer Bücher sind verfilmt worden.

3 Sie wurde 1936 in Wien geboren. Der Vater war Uhrmacher, die Mutter Kindergärtnerin. Sie ist mit dem Journalisten Ernst Nöstlinger verheiratet und hat zwei Töchter, die beide schon Bücher von ihr illustriert haben. Christine Nöstlinger lebt abwechselnd in Wien oder auf einem Bauernhof. Sie liebt das Pendeln zwischen Großstadt und Land.

4 Christine Nöstlinger ging zunächst auf die Kunstuniversität, um das Malen richtig zu erlernen. Dort stellte sie jedoch fest, dass sie nicht genug Talent hatte. 1970 zeichnete sie trotzdem ein Bilderbuch, und dazu schrieb sie eine Geschichte. Die nannte sie »Die feuerrote Friederike«. Friederike hat rote Haare, weshalb sie von den anderen Kindern nicht nur ausgelacht, sondern sogar gequält wird. In ihren Haaren aber stecken Zauberkräfte. Mit Freunden bricht sie schließlich in ein utopisches Land auf, wo alle Menschen glücklich sind.

5 Christine Nöstlinger hat die feste Überzeugung, dass Kinder beim Lesen gern lachen. Sie will Kinder unterhalten und ihnen gleichzeitig erklären, dass sie mit ihren Schwierigkeiten nicht alleine dastehen.

3 Vor Spinnen hat sie Angst(,) und auch Schlangen und Mäuse mag sie nicht. 1970 zeichnete sie trotzdem ein Bilderbuch(,) und dazu schrieb sie eine Geschichte.

4 Wer zu Christine Nöstlinger kommt, muss sich nicht die Schuhe ausziehen, weil sie übertriebene Ordnungsliebe hasst. *oder:* Als sie jedoch auf die Kunstuniversität ging, um das Malen richtig zu erlernen, merkte sie, dass sie nicht genug Talent hatte.

5

a Christine Nöstlinger ging zunächst auf die Kunstuniversität, um das Malen richtig zu erlernen.

b Christine Nöstlinger schreibt, um Kindern Mut zu machen.

6

a Die österreichische Schriftstellerin, die 1936 geboren wurde, ist für ihr humorvolles und fantasiereiches Erzählen bekannt.

b Die österreichische Schriftstellerin, die 1936 geboren wurde, ist für ihr humorvolles und fantasiereiches Erzählen bekannt.

c das Pendeln, das Malen, beim Lesen

7 **abgeschlossene Handlung:**
veröffentlicht hat, wurden geschrieben, hat verfasst, sind verfilmt worden, wurde geboren, war, illustriert haben, ging, stellte fest, hatte, zeichnete, schrieb, nannte
noch andauernde Handlung:
ist, ist verheiratet, hat, lebt, liebt, hat/will unterhalten, und erklären

8

a wurden geschrieben, sind verfilmt worden, wurde geboren, wird nicht nur ausgelacht, sondern sogar gequält

b **1** Einige Nöstlinger-Bücher wurden verfilmt. **2** Die feuerrote Friederike wurde (von Kindern) ausgelacht.

9

veränderbare Wortarten	nicht veränderbare Wortarten
Nomen, z. B.: die Schuhe, die Ordnungsliebe, die Spinnen, die Angst, die Schlangen, die Mäuse, die Schriftstellerin, die Bücher, die Geschichten, die Kinder, die Erwachsenen, der Vater, der Uhrmacher, die Mutter, die Kindergärtnerin, der Journalist, die Töchter, der Bauernhof, die Großstadt, das Land, die Kunstuniversität, das Talent, das Bilderbuch, die Haare, die Zauberkräfte, die Freunde, die Menschen, die Überzeugung, die Schwierigkeiten	**Adverb**, z. B.: weit, abwechselnd, zunächst, dort, jedoch, genug, trotzdem, dazu, weshalb, sogar, schließlich, gern, gleichzeitig, alleine
Verb, z. B.: kommt, muss ausziehen, hasst, hat, mag, ist, veröffentlicht hat, wurden geschrieben, hat verfasst, sind verfilmt worden, wurde geboren, war, ist verheiratet, illustriert haben, lebt, liebt, ging, erlernen, stellte fest, hatte, zeichnete, schrieb, nannte, ausgelacht und gequält wird, stecken, bricht auf, sind, lachen, will unterhalten und erklären, dastehen	**Konjunktion**, z. B.: weil, und, oder, dass, sondern, aber
Adjektiv, z. B.: übertriebene, österreichische, beide, feuerrote, rote, anderen, utopisches, feste	**Präposition**, z. B.: zu, über, für, mit, von, in, auf, zwischen
Pronomen, z. B.: wer, sie, die (Relativpron.), meisten, manche, einige, ihrer, ihr, die (Demonstrativpron.), ihren (Sgl.), wo, alle, ihnen, ihren (Pl.)	

Richtig schreiben (S. 188–189)

1 Deutschkurs – Deutschland – Deutschlehrerin – deutschsprachig – Deutschstunde – Deutschunterricht

2 das Endspiel – die Entscheidung – endgültig – endlos – die Entschuldigung – der Entschluss – das Endergebnis – entsenden – der Endlauf – endlich – entlaufen

3
1 Wir übersetzten den Brief aus London ins Deutsche.
2 Die Gruppe setzte am Morgen mit der Fähre ans andere Ufer über.
3 Der Beste hat das Ziel schon nach zwei Stunden durchlaufen.
4 Das Kaffeewasser ist schon längst durchgelaufen.
5 Wegen des starken Regens stellten sie sich bei uns unter.
6 Die Polizei unterstellt ihnen Diebstahl.
7 Der Trainer umschrieb das peinliche Tor als kleines Missgeschick.
8 Nun habe ich den Hausaufsatz schon das dritte Mal umgeschrieben.
9 Nach der Pause gingen wir zur Tagesordnung über.
10 Meine Meinung übergingen sie einfach.

4 **1** a **2** a **3** b **4** b **5** a **6** a **7** b

5 die deutsche Band (kein Eigenname), internationale Auszeichnungen (kein Eigenname), die Goldene Kamera (Eigenname), die Goldene Stimmgabel (Eigenname), den Bayrischen Musiklöwen (Eigenname), den Vereinigten Staaten von Amerika (Eigenname), ihres nationalen und internationalen Ruhms (kein Eigenname), mit goldenen Messern (kein Eigenname), von goldenen Tellern (kein Eigenname), in der nationalen Presse (kein Eigenname)

Quellenverzeichnis

Textquellen

6 Heine, Luise: Computersicherheit: Warum Phishing tatsächlich etwas mit Angeln zu tun hat. Aus: http://www.geo.de/GEOlino/technik [29.03.10] **27** Aus: http://www.geo.de/GEOlino/kreativ/57628.html [28.05.2010] **28 f.** Fontane, Theodor: John Maynard. Aus: Fontanes Werke in fünf Bänden. Bd. 1. Berlin, Weimar: Aufbau-Verlag, 1969. S. 114. **32** Die Ernte. Nach: Scheicher, Uwe: Spaß mit Geschichte: von den Anfängen bis 1500. Berlin: Volk und Wissen Verlag, 190, S. 3. **38** Pelle ist ... Aus: Linde, Gunnel: Wie eine Hecke voll Himbeeren. Aus dem Schwedischen von Birgitta Kicherer. München: Deutscher Taschenbuch Verlag (Gerstenberg bei dtv junior), 2007, S. 8. **39** Ich beschloss ... Aus: Green, John: Eine wie Alaska. Aus dem Amerikanischen von Sophie Zeitz. München: Hanser, 2007, S. 25, 27. **68 f.** Ernst, Otto: Nis Randers. Aus: Gesammelte Werke. Leipzig: L. Staakmann Verlag, o. J. **71 f.** Mey, Reinhard: Nanga Parbat. Aus: Reinhard Mey: CD »Nanga Parbat« (Booklet). EMI Music Germany, 2004. **77 f.** Stell dir vor ... Aus: Ullrich, Lena: Koalas: Waldbewohner mit Stammbaum. Aus: http://www.geo.de/GEOlino/natur [02.02.2010] **80** Bei großen Dürren ... Aus: Berliner Morgenpost, 10.10.09, S. 4 (Berliner Kinderpost) **81 f.** Ullrich, Lena: Esel: Wie stur sind sie wirklich? Aus: http://www.geo.de/GEOlino/natur [08.10.2009] (leicht gekürzt) **84 f.** Hangen, Claudia: Maikäfer: Findige Flugkünstler. Aus: http://www.geo.de/GEOlino/natur/tiere [25.02.2010] **87** Wespen ... Aus: SUPERillu, Nr. 37 vom 03.09.2009, S. 44 (leicht verändert). **87** Er ist gut ... Aus: SUPERillu, Nr. 37 vom 03.09.2009, S. 44 (leicht verändert). **88 f.** *Diagramme* auf der Grundlage von Zahlen vom Industrieverband Heimtierbedarf (IVH) e. V. 2009 **90** Stromausfall! ... Nach: Atomstrom. Aus: Was ist Was-Magazin 5/2009, S. 26–27. **91** *Diagramm* Stromerzeugung in Deutschland. Nach Angaben aus: Was ist Was-Magazin 5/2009, S. 26–27. **92** Werbung muss ... Nach: Bucci, Claudia: Werbung früher und heute. Aus: http://www.businessonline.t-online.de [25.02.2010] **98** Ich bin Ankleiderin ... Nach: Leipert, Lydia: Kleine und große Umzüge. Aus: Berliner Zeitung vom 20.05.2008, S. 22. **99** Aus dem Einmaleins einer Maskenbildnerin. Nach: Krause, Marlene A.: Maskenbildner. Aus: Das neue Universum: Ein Jahrbuch für Forschung, Wissen, Unterhaltung. München: Südwest-Verlag, 2002. **100** Für jede Maske ... Nach: Krause, Marlene A.: Maskenbildner. Aus: Das große Readers Digest Jugendbuch. 35. Folge. 1994/95. Frankfurt: Verlag Das Beste, 1994, S. 246 ff. **101** Das Grundieren ... Nach: Film & Kino: Geschichte, Technik, Stars. Text von Richard Platt. Aus dem Engl. übers. von Manfred Kottmann. Reihe: Sehen, staunen, wissen. Hildesheim: Gerstenberg, 1992, S. 34 f. **107** Die ersten Rezepte ... Nach: Schmitt, Sabine: Ruhig Blut. Aus. www.welt.de/print-welt/article278216/Ruhig_Blut.html [25.02.2010] **108** Blut fließt. Nach: Schmitt, Sabine: Ruhig Blut. Aus: www.welt.de/print-welt/article278216/Ruhig_Blut.html [25.02.2010] **108** Mit der Firma ... Nach: Schmitt, Sabine: Ruhig Blut. Aus. www.welt.de/print-welt/article278216/Ruhig_Blut.html [25.02.2010] **111** Linn R. ... Nach: Link, Barbara: Die rote Zora. Aus GEOlino 1/2008, S. 60 ff. **112** Eine Souffleuse ... Nach: Scory, Vera: Unsichtbare Rolle. Aus: das junge theatermagazin der Deutschen Bühne, Sept. 2007, 1. Jahrgang, S. 34 ff. **113** Berufsbild Tontechniker/-in. Nach: Deutscher Bühnenverein (Hg.): Berufe am Theater. Köln, 2007. **114** Berufsbild Beleuchter/-in und Bühnenhandwerker/-in. Nach: Deutscher Bühnenverein (Hg.): Berufe am Theater. Köln, 2007. **115** Berufsbild Theaterschuhmacher/-in. Nach: Deutscher Bühnenverein (Hg.): Berufe am Theater. Köln, 2007. **123** Ewalds Überlegungen. Nach: Nöstlinger, Christine: Das Austauschkind. Wien: Dachs-Verlag, 1998, S. 13–14. **127** Nehmt ihr ihn nun? Nach: Nöstlinger, Christine: Das Austauschkind. Wien: Dachs-Verlag, 1998, S. 22. **127** Das Einzige ... Nach: Nöstlinger, Christine: Das Austauschkind. Wien: Dachs-Verlag, 1998, S. 22–23. **129** Ewalds Wunsch ... Nach: Nöstlinger, Christine: Das Austauschkind. Wien: Dachs-Verlag, 1998, S. 29–30. **130** Ewald hielt ... Nach: Nöstlinger, Christine: Das Austauschkind. Wien: Dachs-Verlag, 1998, S. 31. **134** Die Familie ... Nach: Nöstlinger, Christine: Das Austauschkind. Wien: Dachs-Verlag, 1998, S. 44–45. **136** Das Fahrrad? Nach: Kalwa, Eva: Ein Mädchen küssen? Merkwürdig. Aus: Der Tagesspiegel vom 31.10.2008. **139** Manz, Hans: Begegnungsformen. Aus: Mit Wörtern fliegen. Neues Sprachbuch für Kinder und Neugierige. Beltz Verlag, Weinheim/Basel 1995, S. 29. **157 f.** *Rallye, Medaillon, downloaden, indiskret.* Aus: Dudenredaktion (Hg.): Duden: Die deutsche Rechtschreibung. 25., völlig neu bearbeitete und erweiterte Auflage. Mannheim, Wien, Zürich: Dudenverlag, 2009, S. 358–359, 565, 722, 878. **159** *fahren.* Aus: Dudenredaktion (Hg.): Duden: Die deutsche Rechtschreibung. 25., völlig neu bearbeitete und erweiterte Auflage. Mannheim, Wien, Zürich: Dudenverlag, 2009, S. 422. **163** Vorläufer der Eisenbahnen ... Nach: Hell, Ilse und Arnim, Oliver: Das große Buch der 555 interessantesten Kinderfragen. München: Compact Verlag, 2003, S. 121. **165** Wieso klappern Klapperschlangen? Nach: Hell, Ilse und Arnim, Oliver: Das große Buch der 555 interessantesten Kinderfragen. München: Compact Verlag, 2003, S. 87. **170** Das Rätsel von den Gummibärchen. Nach: Hell, Ilse und Arnim, Oliver: Das große Buch der 555 interessantesten Kinderfragen. München: Compact Verlag, 2003, S. 41.

Wir danken den Rechteinhabern für die Abdruckgenehmigung. Da es uns leider nicht möglich war, alle Rechteinhaber zu ermitteln, bitten wir, sich gegebenenfalls an den Verlag zu wenden.

Bildquellen

13 Marianne Thiele, Krakow am See **31** Thomas Schulz, Teupitz **35** picture-alliance/dpa, Frankfurt a. M. (Radtour); *Filmplakat* (Vorstadtkrokodile 2): Cinetext/Constantin Film, Frankfurt a. M.; *Buchcover* (Die wilden Hühner auf Klassenfahrt): Dressler Verlag Hamburg, 1996 **38** *Buchcover* (Wie eine Hecke voll Himbeeren): Deutscher Taschenbuch Verlag München, 2007 **39** *Buchcover* (Eine wie Alaska): Deutscher Taschenbuch Verlag (Reihe Hanser) München, 2007 **41** J. Hollatz, Heidelberg **47** ullstein-bild, Berlin **49** akg-images, Berlin **56** *Buchcover* (Was du schon immer über China wissen wolltest): Berlin Verlag, Berlin 2008; *Buchcover* (China heute): Gerstenberg Verlag, Hildesheim; *Cover* (GEO Spezial China): Gruner + Jahr AG, Hamburg 2003 **72** *Filmplakat* (Nanga Parbat): Senator-Filmverleih **77** *Illustration:* W. Zieger, Berlin **93** akg-images, Berlin **96** Mit freundlicher Genehmigung: Berliner Wasserbetriebe **98, 100, 101** Thomas Schulz, Teupitz **105** picture-alliance/ZB, Frankfurt a. M. **106** picture-alliance/dpa, Frankfurt a. M. **107** Berliner Zeitung/Max Lautenschläger **108** picture-alliance/dpa, Frankfurt a. M. **109** picture-alliance/dpa, Frankfurt a. M. **110** picture-alliance, Frankfurt a. M. **111** Universal Pict. Int. Ger./Cinetext, Frankfurt a. M. **112–114** Thomas Schulz, Teupitz **116** *Buchcover* (Das Austauschkind): Beltz Verlag Weinheim, 2010 **136** picture-alliance/kpa, Frankfurt a. M. **148** akg-images, Berlin **149** Corel Library **153** picture-alliance/dpa, Frankfurt a. M. **154** picture-alliance/dpa, Frankfurt a. M. **157, 160, 161** Bibliographisches Institut, Dudenverlag, Mannheim **161** Thomas Schulz, Teupitz (Jugendliche am PC) **163** picture-alliance/Berliner Zeitung © Berlin Picture Gate **173** picture-alliance/dpa, Frankfurt a. M. **181** Thomas Schulz, Teupitz **189** picture-alliance/dpa, Frankfurt a. M.

Fotolia.com:

©: **6** Martina Berg **17** m. schuckart **19** Imaginis **32** tankist276 **35** Andreas Edelmann **36** Rainer Tagwercher **54** Fatman73 (Computer); zimmytws (Bibliothek); TOM ANG (Bücherregal) **59** XtravaganT **75** Frank-Peter Funke **78** Andreas Edelmann **80** Africa **81** EyeMark **85** beatuerk **87** Steve Gutz (Wespen); claire chriqui (Biber) **90** DeVIce **115** Thomas Coune **141** FCS Photography **165** Steve Byland **167** Sandra Brunsch **174** Martina Berg

Sachregister